租税法における財産評価の今日的理論問題

Current theoretical problems of property valuation

日税研論集

Journal of Japan Tax Research Institute

VOL 68

研究にあたって

早稲田大学教授　首藤　重幸

具体的な負担税額を導くために財産評価という過程が必要となるすべての租税につき，まず特定の評価方法による唯一の「価額」が法で与えられ，その価額に，個別租税の性格や納税義務者の特別な事情等を数値化した基準で修正を加えれば，適正な租税法上の（第一次的）財産評価額が算出されることになるとの夢は，理論的にも，ドイツの財産評価法がたどってきた歴史によっても，幻想でしかないことが証明されているといわざるをえない。

実際の租税領域における財産評価という作業は，個別の租税の目的に応じて，また時代の変化や人権観の変遷に応じてモザイク的におこなわれざるをえない。ただし，人がどこに向かって歩くにも大地が必要であるように，財産評価についてのモザイク的な作業にも，その出発点となる共通の地平が必要となる。この地平が，不特定多数の独立当事者間の自由な取引において通常成立すると認められる価額という意味での，いわゆる客観的交換価値という呪文である。しかし，この呪文の概要（近似値）が解読されたとしても，個別の財産評価，とくに取引段階におかれていないストックの状態にある財産の具体的評価額に至る扉を開くことはできない。この呪文に，個別税目の理念的性格，評価対象財産や納税者の特殊性，課税の公平，財産評価作業のコスト，政策や人権，さらにはこれらに関わる収益還元的評価の視点等の多様な要素を付け加えることで初めて，税額を導くための財産評価の数値的基準に行き着くことができる。このことからすれば，租税法における財産評価の妥当性は，客観的交換価値という呪文自体ばかりではなく，その呪文に付け足される諸要素の正当性・合理性の判断にもかかっていることになる。

以上のような基本的視点のもとで，近時の租税法領域において，どのような理論的問題が財産評価の妥当性をめぐって生じているかの紹介と検討をおこなったのが本研究である。もちろん，租税法における財産評価問題の全体像を示すことは不可能であるが，財産評価をめぐる近時の重要問題の傾向ともいうべきものは論じられていると考える。さらに，日本の財産評価をめぐる理論的検討をおこなうについては，ドイツの財産評価法の光と影を冷静に見つめておく必要がありながら，その研究が日本では手薄であった。本研究におけるドイツ財産評価法の研究は，これからの日本における同法の研究とともに，日本での財産評価通達の法規への格上げの議論にも示唆を与えるものであろう。

目　　次

第2章　法人税における財産評価の今日的問題 ……小山　浩・29

第3章　所得税法における財産評価の今日的問題 ……藤曲　武美・65

第7章　日本における財産評価法制定の可能性 ……………………………… 手塚　貴大・251

第1章　租税法における財産評価の今日的理論問題

早稲田大学教授　首藤　重幸

Ⅰ　研究の問題意識

本研究の「租税法における財産評価の今日的理論問題」の検討は，以下の1～5に示す問題意識をもって展開されている。個々の章の論文の中では，以下のすべての問題意識に対する検討が文章化されているわけではないが，研究会の過程では，以下の問題意識を共有しながら検討が進められた（なお，以下の叙述については，多くの文献を参照しているが，参照した部分については，改めて2章以下の各論稿において正確な出典が参考文献として記載されていることから，それによることとして，本章での参考文献の注は省略させていただく）。

1　評価通達の法規化

租税法における財産評価の問題は，一方において，相続税や固定資産税における財産評価のように，その財産が市場での取引の対象となっていない財産，すなわち実際の取引による取引価額が成立していない財産の評価の問題として存在する。しかし他方で，無償もしくは著しく低額な価額による取引に対するみなし譲渡課税における財産評価のように，市場での取引でありながら，さらに「適正」な価額の探求が求められる財産評価の問題がある。この財産評価をめぐって費やされる行政コスト，納税者の（財産評価通達によらない場合の）調査費用は膨大であり，また学説も財産評価をめぐって多くの議論を積み重ねてきている。

この財産評価は，各種租税の税額確定にとって決定的な意味をもつ課税要件であるから，日本では各租税実体法のなかに財産評価の基準となる規定が置かれている。ただし，これらの各租税実体法の財産評価に関する規定から具体的な財産評価額を導くことはできず，実務的には，この具体化のためには課税庁による財産評価通達や財産評価にかかわる租税判例，さらには市場で成立する取引価額に精通した者や鑑定の専門家等の見解等に依拠しなければならない。たとえば，財産評価の基準を相続税法は「時価」（22条）といい，無償の資産譲渡や役務提供に対して必要な適正な価額の判定について法人税法は「収益の額」（22条）とのみいい，収入金額に関する金銭以外の経済的利益の評価について所得税法は，その「時における価額」（36条）とのみ定める。法人への贈与・低額譲渡についてのみなし譲渡課税を定める所得税法も「その時における価額」（59条）により資産の譲渡があったものとみなすと定め，同法施行令が低額譲渡の基準を「資産の譲渡の時における価額の二分の一に満たない金額」（169条）と規定する。このような規定の状況から明らかなように，法令のレベルのみから，「時価」，「収益の額」，「その時における価額」の内容を確定的に把握することは不可能である（このことは，立法者が財産評価に関する従位的な財産評価の法規，さらには通達の定立を不可欠の前提としているといえる）。いうまでもなく，このような納税義務の範囲の限界を確定するために定められるはずの法概念（用語）の不明確性は，憲法上の財産権保護を基礎とする租税法律主義の観点からは当然に問題とされてきた。租税法律主義の理念を貫徹するのであれば，各種租税における財産評価のために利用される評価通達の基本的な重要部分については，少なくとも法源論の分類でいえば法規命令（政令・省令）の法形式が与えられなければならないということになる。これは不可能なことではないように思われるが，これには税務行政側からの強い反対がなされてきている。その反対理由の有力なもののなかに，政省令事項と通達事項の区分の困難性とならんで，政省令の形式をとることになれば法制局の審査を含めて，成立までに様々な政治過程を経ることによる行政コストと時間を要することになることが挙げられている。通達の形式であれば，不可解な政治的論理にも翻弄されることなく，要請される事態に迅速に対応できるとするものである。これらはいうまでもなく，立憲主義の観点からは問題とせざるをえない考え方であり，評価通達の政省令化を模索する作業を阻止する理由とはならない。この点で注目すべきは，地方税法388条「総務大臣は，固定資産の評価の基準並びに評価の実施の方法及び手続（以下「固定資産評価基準」という。）を定め，これを告示しなければならない。」の定めである。この固定資産評価基準の法源論としての性格については論争のあるところであり，この論争は「土地の基準年度に係る賦課期日における登録価格が評価基準によって決定される価格を上回る場合には，同期日における当該土地の客観的な交換価値を上回るか否かにかかわらず，その登録価格の決定は違法となる」とした最判平成25年7月12日（民集67巻6号1255頁）の登場でさらに激化してきている（平川論文が，この点の検討をおこなっている）。この論争はおくとして，地方税法が評価基準に法律上の根拠を与えている点は重要であり，個別の租税実体法においても，この程度の組織法的根拠を課税庁によっておこなわれる財産評価通達の作成に付与してもよいのではないかとも考える。もちろん，ドイツの財産評価法のような評価のための統一法を制定し，そこでの基本的な事項の定めのなかに，行政コストの軽減という正当性も有する評価通達の位置付けを規定する方法もあろう（場合によって租税通則法で定めるということも考えられる）。

2　時価評価の拡大

法人税法は，売買目的有価証券の評価益・評価損の測定につき時価評価によることを定める（61条の3）。さらに組織再編税制では，非適格合併等での資産・負債は時価評価によるとされ（62条），連結納税制度でも，連結納税の開始・加入のさいに特定資産につき時価評価をおこなうこととされた（61

条の11，12)。このような時価評価は国際的な時価主義会計の流れの影響を受けるものであるとされているが，これらの評価は，従来の租税法においては財産評価が市場取引として位置付けてきた典型的なものとはかなり異なる性格を有しており，それ自体として新たな視点からの検討が必要である。とくに，組織再編を積極的に進めていくために設計されたはずの組織再編税制は，その再編税制の適用要件の厳しさ次第で，逆に組織再編を阻害する方向に作用する。また，組織再編税制における時価評価という場合，様々な評価方法が利用されるが，そのさいの財産評価基本通達（相続税）との関係は，どのようなものになっているのかも興味あるところである。そして，非適格合併に対する時価評価を適法に回避しながら合併・完全子会社化を達成する方法が会社法等に規定されており，このことが非適格合併等に対する時価評価の理論的評価に大きな影響を与えることになる（以上の点については，組織再編実務の最前線にいるともいえる小山弁護士の論文で検討される)。

3　評価通達による予測可能性

評価通達の基本的部分を政省令化すべきという問題をさておくならば，もともと財産評価は個別の財産・事案ごとになされるべきものであるとしても，予測可能性，執行の一貫性・公平性，評価事務の効率性の理由から評価通達を設ける必要性・正当性があることは否定できないであろう。

しかし，ここにいう予測可能性という点で，財産評価基本通達6が，「この通達の定めによって評価することが著しく不適当と認められる財産の評価」は当該基本通達によらないとの当然のことを確認している。さらに，「課税上弊害がない限りで」通達による評価を認めるとするものも多数存在している（たとえば，財産評価基本通達27−2：定期借地権等の評価，法人税基本通達9−1−14：上場有価証券等以外の株式の評価の特例など)。この通達の定めによらない評価についての定めにかかわって，実務家から相続評価基本通達6が租税回避否認の道具として使用されているのではないか，また，同6と「課税上弊害がない限りで」の適用が課税庁のレベルでも混乱しているのではないとの指摘がなされている。これまで，この指摘の学説レベルでの検証は十分になされてこなかったが，検討対象として重要なものである（小山論文で「課税上弊害がない限りで」についての検討がなされている）。

さて，評価通達の定めによる財産評価の実際において，現在，予測可能性という点から見て最も問題とされるべきものの一つが相続税における広大地評価であろう。「最有効利用」にかかわる納税者と課税庁の線引き・考え方の乖離によって発生する紛争は，財産評価における課税庁の認定権（納税者による人間生活の快適さや売却上の有利さから道路等の設置の必要性の考え方に対して，課税庁は，どこまでその考え方を修正することができるのか）の限界という問題は，財産評価の性格を考える上でも重要な素材を提供するものでもある（これについては高野論文が検討をおこなっている）。

4　ドイツの連邦評価法（財産評価法）

ドイツの連邦評価法（手塚論文は財産評価法と表記）は，租税の種類をこえたライヒの統一的評価基準を規範化するために1925年に創設された。そして，1934年に，財産価値に関係するすべての租税のために，行政経済的（＝効率的な）な方法で統一的な価値（統一的評価）を確定すること目的として，財産評価法のキー・コンセプトである「統一価額」の概念を導入する。このドイツの連邦評価法は戦後も維持され，日本において財産評価基準が通達（行政規則）で定められていることにつき租税法律主義から問題とされるたびに，その評価基準の法規化のモデルの一つとして注目されてきた。しかし，財産評価を定める規定に特有の難解さもあって，これまでドイツの連邦評価法の内容自体が日本で検討対象とされることはなかったといえる（連邦憲法裁判所が連邦評価法の定めの一部を違憲とした判決に関わって，その判決の限りでの検討は存在する）。そこで，機能停止も伝えられる現在の状況の確認も含め，連邦評価法の過去と現在に関する分析は，日本版財産評価法の構想にとっても重要な意義を有する。

また，ドイツでの連邦評価法は租税基本法（AO）と同格の基本法としての位置付けを与えられていることから，ドイツ租税法学は財産評価の問題を租税法の基本原理にかかわるものとして位置付けることになっている。このことは，ドイツでは，そもそも財産評価とは何かが，個別の租税法の検討のなかだけでなく，それに先だって租税法の基本原理としての租税法総論として検討されてきたことの基礎にあるものであろう。つまり，連邦評価法は，財産評価の技術論に入る前提作業としての，財産評価の哲学的ともいうべき原理論を展開させる根拠になっている（財産評価の原理論については，手塚論文で紹介・検討されている）。

しかし，連邦財産評価法の主要部分がほとんど機能停止している現状をみるとき，日本版財産評価法制定への希望の多くが崩壊することになるかもしれない。しかし，連邦評価法に対する幻想は捨て去るとしても，日本版財産評価法の制定については，ドイツの歴史と現実を正確に踏まえて，検討を続けるべきものである。

ティプケ・ランゲ『租税法（21版）』（2012年，16頁以下）によれば，現在の連邦評価法は基本的に機能停止しているとはいえるにしても，基本法としての機能は存続しており，総則的な評価規定（第一部，1～16条）は，連邦評価法11条にもとづきすべての公法上の公課に適用される（2条：経済的統一という統一的評価に向けられた概念を規定，3条：多数の関係者の経済財の価値査定を規定，4～8条：経済財と条件もしくは期間についた負担の分類，9～16条：一般的な評価基準と価値概念を規定（gemeiner Wert 共通価値，Teilwert 部分的価値，Kurswert 市場価値，Nennwert 名目価値，Rueckaufswert 買戻し価値（再取得価値），Kapitalwert資本価値））。そして，17条は個別租税法に連邦評価法の参照を指示する規定がある場合には，連邦評価法の規定が準用されることを定めている。相続・贈与税についての相続税法12条と不動産税についての不動産税13条が広範囲に連邦評価法の準用を規定しているほか，土地取得税法8条2項や所得税法13a条4項，5項なども連邦評価法の準用の規定をおいている（手塚論文は，これらの定めを紹介・検討している）。そして，連邦評価法は，本質的には財産のストック状態にある財産の評価に関する規定であるが，特別な場合にはストック状態ではない財産に対する評価にも適用される。

5　具体的評価方法の個別的問題

租税法の定める時価や適正な価額を，判例・通説，それに評価通達は原則として「それぞれの財産の現況に応じ，不特定多数の当事者間で自由な取引が行われた場合に通常成立する価額をいうもの」（そして，この理解のあとに，対象財産の客観的交換価格は必ずしも一義的に確定されるものではなく，これを個別に評価するとすれば，評価方法等により異なる評価額が生じたり，課税庁の事務負担が重くなり，課税事務の迅速な処理が困難となるおそれがあるため，課税実務上は，財産評価の一般的基準が財産評価通達により定められ，これに定められた評価方法によって画一的に財産の評価が行われているところである，との理解が続くことになる）と理解している。このような考え方による客観的交換価値説に対しては，市場での取引にかかわるのもではなく，ストックの状態（しかも「生存権的財産」しての性格を有するもの）にある財産については交換価値が想定されないとする収益還元説が対置されてきた。この両説の対立については，そもそも評価に関する同一次元での対立なのかが問題となる。負担する租税は，究極的には課税財産の売却により実現しうる価額で担保されるものと考えうる（それゆえ，財産評価額が交換価値を超えることになれば憲法違反が構成される）とすれば，交換価値による評価が原則としてあり，それを政策的に二次的な調整するさいの基準の一つとして収益価額による評価があるとの位置付けも考えられる（たとえば，バブル経済期の地価の高騰がそのまま交換価値に反映することで，増加する租税負担を調整する必要が政策的に承認される場合，その調整による評価減の程度を測る基準として収益価額が利用される）。そして，実際の収益還元による収益価額の推計作業には，還元のための利益率の選択をはじめとする多くの技術的難点があることも，収益価額による評価を二次的なものとして位置付ける根拠の一つになる。いずれにせよ，収益価額による収益還元説を，地価の上昇が見られない，もしくはその下落まで経験した今日の時点から再度，検討する必要がある（収益還元説については，高野論文，平川論文が検討をおこなっている。また手塚論文も，ドイツでの収益価額についての議論に言及している)。

さらに，財産評価をめぐっては，いまだ理論的決着がついているとは言い難い無償取引への課税根拠の検討は避けてとおれない問題であり（これについては藤曲論文が検討を加えている)，また取引相場のない株式や種類株式の制度を利用した節税・租税回避のためのスキームが次々に登場しており，このスキームを財産評価の観点から検討しておく必要がある（これについては，藤曲論文，一高論文が検討を加えている)。固定資産税の評価については，近時，重要な最高裁判決が出されてきており，その判決の評価を踏まえた「適正な時価」の検討が必要となる（これについて，平川論文が検討をおこなっている)。

Ⅱ　各章の概要

以下において，本書の各章の内容の概要を紹介しておこう。

1　小山論文「法人税における財産評価の今日的問題ー組織再編に関連して」

小山論文は，まず，実現主義を原則として採用する法人税法の領域において，実現していない法人の所有資産の増加益への課税（時価評価課税）が問題となる場面は限定的なものであり，平成10年以降での時価評価課税の拡大が開始されるまでは，無償又は低額取引に関するものや資産の評価損益の計上といった問題が主たるものであったとする。しかし，平成10年以降における，金融商品に係る未実現の所得に対する課税，組織再編税制，連結納税制度等の制度が導入されるなかで時価評価課税の範囲が拡大されており，小山論文は，それらの制度の導入から一定の時間が経過した現在において，改めて，それらの導入された制度の趣旨・目的と時価評価課税の定めの整合性を，理論的のみでなく実務的現状も踏まえて再検討しようとするものである。小山弁護士は，組織再編実務に精通し，さらに組織再編税制にかかわる大型の租税裁判にも関与されており，小山論文は，この実務的経験も踏まえて組織再編税制等における時価評価課税の拡大を法人税における財産評価の今日的問題として位置付け，検討を加えようとするものである。

小山論文は，まず，時価評価課税の採用は立法政策の問題であるとしたうえで，純資産増加説を前提としながらも実現主義を原則としている法人税法領域に，例外的に実現がない段階での時価評価課税を取り入れることには，第一に**政策目的に照らして十分な合理性**が必要であり，特に組織再編税制については，「組織再編税制における時価評価課税が企業の競争力の確保や活力の発揮という組織再編税制の趣旨・目的を達成する障害となっていないかという点が吟味されるべきである」とする。そして，この点で障害なっていないとしても，第二に**時価評価課税の対象範囲の合理性**の検討（特に，「取引」による実現がないにもかかわらず，時価評価をした上で含み損益に課税するものであることから，資産及び負債の時価評価課税の対象となる範囲の合理性が問題となる），さらに第三に**時価評価の方法の合理性**が問題となるとする。小山論文は，上記の3つの視点から組織再編税制における時価評価課税の問題を検討するものであるが，さらに連結納税の開始・連結納税への加入に伴う時価評価課税の制度が設けられているため，この点についても検討を加えている。

以上のような分析視点を設定したうえで小山論文は，現在の組織再編税制のなかでも，平成18年度税制改正で導入された**株式交換・株式移転による組織再編税制での非適格株式交換の時価評価課税**を問題とし，それは非適格合併，非適格分割及び非適格現物出資に係る資産及び負債の時価評価課税とは全くその性質が異なるものであり，実現主義の原則を後退させてまで必要とされるものではないと結論付けている。そして，株式交換によらずとも，完全親子関係創設という目的を達成する方法として，全部取得条項付種類株式（個別の株主の同意を得ることなく，株主総会の特別決議によって，完全子会社化を達成できる）を利用する方法，特別支配株主による株式売渡請求制度（株主総会の特別決議さえも不要であり，特別支配株主が少数株主の個別の意思に無関係に株式を取得することができる）を利用する方法等があり，この取引では完全子会社となる会社の保有資産につき時価評価課税問題は生じない。この制度とのバランスという点からも，**非適格株式交換についての時価評価課税は制度として合理的なものではない**と指摘している（株式交換には，全部取得条項付種類株式を利用した取引，株式併合及び特別支配株主による株式等売渡請求制度と異なり，資金を調達することなく自社株式を対価として株式を取得することができるという点でのメリットがあるとしても，合理性のない時価評価課税を結合することで非適格株式交換税制は組織再編の目的を達成するうえでの障害になっているとする）。

非適格株式交換における時価評価課税の対象についても問題があることを指摘する。すなわち，非適格合併又は非適格分割の場合と異なり，非適格株式交換の際の時価評価にあたっては，株式交換完全子法人の保有する資産の一部のみが時価評価課税の対象とされていることを取り上げ，特に**負債が全て時価評価の対象から除かれている**ことの問題を検討している。さらに，非適格株式交換における時価評価につき，税務当局が，**自己創設の営業権**は，法人税法施行令の「営業権」に含まれ，非適格株式交換において時価評価課税すると解している点も疑問としている。小山論文は，判例分析を踏まえて，法人税法上の「営業権」は，企業結合会計及び現行会社法上の「のれん」を指すと解釈すべきであって，自己創設の営業権は，法人税法上の「営業権」には含まれないと解すべきであるとし，非適格株式交換において時価評価課税の対象となるものは，有償取得した企業結合会計基準及び現行会社法上の「のれん」のみであって，自己創設の営業権は時価評価課税の対象とはならないと解すべきであるとする。

組織再編税制における時価評価課税のあたっては，そもそもの時価の評価方法という根本問題があるが，小山論文は，時価評価の方法についての議論は組織再編税制に限られたものではないとしながら，組織再編税制における時価評価課税については，株式と営業権の評価が問題になることが多いとして，この２つの資産の時価の算定方法についての検討をおこなっている。まず，組織再編に対して反対株主買取請求権が行使された場合の株式の価格（「公正な価格」）の決定については裁判例が蓄積されており，以下のような判断枠組みが成立しているとする。

「合併，分割又は株式交換が行われる場合，被合併法人，分割法人又は株式交換完全子法人が保有する株式に関し，①当事者間で合意した価額が存在する場合には，まず，当該組織再編が独立当事者間で行われたものであるかを判定し，②非独立当事者間で行われたものである場合には，合意された価額の形成過程に不公正と評価される事情があったかどうかを審査し，③合意された価額の形成過程に不公正があったと評価された場合には，別途，法人税基本通達に定める評価方法で評価する，という判断枠組みとなる。」

そして，法人税法においても，以上の会社法の判断枠組みを参考に株式の時価の算定をおこなうべきであるとしたうえで，法人税法上の評価について，さらに留意すべき点として，独立当事者間取引の意義，価格の形成過程の公正性，財産評価基本通達に依拠する評価方法の合理性につき分析をおこなっている。最後の財産評価基本通達に依拠する評価方法の合理性についての検討部分では，納税者が財産評価基本通達に依拠した算定方法を選択したとしても，それが否認される**「課税上弊害」**とは何かを裁判例等を検証しながら分析をおこなっている。

裁判所は，「課税上弊害」があるかどうかについて，①財産評価基本通達による評価方法が通常の取引における当事者の合理的意思に合致するかどうか，②他の納税者との間での実質的な租税負担の公平を著しく害することが明らかであるかどうか，という点から判断しているものと思われるとしたうえで，②の基準が，株式の評価方法の合理性を判断するものではなく，租税回避として否認されるべきかどうかが判断基準となっている点を問題としている。これについて小山論文は，株式の評価は租税回避かどうかに関係させず，財産評価基本通達の定める算定方法で的確に資産の交換的客観価値を算定できるのであれば，たとえ租税回避の目的で行われたとしても是認されるべきであろうとする。

2　藤曲論文「所得税法における財産評価の今日的問題」

藤曲論文は，所得税法における財産評価の特徴を，まずは**法人税法の財産評価との差異**を確認することで析出しようとしている。従来からの法人税における財産評価の典型的問題は，無償取引全般について適正な価額により収益を認識する場面で登場する。法人税法は無償取引についての通則的定め（法人税法22条2項）はあるが，所得税法には無償取引についての通則的定めも存在しない。このような差異もあり，無償取引に係る時価が問題となる領域と範囲が，所得税法と法人税法でどう異なるかということを確認することから検討を始める。

この検討において，まず藤曲論文は，法人税法において**無償取引に収益の額を認識する論拠**についての，キャピタル・ゲイン課税説（実体的利益存在説又は清算課税説），二段階説（有償取引同視説），同一価値移転説，適正所得算出説を取り上げ，それぞれに難点があり統一的見解がいまだに確定していな状況は，無償取引に関する会計慣行が存在しないことから法人税法22条4項の公正処理基準によこともできないことを考え合わせると，無償取引に収益の額を認識する根拠論は深刻な問題を抱えていることを指摘する。

所得税法における無償取引に対する課税については，所得税法には法人税法のような通則規定はなく，たな卸資産の自家消費・贈与・低額譲渡（所得税法39，40条），みなし譲渡課税（同法59条）等の別段の定めが置かれているが，法人税法と異なり無償による役務の提供についての役務提供者側に収入金額を認識する別段の定めは置かれていない。この理由については，営利追求を目的とした合理性を基準とする法人税の所得実現概念と，所得税の個人の消費生活を踏まえた所得実現に対する考え方の差異に根拠をもとめることができるが，資産の譲渡は目に見えて比較的認識しやすいのに比較し，役務提供の場合は認識し難いことから，実務執行上の困難が伴う点も，その根拠にあると思われると指摘している。

ついで藤曲論文は，**所得税法59条のみなし譲渡課税と取引相場のない株式の時価**についての検討をおこない，取引相場のない株式を譲渡した場合には適用税目及び適用通達によって**取引の当事者間で各当事者にとっての時価が異なる場合**が生じることを，①譲渡者甲（個人：中心的同族株主）→譲受者Ａ社（法人：少数株主），②譲渡者乙（個人：少数株主）→譲受者Ｂ社（法人：中心的同族株主），③譲渡者丙（個人：少数株主）→譲受者丁（個人：同族株主）の３つのケースを設定して具体的に検討している。

上記の①のケースでは，次のような結果が生じることになることを指摘する。譲渡者の個人甲は中心的同族株主に該当するため，取引相場のない株式の価額は所基通59-6により「小会社」に該当するものとし，さらに土地，上場株式について時価調整を加えて原則的評価方式で評価する（仮にこの評価額を「120」とする）。次に譲受者の法人Ａ社は，少数株主であるので法基通9-1-14により評価することになるが，少数株主であることから配当還元価額（仮にこの評価額を「10」とする）がこの法人にとっての取引相場のない株式の時価になる。これを前提として，例えば中心的同族株主である甲がＡ社にとっての時価である10で譲渡すると，甲については，時価（120）の２分の１未満であることから所得税法59条のみなし譲渡課税が行われ，120で譲渡したものとみなされることになる（この場合にＡ社については時価で取得していることになるので特に課税関係は生じない）。

以上のような事例を検討したうえで，このような同一の株式に対する異なる評価額は客観的交換価値としての時価が複数あることは，一物二価，一物多価を意味するのかどうかが問題になるとする。これについては，一般的には原則的評価方式による株価が時価であり，少数株主における株価はあくまでも計算上の便宜を考慮した例外的な評価額に過ぎないという考え方（原則として一物一価）もあると思われるが，取引相場のない株式については，株主の立場により株価が異なる一物二価，一物多価であることを前提にしてその当事者間における取引における合理的な価額はどうあるべきかを確定させるべき必要があるように思われると指摘する。

自己株式が解禁されて以降，中小法人，同族会社においても自己株式の取得が多く行われており，特に少数株主の所有する自社の株式等の整理を自己株式の取得により行うケースがみられるが，この場合の少数株主からの自己株式の買取り価額はいくらが適正であるかが問題になるとして，藤曲論文は，取引相場のない株式について**自己株式の取得にあたっての時価**がどのように算定されるかを検討する。この場合，個人からの自己株式の取得が適正時価より著しく低額（時価の2分の1未満の低額譲渡）でおこなわれた場合は，所得税法59条の適用がある。自己株式を発行会社に譲渡する場合の価額が時価の2分の1未満かどうかを判定するにあたっての，その自己株式の時価は所基通59-6により算定することになるから，この場合の時価は自己株式を発行会社に譲渡する株主の株主区分だけによって株価の評価方式，すなわちその自己株式の時価が決定される。自己株式の取得者である発行会社にとっては，自己株式の取得は資本等取引に該当するから，自己株式の取得に係る時価の算定にあたっては，譲渡取引の当事者間で時価が食い違うことによる問題点は生じないことになるとする。

さらに，所得税法36条1項は，収入すべき金額に金銭以外の物又は権利その他経済的利益の価額を含め，同条2項は，これらの**経済的利益の価額**はその利益を享受するときの価額，すなわち時価相当額によるとしている。藤曲論文は，この経済的利益の時価評価について，社宅賃料を素材にしながら，その場合の時価評価はどのようになされるのかを具体的に論じている。

さらに，藤曲論文は，取引相場のない株式の評価については，国外転出に係る課税特例が平成27年7月より施行されたことから，今後，一層重要になると考えられることを指摘している。

3　高野論文「相続税における財産評価の今日的問題：不動産ーとりわけ広大地評価をめぐる法的安定性の欠如等の検討を中心として」

高野論文は，基本的に取引段階に入ることなく，いわばストックの状態のままで財産が移転する場面をとらえて課税がなされる相続税における財産評価問題につき，まず，その評価の基礎にある「時価」をめぐる一般的理論問題を検討する。そして，時価の理論的検討とは若干異なる次元も含む財産評価の法的安定性（＝評価の公平性）の問題を，その要請とは対極に位置するともいえる現在の広大地評価実務を素材として具体的に検討する。高野論文は，このような理論的検討と具体的事例検討をおこなうことで，現在の「相続税における財産評価の今日的問題」の中心部分に迫ろうとするものである。

高野論文は，特に新井隆一教授（早稲田大学名誉教授）が主張された内容での**租税要件理論**を確認したうえで，この理論のもとでは，財産評価額の決定過程においても，税務行政庁または納税者，双方の主観的な意思（効果意思）の介入の余地が排除されなければならず，評価は客観的に行わなければいけないということになるとする。そして，租税要件を充足・存在すると認識された事実の内容が，観念上は一個であっても，事実上それについての複数個の認識が存在する可能性・蓋然性が大であり，その複数個の認識から一個の認識が選択されることになる，ということは疑いえないとしても，租税要件理論の趣旨にそった財産評価の理論と実務の確立を目指さなければならないとする。

以上のような検討を，以下の論述の出発点としたうえで，相続税法22条の「時価」とは何かの検討にはいる。

時価とは相続開始の時の相続財産の価値をいい，「価値」とは，①主観的な値打ち，②交換価値，③使用価値という3つの意義を有する。相続税法における時価の意義の理解について高野論文は，租税要件理論のもとで，いずれがより客観性をもちうるのか，換言すれば，「時価」の解釈に際して恣意性をより排除することが可能であるのか，ということが決め手となるものと解されるとしている。

このように述べたあとで，時価の理解をめぐる**客観的交換価値説**（不特定多数の独立当事者間の自由な取引において通常成立すると認められる価額が時価）と**収益還元価額説**（自己の所有する住宅地等についてはその帰属所得，つまり，もし自己所有でなければ支払ったであろう賃借料等の額を資本還元してえられる収益還元価額が時価）の対立を検討する。

高野論文は，基本的に客観的交換価値説によるべきとして，収益還元価額説の基礎にある人権論的思考（「生存権的財産」等）には一定の理解を示しながらも，収益還元価額説の解釈論上，評価実務上の問題点を指摘する。たとえば，収益還元価額説の鍵となる「生存権的財産」という点につき，以下のような指摘がなされている。

「同一の不動産が，被相続人にとっても相続人にとっても，同様に，『生存権的財産』であるということから，当該不動産についての取引の場面を想定することにより導きだされる交換価値が理論上成立しない，それゆえ，相続財産の評価の際に，そのような交換価値を用いることはできないとの結論を導くことには，論理の飛躍があるように解される。

何故ならば，相続を被相続人から相続人への財産権の移転・承継という事実に着目して捉えれば，独立当事者間で取引する場合においても，取引の対象となる財産が，取引の前後を通じて，『生存権的財産』であることはあり得るし，そこでは交換価値（時価）が当然に成立するのであるから，そのこととの類推において『客観的交換価値』という理論値を用いて『生存権的財産』を評価することとしても，論理的には矛盾はないように解されるからである。」

そして，財産評価という作業には，売却されたと仮定した場合の価格，資産が将来において生み出すであろう収益や利子率など，多くのフィクションが組む込まれることになるが，この点につき，次のように述べて客観的交換価値説を妥当としている。

「客観的交換価値説も収益還元価額説もともに，フィクションに基づかざるをえないという問題点を不可避的に内包していることになるから，問題は，いずれの評価方法によるほうがより客観性を担保できるかということであると解される。その意味では，現実の売買実例との比較において，評価をすることの可能な客観的交換価値説を取るべきであろう。」

高野論文は，さらに客観的交換価値説と財産評価基本通達の評価方法の整合性について，おおむね整合的であるとしたうえで，倍率方式については，

「固定資産評価額を有理数倍することにより相続税法上の『時価』になると解することができるのか」は，客観的交換価値説との整合性という点で問題があると指摘している。

広大地評価をめぐる問題については，相続不動産が広大地と評価されることによる大きな評価減を利用した相続税の節税策を積極的に提唱する実務家がいる一方で，他方において広大地の認定要件の不明確さから申告が否認された場合の加算税リスクが大きいことを指摘して，広大地評価に消極的な実務家も少なくない。高野論文は，このような実務状況の存在を指摘したうえで，この広大地評価の適用要件の不明確さによるリスクの方に分析の重点をおいて，課税庁の財産評価に対する評価権限の法的限界（土地の「最有効利用」のための設計・線引きを課税庁が，どの程度まで踏み込んでおこなえるのか等）を，実際の紛争事例を示しながら検討している。高野論文が具体的な図で示す「最有効利用」にかかわる納税者と課税庁の線引きの差異は，この広大地評価の評価減制度のリスクを痛感させるものであり，この制度が財産評価に要請される法的安定性という点で重大な問題を含んでいることを示している。

4　一高論文「相続税における財産評価の今日的問題－事業承継と種類株式」

一高論文は，取引相場のない普通株式・種類株式に対する相続税と贈与税の課税にかかわって，特に中小企業の事業承継の場面で問題となる当該株の「取得の時における時価」（相税22条）を巡る今日的な問題を扱うものである。

まず一高論文は，**取引相場のない株式の相続財産評価**が通常の不特定多数の当事者間における客観的交換価値説による方法になじまないとして，以下の判例を引用する。

「『時価』とは，相続開始時における当該財産の客観的交換価値をいうものと解すべきである。一般に，市場を通じて不特定多数の当事者間における自由な取引により市場価格が形成されている場合には，これを時価とするのが相当であるが，…取引相場のない株式にあっては，市場価格が形成されていないから，その時価を容易に把握することは困難であり，したがって，合理的と考えられる評価方法によってその時価を評価するほかなく，右評価方法が合理性を有する限り，それによって得られた評価額をもって『時価』と推定することに妨げはない」。

このことから，取引相場のない株式の評価については，納税者によるより合理性の高い評価方法の主張・立証があれば，財産評価基本通達に従った時価の推定を覆しうることになるとしながら，しかし他方で，事実に認定としての相続財産の評価は，もともと一括的処理になじまず，事案ごとに個別に行われるべき作用であるものであるが，予測可能性，執行の一貫性・公平性，評価事務の迅速性の理由から評価通達を設けて，それによる必要性があるとの考え方も無視できないものであるとする。

ついで，**事業承継に係る株式評価**の問題の検討にはいる前提として，いわゆる事業承継税制の仕組みを確認したあとで，取引相場のない株式の通達上の評価方法（配当還元方式，純資産評価方式，類似業種比準方式）の問題点を指摘して検討する。たとえば，財産評価通達における配当還元方式の評価方法については，会社法研究者からの批判が紹介され，例えば，株式売買は本質的には将来の配当と残余財産分配に対する期待の売買であって，理論上は配当還元方式による評価が最も適合するものの，評価基本通達による評価基準には根拠不明な評価要素が採用されていると等の批判に言及している。

つぎに一高論文は，適格組織再編を通じて法人税負担を繰延べつつ，有利な相続税評価をえるスキームについて，**有利な株主区分の構築による方法，会社規模の変更による方法，特定の評価会社の認定回避による方法等**を採りあげて検討する。有利な株主区分の構築による方法は，つぎのような方策が紹介されている。A 社（同族株主あり）が B 社（同族株主あり）を吸収合併し，従前の両社の発効済株式数が同数であったとして，合併比率 1 対 1 で，消滅する B 社の同族株主に A 社株式を交付すれば，A 社の発効済株式は倍増するから，A 社同族株主と旧 B 社同族株主の A 社株式保有割合が半減し，結果，もしこれら同族株主の一部がもはや同族株主ではなくなれば，配当還元方式が利用できる可能性がでてくる（同様の効果は，分社型分割や株式交換でも生じ得る）。

さらに，**種類株式**を発行することによる租税税対策が広くおこなわれる傾向があり，一高論文は，この節税スキームの内容を紹介したあとで，種類株式については従来の評価通達による画一的な評価は困難であり，典型的で評価が容易なもの以外は，評価基本通達の基準を単なる評価の目安にとどまるべきとの学説をうなずけるものとしている。

以上のような日本の状況を比較法的観点からもるために，一高論文は**アメリカの連邦遺産税・贈与税における財産評価**にも言及している。アメリカでの評価手法は，市場アプローチ（類似法人株式（上場又は非上場）の独立当事者間の売買価格と比較），収益アプローチ（将来収益の現在価値評価），及び，純資産価額アプローチ（主に時価ベース）に大別されるとして，それらの評価の内容について裁判例にも言及しながら分析をおこなう。そして，取引相場のない株式の評価に関しては，一定の算式に従った評価は制定法でも行政規則でも否定されており，アアメリカの制度と実務は，日本の評価通達に依拠する状況とは大きく相違する。米国では，租税行政上も裁判上も，税務当局と納税者との交渉と合意を通じた紛争解決が広く行われており，かかる株式評価の問題が，事案毎の事情に即して，合意を通じて解決するのに適したものであることが想像できる。そして存在する財務省規則や歳入規則における基準が，そのような合意のための指針としても少なからず機能していると指摘する。

そして，さいごに，種類株式の浸透や，信託の活用の拡大が，取引相場のない株式の評価の画一性を揺るがしている現在の状況のもとでも，画一的な財産評価基本通達の精緻さを今後とも追い求めるべきであるのか，それとも，米国法を参考に，柔軟性を増し，個別の納税者の実態に即した評価を受け入れる方向に徐々に舵を切るべきなのか，日本はその岐路に立ちつつあるように思われるとしている。

5　平川論文「固定資産税における時価の諸問題－固定資産評価行政の問題も含めて」

平川論文は，まず，**固定資産の評価のための組織**を紹介したあとで，宅地をモデルとして具体的な評価方法についての問題を検討する。そこでは，標準宅地の適正な時価を算定するにあたっての７割評価（基準年度の初日の属する年の前年の１月１日の地価公示価格および不動産鑑定士による鑑定評価等から求められた価格の７割を目途として評定）の成立について，この基準の決定過程を見てみれば，この７割評価の理論的根拠が一応は示されているものの，実際は７割評価に積極的な理論的意味付けをすることは困難であり，相続税の８割評価とのバランスから，相続税と固定資産税との性質の違いを理由とした若干の差を設けたというレベルのものという側面を有している点にも留意すべきであるとする。

ついで，固定資産税の中心検討課題である固定資産税の「適正な時価」の意義の分析に入る前に，**適正な時価の「構成要素」**という検討をおこなっている。ここでの検討は，固定資産税における具体的な評価額が，基準年度の初日の属する年の前年の１月１日の地価公示価格の７割を目途として評価されるため，現行法制上，固定資産の「適正な時価」の内容がどのような要素によって構成されているかは，さらに地価公示価格の決定過程をみる必要があるということからのものである。この地価公示で示される標準地の正常な価額の評価には，法令上，取引事例比較法だけでなく，収益還元法によるアプローチをも含められているともいえるが，収益還元法は商業地のオフィス・ビル等を除いては直接に適用される事例は少なく，主としてバブルの時期に，評価にあたって不正常な要素を排除するために取引事例価格が正常なものであるかどうかを検証するための手段として用いられるなど，例外的・補助的な役割を果たしているにとどまるとの学説的評価を支持し，固定資産の「適正な時価」は，主として売買実例価額（取引事例価格）から評定される，取引価格ないし市場価格によって構成されているといえると指摘する。

そして，**固定資産の「適正な時価」**の意義の理解について，まず取引価格説（市場価格説）と収益還元価格説との対立という観点から検討を始める。それぞれの説の内容を確認したあと，この対立は固定資産税を財産税とみるか収益税とみるかの違いもよるものと説明される場合があるが，この固定資産税の性格論は，実際には市場における取引価格よりも相当に低く設定されている現実の「適正な時価」を正当化するための後付けの理論として機能してきたものであり，前提なしで「適正な時価」を始原的に設定するための決定的な出発点となる意味をもつものではないとする。なお，この正当化という点については，収益還元価格は収益の予測や還元利回りに左右されるのであるから，収益還元価格が取引価格よりもつねに低評価になるとはいえず，景気の後退局面で利率が下落すれば，かえって取引価格よりも高くなることもありうることに留意すべきとする。

適正な時価の意義をめぐる最高裁判例は，最判平成 15 年 6 月 26 日（民集 57 巻 6 号 723 頁）にも示されるように，固定資産税の適正な時価を，正常な条件の下に成立する当該土地の取引価格，すなわち，客観的な交換価値をいうとして，取引価格説に立っている。そして，固定資産課税台帳に登録される具体的な固定資産の価格は総務大臣の定める評価基準によって決定されることになるが，通常，この評価基準を適正に適用して求められた価格は，適正な時価に一致すると考えられることになる。しかし，評価基準によって算定された価格が賦課期日における客観的な交換価値を上回る場合には，当該価格の決定は違法となる。そして，この具体的な登録価格が客観的な交換価値を上回るといえるか否かは，客観的な交換価値そのものがいくらであるかというよりも，むしろ評価基準の内容やそのあてはめこそが問題とされているように思われると指摘する。この点は，「土地の基準年度に係る賦課期日における登録価格が評価基準によって決定される価格を上回る場合には，同期日における当該土地の客観的な交換価値を上回るか否かにかかわらず，その登録価格の決定は違法となる」とした**最判平成 25 年 7 月 12 日**（民集 67 巻 6 号 1255 頁）にも示されていると指摘する。

適正な時価の決定につき総務大臣の定める評価基準に上記の最判平成 25

年のような重大な位置付けを与えることになれば，同最判は評価基準の法的拘束力を高める判断を示した点で大いなる意義があるとの評価がでてくるのは当然としながら，この評価は疑問とする。

平成25年最判は，評価基準に直接なんらかの法的拘束力を認めたものではなく，「全国一律の統一的な評価基準に従って公平な評価を受ける利益は，適正な時価との多寡の問題とは別にそれ自体が地方税法上保護されるべき」ことを直接の根拠として，行政法上の一般法原則を媒介に，評価基準に実質的な外部効果を認めたにすぎないとする見解がより説得的であると指摘している。

固定資産税評価の違法と国家賠償の検討においては，名古屋冷凍倉庫事件（最判平成22年6月3日・民集64巻4号1010頁）の検討とならんで，固定資産の価格決定の違法が直性的に他の租税に影響を与える場合の国家賠償が問題となりうる興味ある事例が検討されている。この事例は，相続税について倍率方式が採用されている土地について，違法な固定資産の評価に基づいて，過大な相続税を納付したことから，自治体等に対して過納税額相当分の損害賠償（当該相続税の過納付分の返還方法が，国家賠償以外にない場合）を求めるという形で典型的に登場する。平川論文では，このような事例において相続税の過納税額相当分につき自治体の国家賠償責任を認めた判例が紹介・検討されているが，この判決に対して出されている批判である，国が過大徴収分（過大な相続税）を手中にしていながら，なぜ市がその分の賠償責任を負わなければならないのかとの疑問については，利益の帰属する主体と賠償責任を負う主体とが異なっても問題はないとしながらも，やはり相続税のレベルで調整をはかる対応が（立法論的に）検討されるべきとする。

6　手塚論文「日本における財産評価法制定の可能性－ドイツ財産評価法の検討を踏まえて」

手塚論文は，ドイツにおける財産評価法（Bewertungsgesetz）の成立と構造の概要を整理したのち，いくつかの財産評価をめぐる具体的問題を検討し，さらに日本において財産評価法を制定することの可能性を考察するものである。

まず，財産評価法は**枠法**（Mantelgesetz）としての位置付けを有し，財産評価法が租税通則法（Abgabenordnung）と同様の機能を有しているとの位置付けがドイツ租税法学においてはなされており，「財産評価法は一般法律であって，それは個々の法律の負担軽減を行い，繰り返しを避け，評価について統一的に規定すること，評価に係る規定を課税標準に係る執行規定としていわば括りだすものである」と性格付けられているとする。

そして，行政効率化の観点からあらゆる税目に統一して通用する評価額の計測を行うことを目的として制定される**統一価額**（Einheitswert）が財産評価法のキー・コンセプトであるが，手塚論文は，結果として，この統一価格という考え方が「幻想」であり，その確立が失敗に終わる経緯，もしくは終わらざるをえない必然性を有していたことを，ドイツ文献を参照しながら描き出すものになっている。このことは，日本の一部にあるドイツの財産評価法に対する「幻想」をも打ち消すことになる。手塚論文は，「複数の税目について，ある財産につき一致した評価額が与えられる場合の，当該評価額が統一価額であるとするならば，相続税と不動産税との関係を見ても，そのような統一的な評価額は論理的には成立しがたいと言いうる。また，実際にも，財産評価方法は複数存在し，財産評価作業自体に付着する問題により，財産評価法が予定するような評価作業が行われておらず，結局において違法な評価が継続しているケースもある」と指摘している。

そして，具体的な評価法の検討に入る前に，財産の評価作業の性格（困難性）に関するドイツの議論を概観している。ドイツ租税法学において財産評価法を論ずる際に常に引用される，評価は「その性質でも，事実でもなく，むしろ見解である」とのヘルマン・ヴェイト・サイモンの言明，さらには戦前のヘンゼルの「租税法上の評価を法律学的に扱うことは，租税法上の価額が評価対象物の実際上の価額と一致するということはありえないという前提から出発しなければならない。租税法において利用されるあらゆる価額は，……当該租税は如何なる目的に資するのか，誰が当該租税を最終的に担うのか，そして立法者の意図するところに従い如何なる源泉から当該租税が支払われねばならないのか，」が問われなければならないとする指摘は，租税法上の評価が必要な評価対象物につき，評価作業の結果である評価額が当該対象物の客観的価額と一致することはありえないこと，さらには評価作業の結果，さらにはその前提である財産評価方法は，評価の目的，税目等に応じて異なっているということが示唆するものであり，これは現在のドイツ租税法学においての財産評価に関する共通理解であるとする。そして，「ドイツにおけるこうした評価作業そのものに対する伝統的な見方を前提とすれば，評価作業においては唯一の客観的な評価額を見出す作業は実務上ありえないし，理論的にも必ずしも要求されないという態度に行き着くことになろう」と指摘する。

以上の財産評価方法が評価の目的や税目の性格に相応しなければならないとの観点から，ドイツでは次のような評価の差異が発生するとされているとする。

相続税は財産自体の価額を相続人が取得することで，それに相当する価額である“担税力の増加に繋がる結果，相続財産・贈与財産の価額は，取得した財産を即座に譲渡することにより生じる価額であるとされる。それに対して，財産税・不動産税は課税される財に対する経済的支配から導かれる支払い能力に課税するのであり，財産の持つ価額そのものではなく，財産の生み出す収益を基準として評価がなされる。

以上の総論的議論を踏まえて，手塚論文は**ドイツ財産評価法の制定史**の検討をおこなう。

法律や執行の段階での財産評価に関する取引価額と収益価額の不統一な併存や，それによる各州間での課税の不公平による混乱を防止するべく，1925年に財産評価法が成立する。そして，その後の運用において，財産評価法の最重要コンセプトであった統一価額に基づく財産評価は，財産の種類に応じて評価方法が異なるものとされ，さらには不動産については一般的な価格水準を大幅に下回る価額での評価が行われることになり，財産間での評価の不平等が目立つことになる。そして紆余曲折を経て現在，財産評価法による統一価額は主として不動産税に適用されるほか，若干の規定が個別租税法の定めにもとづき評価法の適用がなされるにすぎないものとなっており，財産評価という場面で意義は限定的なもの止まるという状態となっている。現在に至る過程において，周知のように連邦憲法裁判所の1995年6月22日判決により財産税の課税が停止され，相続税については同決定により，統一価額ではなく，相続開始時点での**必要性に基づく評価**（Bedarfsbewertung）に代えられた。

ついで，限定的とはいえ財産評価法の評価方法が適用される領域があることから，財産評価法が定める評価方法の概要を紹介し，時に相続税と不動産税に関わる評価規定の意義と問題点を財産評価法の観点から検討する。そして，そこでは，財産評価法の統一価額というコンセプトは維持できず，租税法上の財産評価額が必ずしも当該財産の客観的価額と一致しないとしても，それにより即座に平等原則違反を帰結するわけではないが，課税標準の適正さが欠如する場合には，それが平等原則違反をもたらすのであり，統一価額の現状は平等原則との整合性を確保できない性格を有すると結論付けている。

そして，以上で検討対象とした相続税と不動産税における財産評価につき，今度は財産評価法の観点から離れて，相続税法と不動産税法におけるそれぞれの租税の目的と，それにより導かれる財産評価方法についてのドイツの財産評価論の理論状況を検討する。相続税については，次のような整理をおこなっている。

ドイツにおける相続税は価額増加税（日本でいう遺産取得税の考え方）であるとされ，相続財産を取得する経路は市場で創造された付加価額，市場所得ではなく，財産の移転であるため財産移転税とされる。そして，移転（相続）による担税力の増加分への相続税の課税に際しての財産評価の基準は取引価額（共通価額）である

相続税は不動産税，財産税のように定期的に課税されるものではなく，相

続という一回的な事象が生じると，その時点で相続財産の評価を実施する。つまり，相続が生じた段階で相続財産を評価する必要性が生じるため（“Bei Bedarf”），その段階で財産評価という作業を行うのであり，統一価額による評価に適するものではない。

連邦憲法裁判所 2006 年 11 月 7 日判決は，相続税の価額増価税としての性格を述べたのち財産評価方法については，次のように述べて取引価額（共通価額）によることを指示した。

「……財産対象の共通価額を決定するために利用する価額計測方式を選択する際に，……立法者は原則として自由である。平等であり，取引価額を指向する評価を実際に施行することが財産対象の個々のグループにつき異なる価額計測方式を基礎とする際にどの程度可能であるかは，まず憲法問題ではなく，立法手続において解消すべき租税技術的問題である。その限りで，個別のケースにおいてそれぞれの最も合目的的で，最も合理的で，そして最も適正な解決を立法者が発見したか否かは，連邦憲法裁判所の管轄ではない。……特に，立法者は，実践性ある租税徴収手続ならびに法律体系上の必要な類型化および概算化の必要性を斟酌しつつ価額計測方式を構築しうる。勿論相続税における評価方法は，あらゆる財産対象が共通価額に接近する価額（Annäherungswert）で把握されない方向に進むと，基本法 3 条 1 項に最早適合しない。」

そして，連邦憲法裁判所の判決を受けて執行が停止中の財産税についても，財産税の復活の可能性を検討するとともに，復活した場合の財産評価の方法について，従来通りの収益課税でよいか等にかかわるドイツでの議論を検討する。

以上のようなドイツの財産評価法の検討を踏まえて，手塚論文は**日本における財産評価法制定の可能性**を論じている。

手塚論文は，まず，各個の租税法律において規律されている財産評価のあり方について，とりわけ法律ごとの重複を避けるべく，統一的な評価方法の技術的な項目についての統一的な法律による定めを置くことには意義があるとする。しかも，租税債務の内容に影響を与える財産評価の方法については財産評価法のようなものを法律レベルで規律する必要があるといえるともする。

しかし問題は，評価方法についての技術的な手続法的・組織法的なものに関する規定ではなく，各税目における適正な財産評価という租税実体法的な意義をもつ規定を，どの程度まで統一法典のなかに配置できるか，配置してよいかということである。統一価額の設定というドイツでの20世紀前半からの試みは成功しているとは言いえない。

手塚論文は，相続税と固定資産税における評価方法には相当の差異があり，この二つの財産評価方法を統一的に規定することには無理があり，また，このことは他の各税目との関連でもいえることであり，それゆえ財産評価方法の統一的な法律による定めは困難であるという立場を表明しているようであるが，法律制定事項と非法律制定事項の内実のある区分論については，さらなる検討が必要としている。

ドイツの財産評価法を参考に差し当たって考えると，固定資産評価基準を設例として参照すれば，既にある法定事項は措くとして，本質性理論に拠るならば，少なくとも，土地については各土地の評価方法の基本部分（宅地の評価を例とすれば，第1章第3節一，二（一）1，2（2），4，同二（二）1，3，5），家屋については，木造家屋および非木造家屋の評価方法の基本部分（第2章第1節の一部（第2章第1節一，二，三1）の他，非木造家屋を例とすれば，第2章第3節一，二1，4（1），（2），5（1），（2），6，三，四，五1（1），2，六），いわゆる宅地に係る7割評価（第1章第12節一）等については法律上の規定として配備されることも考えうると指摘している。その際，頻繁に改正すべき事項については法定事項から除外するという考え方もありうるとする。

第２章　法人税における財産評価の今日的問題－組織再編に関連して

弁護士　小山　浩

Ⅰ　はじめに

1　法人税法における時価評価課税の位置づけ

法人税の課税物件は，法人の各事業年度の「所得」であり，課税標準は各事業年度の所得の金額である（法人税法 21 条）。法人税法上の「所得」とは，所得税法における「所得」と同様に，「担税力を増加させる経済的利得」の全てを指すと解されている（純資産増加説）(1)。この考え方（純資産増加説）を前提とすると，法人が所有する資産の価値の増加益も「所得」に該当し，課税の対象となり得る。すなわち，法人税法上，各事業年度末において各法人が所有する資産を時価評価し(2)，事業年度内における資産の増加益にも課税するという制度（以下「時価評価課税」という。）を設計することも可能である。しかし，毎事業年度末において，保有する資産の時価を算定することは困難であること，納税資金の確保が困難であること，当該資産から得られる最終的な利得が不確実であること，といった理由で，法人税法は，原則として，

(1)　金子宏『租税法』（弘文堂，第 20 版，平成 27 年）183 頁，306 頁。
(2)　中里実「法人税における時価主義」金子宏編『租税法の基本問題』（有斐閣，平成 19 年）459 頁以下。

所得が実現（realization）するまで，資産の増加益を課税の対象から除いている（実現主義）。この点については，法人税法が，益金の額に算入すべき金額につき，別段の定めがあるものを除き，「取引」に係る収益の額と定めており（法人税法22条2項），原則として「取引」により実現した所得のみを法人税の課税対象としていることから明らかである。例外的に，法人税法22条2項の別段の定めとして，未実現の所得に対して課税する規定が設けられている場合にのみ，当該未実現の所得に対して課税されることになる（法人税法25条2項等）。平成10年に至るまでは，時価評価課税を認める規定が少なかったこともあり，主として，無償又は低額取引に該当するか，すなわち，時価の問題については，法人税法37条7項・8項における資産の贈与又は供与の時における価額の解釈適用や，資産の評価損益の計上といった限定的な場面で論じられることが多かった(3)。しかし，平成10年以降，企業会計の分野における時価主義の議論を踏まえて，法人税法においても別段の定めとして，金融商品に係る未実現の所得に課税する制度が導入され，さらに，平成13年度税制改正で導入された組織再編成税制（平成18年度税制改正による株式交換等の税制も含む）及び平成14年度税制改正で導入された連結納税制度により，時価評価課税の範囲が拡大された(4)。

2　検討の視点

時価評価課税は，上述のとおり，所得のないところに対する課税ではなく，納税者の財産権を侵害するわけではないため，直ちに憲法上の問題が生じるものではない。時価評価課税を取り入れるか否かは立法政策の問題である(5)。

しかし，法人税法は，純資産増加説を前提としつつも，上記で指摘したような3つの理由から実現主義を原則としているため，例外的に時価評価課税

---

(3)　日本公認会計士協会「税務上の時価について－関係会社間の財・サービスの取引価格の研究－」（平成16年5月）参照。

(4)　中尾健「組織再編・連結納税における時価評価の実務」租税研究平成16年10月号150頁。

(5)　金子・前掲注（1）184頁参照。

を取り入れることには，政策目的に照らして十分な合理性が必要である。特に，組織再編成税制は，商法等において，企業の競争力を確保し，企業活力が十分発揮できるよう，柔軟な企業組織再編成を可能とするための法制等の整備が進められていたことから，税制においても，これらの法整備に即した対応が求められることとなったという背景の下で創設されたものである(6)。そこで，組織再編成税制における時価評価課税が企業の競争力の確保や活力の発揮という組織再編成税制の趣旨・目的を達成する障害となっていないかという点が吟味されるべきである。

さらに，時価評価課税が組織再編成税制の趣旨・目的の障害にはならず，実現主義の例外として正当化されるとしても，時価評価課税の対象範囲が適切か否かという点も検討されなければならない。特に，時価評価課税は，資産又は負債に関し，「取引」による実現（資産又は負債の第三者への移転）がないにもかかわらず，時価評価をした上で含み損益に課税するものであることから，いかなる資産及び負債が時価評価課税の対象であるのか，さらには当該資産が時価評価課税の対象となることは税制の趣旨・目的に照らして適切であるのか，という点が問われなければならない。

最後に，時価評価課税が正当化され，時価評価課税の対象となる資産及び負債が明確であり，かつ税制の趣旨・目的の観点から適切であったとしても，当該資産及び負債をどのような評価方法で時価評価するかという点も問題となる。資産及び負債の時価の評価方法は，組織再編成税制が導入される前から存在した問題であるものの，時価評価課税の範囲が拡大した現在では，ますます重要性が高まっている。

以上のような問題意識の下，本稿においては，まず，組織再編成税制における時価評価課税が立法政策として妥当であるかを検証し（下記Ⅱ），さらに組織再編成税制による時価評価の対象である資産の適切性・明確性を検討した後（下記Ⅲ），実務上問題となっている資産の時価評価の方法の問題を取り

---

(6)　政府税制調査会「会社分割・合併等の企業組織再編成に係る税制の基本的考え方」（平成12年10月）参照。

上げて検討する（下記Ⅳ）[7]。なお，連結納税についても，連結納税の開始・連結納税への加入に伴う時価評価課税の制度が設けられているため（法人税法 61 条の 11，同 61 条の 12），必要な範囲で言及する。

Ⅱ　組織再編成税制における時価評価課税

1　組織再編成税制と実現主義の関係

平成 13 年度税制改正前において，商法が合併に関して時価以下主義を採用していたことから，法人税法においても，被合併法人が有する資産の帳簿価額の引継ぎが認められており，被合併法人における資産の含み益は一般的に課税繰延べがなされていた[8]。

これに対し，平成 13 年度税制改正で導入された組織再編成税制は，組織再編成が行われた場合，帳簿価額の引継ぎを認めず，資産及び負債の含み損益が実現（realization）したものとし，当該含み損益を認識（recognition）して課税することを原則とした。この点について，政府税制調査会は，「法人がその有する資産を他に移転する場合には，移転資産の時価取引として譲渡損益を計上するのが原則であり，この点については，組織再編成により資産を移転する場合も例外ではない」と説明している[9]。そして，企業グループ内の組織再編成や共同事業を行うための組織再編成に該当する場合には，移転資産に対する支配が継続しているものとして，譲渡損益を認識せず，課税を繰り延べることとした。

かかる考え方に則り，法人税法 22 条 2 項の別段の定めとして，合併，分

（7）本稿に記載されている見解は筆者の個人的な見解であって，筆者の属する法律事務所の見解ではないことを付言する。

（8）水野忠恒『租税法』（有斐閣，第 5 版，平成 23 年）440 頁。なお，平成 13 年度税制改正前においては，合併法人において帳簿価額を上回る価額で受入れた場合のみ，清算所得課税又は合併差益課税が行われていた（平成 13 年度税制改正前の法人税法 27 条，112 条）。

（9）政府税制調査会・前掲注（6）参照。

割により資産及び負債が移転をした時は，合併又は分割の時の価額による譲渡をしたものとして，内国法人の各事業年度の所得の金額を計算すると定められた（法人税法62条1項）(10)。なお，現物出資については，法人税法62条1項に相当する別段の定めがないことから，法人税法22条2項により，時価取引が行われたものとして各事業年度の所得の金額が計算されることになる。合併，会社分割及び現物出資においては，資産及び負債が法人格の異なる主体間で移転することから，実現主義との関係で深刻な問題を引き起こすものではない。

他方，平成18年度税制改正により導入された株式交換・株式移転に関する組織再編成税制（以下では株式交換を中心に論述する。）は，実現主義の例外として位置づけられる(11)。すなわち，一定の適格要件を充足する株式交換において，株式交換完全子法人に特段の課税は生じないが，一方で，適格要件を充足しない非適格株式交換においては，株式交換完全子法人の有する時価評価資産に対して時価評価課税が行われる（法人税法62条の9）。株式交換では，株式交換完全子法人の株主と，株式交換完全親法人との間において，株式交換完全子法人株式と，株式交換完全親法人株式が交換されるのみである（次頁の図参照。）。言い換えると，株式交換完全子法人が保有する資産は他の法主体に移転することはない。したがって，株式交換において，株式交換完全子法人の有する資産の含み損益は，「実現」したとはいえない。実現主義の観点からすると，非適格株式交換における時価評価課税（法人税法62条の9）は，非適格合併，非適格分割及び非適格現物出資に係る資産及び負債の時価評価課税（法人税法62条1項）とはその性質が異なる。

---

(10)　なお，米国においても，組織再編（Reorganizations）によって，株主及び法人の双方で含み損益が実現したものとして取り扱われていることについて，ジョン・K・マクナルティ（赤松晃翻訳）「米国における企業組織再編に係る連邦所得税の基礎理論」租税研究平成14年4月号70，71頁参照。

(11)　岡村忠生『法人税法講義』（成文堂，第3版，平成19年）427，428頁，吉村政穂「組織再編支援の税制」日税研論集66号（平成27年3月）158頁。

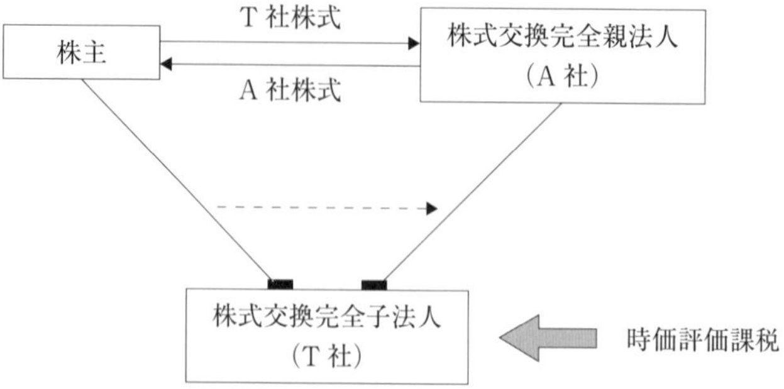

以下では，非適格株式交換において，株式交換完全子法人が有する資産に対して時価評価課税することは，組織再編成税制の目的に照らし，立法政策として適切であるかどうかを検討する。

2　非適格株式交換における時価評価課税

⑴　制度趣旨

平成 18 年度税制改正の立案担当者は，以下のとおり，非適格株式交換において株式交換完全子法人が有する資産に対して時価評価課税する理由を説明している（番号・下線は筆者）(12)。

①「株式交換は，子法人となる法人の発行済株式のすべてを親法人となる法人に取得させる行為であり，したがって株主による任意の行為とは異なり，完全親子関係を創設する組織法上の行為と位置づけられます。…子法人の株主にとっては，その個別意思とは必ずしも関係なく株主たる地位を失って，代わりに親法人の株主になることとなり（反対株主の買取請求は認められます。），この点において，被合併法人の株主がその個別意思とは必ずしも関係なく合併法人の株主になる合併と類似している一方，株主個々の個別意思により行われる『株式と株式の交換』といった

(12)　財務省『ファイナンス別冊　平成 18 年度税制改正の解説』298〜299 頁〔佐々木浩＝永井伸仁＝一松旬執筆〕。

事実行為と異なるといえます。」

②「株式交換には，株式取得を通じて子法人の事業，資産を実質的に取得するのと同様の効果があると言えます。合併は法人の事業や資産を直接的に取得する行為ですから，両者はこのような点で共通性がある行為とみることができます。言い換えると，『合併は会社財産の取得』であるのに対し，『株式交換は会社そのものの取得』であるということになります。」

③「…株式交換によって出来上がる形態が，子法人を吸収合併した後に現物出資したのと同じ形態（完全親子会社関係）となることも考え合わせると，株式交換に対する課税は，課税の中立性等の観点から，合併等に係る税制と整合性を持ったものとすることが適当と考えられます。」

上記①の説明は，株式交換と合併は，組織法上の行為であるという法的性格が共通していること，上記②の説明は，株式交換と合併は，事業・資産を取得するという経済実質が共通していることをそれぞれ指摘するものであり，株式交換の課税関係と合併の課税関係の整合性の観点から，時価評価課税の必要性を述べるものである。上記③で指摘されている課税の中立性は，同じ経済的成果を達成できる別ルートの取引方法との課税関係のバランスを重視するものである。この点については，平成18年税制改正の立案担当者の一人であった佐々木浩氏は，なぜ株式交換の段階で株式交換完全子法人に対して課税するのかと問われた際に，ステップトランザクションの議論に通じるものがあると指摘した上，（株式交換を含む一連の取引）最後まで取引全体を見た上で課税関係を決するのではなく，一行為ごとに課税関係を確定するということが基本になっていると述べている(13)。

(2)　時価評価課税に対する疑問

上記のような立案担当者の説明に対して，渡辺徹也教授は次のような疑問

(13)　大蔵財務協会編『企業組織再編税制及びグループ法人税制の現状と今後の展望』（大蔵財務協会，平成24年）88～90頁〔佐々木発言〕参照。

を呈している。まず，渡辺教授は，「合併や分割では，対象法人の資産が移転していることから，これを譲渡として取り扱うことには理由がある」として，合併及び分割の際に時価評価課税することは実現主義の観点から合理的であることを指摘した上で，「そもそも株式交換とは，T社株主（筆者注：株式交換完全子法人の株主）とA社（筆者注：株式交換完全親法人）との間で行われるT社株とA社株の交換取引であるから，T社は組織再編行為の直接の当事者ではない。…したがって，株式交換が適格になった場合はもとより，非適格になった場合でも，本質的な当事者でないT社は，原則的には，課税関係の外にいるべきである」とし，実現主義の観点から疑問を呈している(14)。また，政府税制調査会の答申で示されていた考え方からすると，「組織再編成に関するデフォルト・ルールは，法人による資産の移転を時価取引とすることであり，実際に資産移転が起こってもいないのに，あたかもそれが行われたようにみなして課税することではない」として，組織再編成税制を導入する際に想定していた趣旨・目的と整合していない旨を述べている(15)。

さらに，課税中立性の観点から，現金による買収と比較して株式交換による買収が厳しい課税になるとし，「すべての対価を現金として，A社がT社株主から全T社株を購入しても，（株式交換という取引形式をとらない限り）T社資産の時価評価は行われないからである。本来，中立であるべき税制が，株式を対価とした企業買収を阻害しているともいえよう。この時価評価課税については，何らかの形で課税時期をもう少し遅らせる工夫が必要である」と提言されて，「未実現利益への課税を正当化するほど説得的であるかどうかは疑わしい」と述べている。他方で，非適格株式交換における時価評価課税が存在しない場合には，A社がT社の事業を取得する際，合併という手

(14)　渡辺徹也「企業組織再編税制－現行制度における課税繰延の理論的根拠および問題点等－」租税研究平成19年1月号47，48頁。

(15)　渡辺徹也「組織再編税制における実質主義と形式主義－課税ルールの中立性と納税者が選択したルートの問題－」金子宏編『租税法の基本問題』（有斐閣，平成19年）508～509頁。

法を用いると，適格要件を充足せず，T社の資産の含み損益が課税されるところ，非適格株式交換を行ってA社がT社を完全子会社化した後，A社がT社を吸収合併することにより，合併に関して緩和された適格要件を充足すればT社の資産の含み損益が課税されないことになるという点も考えられるが，この点については，吸収合併の段階で時価評価するといった対処法があり得たと指摘する(16)。

また，岡村忠生教授は，「合併・分割との整合性から時価評価が必然に導かれるものでは決してない」，「法人の組織法上の行為としての株式交換（会社法上の株式交換）ではなく，個々の株主が行う株式の交換契約とすれば，この時価評価税は発生しない」と指摘された上で，「課税の観点から真に問題とされるべきは，株式交換・株式移転という会社法上の手続，形式を踏むかどうかではなく，まとまった資産（事業）が，法人という殻の中に入ったままで移転されるという実態を，どのように捉えるかである。法人の中にあるという理由だけで，移転資産の含み損益に対する課税の可能性がなくなるとは言い切れない」として，非適格株式交換における時価評価課税の趣旨説明に対して疑問を呈している(17)。

(3)　検討

非適格株式交換における時価評価課税は，実現主義の原則を後退させてまで必要とされるものであろうか。まず，合併の課税関係との整合性という根拠に関して，株式交換でなくとも，株式交換と同様に完全親子会社関係を創設することを目的とする取引で，かつ，株主の個別意思とは無関係に行われるものがある。たとえば，実務上，完全親子会社関係を創設する目的として，全部取得条項付種類株式（会社法108条1項7号）を利用した取引がしばしば行われている。この手続によれば，個別の株主の同意を得ることなく，株主総会の特別決議によって，完全子会社化を達成できる(18)。さらに，平成26年会社法改正により導入された特別支配株主による株式等売渡請求制度（会

(16)　渡辺徹也『企業組織再編成と課税』（弘文堂，平成18年）114頁参照。
(17)　岡村・前掲注（11）428頁。

社法179条以下）も，完全子会社化を達成するための手法である。この株式等売渡請求制度においては，株主総会の特別決議さえも不要であり，特別支配株主が少数株主の個別の意思と無関係に株式を取得することが可能である[19]。また，平成26年会社法改正により，株式併合も完全子会社化を達成する取引として手続が整備され[20]，実務上も利用されることが期待されている。上記の立法趣旨の解説にいう「組織法上の行為」が何を指すのか必ずしも明らかではないものの[21]，通常の取引とは異なり，株主の個別意思とは無関係に会社組織に関して行われる取引を指すと考えているのであれば，全部取得条項付種類株式を利用した取引，株式併合及び特別支配株主による株式等売渡請求制度は，完全親子会社関係を創設することができるため，株式交換とその法的性格及び経済的実質を共通にしていると言い得るように思われる。しかし，これらの行為に関しては，法人税法上，完全子会社となる会社において，保有資産に対する時価評価課税は生じない。したがって，非適格株式交換における課税関係と非適格合併と整合性をとったとしても，こ

(18)　全部取得条項付種類株式を利用した完全子会社化の具体的な手続の詳細は，渡辺邦広「会社法実務の主要論点（6）全部取得条項付種類株式を用いた完全子会社化の手続」旬刊商事法務1896号（平成22年4月）25頁以下を参照。

(19)　具体的な手続の詳細は，内田修平＝李政潤「〈平成26年会社法改正を踏まえた実務の検討（5）〉キャッシュ・アウトに関する規律の見直し」旬刊商事法務2061号（平成27年）23頁以下参照。

(20)　平成26年会社法改正により，株式併合においても，事前・事後の開示手続が整備され（会社法182条の2，182条の6），差止請求権（同182条の3）や反対株主買取請求権（同182条の4）が認められたことで，完全子会社化の手法として利用できるようになった。

(21)　会社法上，「組織再編」という用語は存在しないが，株式等売渡請求制度を導入した平成26年会社法改正の立案担当者は，株式等売渡請求制度は，対象会社が取引当事者ではないことを理由として，合併等の組織再編とは法的性質を異にすると説明し，それゆえ，株式等売渡請求制度を，組織再編等について定める会社法第5編ではなく，株式について定める同法第2編第2章第4節の2に置くことにした旨述べている（坂本三郎編著『一問一答　平成26年改正会社法』（商事法務，第2版，平成27年）254頁）。なお，法人税法においては，組織再編等について定める会社法第5編に定められていない現物分配も，組織再編成税制の一類型として整理していることから（法人税法62条の5），会社法と法人税法とでは「組織再編」の考え方が異なっていると考えられる。

れら株式交換に類似した行為との課税関係のバランスを失う結果となっている。

また，課税の中立性の観点についても，非適格株式交換と同様の経済的成果を達成できる取引が可能であることから，完全親子関係を創設する取引手法について，税制がその選択を歪めていると評価することも可能である(22)。株式交換は，全部取得条項付種類株式を利用した取引，株式併合及び特別支配株主による株式等売渡請求制度と異なり，買収者が資金を調達することなく，自社株式を対価として株式を取得することができる点で，完全親子関係を創設する有効な手法の1つである。しかし，株式交換は，適格要件を充足しない場合には時価評価課税が行われるという点で，その利用は事実上制約を受ける。また，上述の非適格合併を回避するために，株式交換後に合併するという租税回避が行われる恐れがあるという指摘に対しては，その恐れが実際に生じたときに，個別に対処すべきであり，合併を予定していない株式交換においても実現主義の原則を後退させてまで一律に時価評価課税する根拠にはならないと思われる。また，非適格合併を回避するためには，株式交換を利用しなくとも，株式交換以外の手法（現金による株式取得等）を利用して完全子会社化した後に合併する場合も同様に対象会社の時価評価課税は行われないのであるから，株式交換を利用する場合にのみ，多大な税負担が生じることになって，課税のバランスを欠いている。

時価評価課税は，時価評価にコストを要し（特に市場価格が存在しない資産），また，納税資金の確保の必要性が生じることから，時価評価課税に合理的な根拠が必要であり，さらには，組織再編成税制の趣旨・目的である企業の柔軟な組織再編成の障害とならないようにする必要がある。かかる観点からすると，非適格株式交換における時価評価課税の合理性には疑義があり，現在

(22)　実務上，非適格株式交換と認定されて，株式交換完全子会社において時価評価課税されることを回避するため，全部取得条項付種類株式を利用した取引が行われている。この点については，太田洋＝野田昌毅「株式交換・株式移転税制の抜本改正とM＆A実務への影響」旬刊商事法務1778号（平成18年）43頁脚注23参照。

の会社法制等を前提とすれば正当化することは困難であるように思われる。

Ⅲ　時価評価課税の対象となる資産及び負債の問題

1　非適格株式交換における時価評価課税の対象

非適格合併又は非適格分割が行われた場合，合併又は分割により移転した資産及び負債は当該合併又は分割の時の価額によって譲渡されたものとして，被合併法人又は分割法人は，法人税が課税される（法人税法62条1項）。すなわち，合併又は分割により移転した資産及び負債の全てが時価評価課税の対象となる。これは，合併又は分割により資産及び負債が実現することから，含み損益を認識するものであり，正当な取扱いであると思われる。

これに対して，非適格株式交換においては，株式交換完全子法人が当該非適格株式交換の直前において有する「時価評価資産」につき，時価評価課税されることになっている（法人税法62条の9第1項）。時価評価資産とは，固定資産，土地（土地の上に存する権利を含み，固定資産に該当するものを除く），有価証券，金銭債権及び繰延資産で政令で定めるもの以外のものをいう，と定義されており（法人税法62条の9第1項），株式交換完全子法人の保有する資産の一部のみが時価評価課税の対象とされている。時価評価資産から除かれている資産の一例として，売買目的有価証券，含み益が株式交換完全子法人の資本金等の額の2分の1に相当する金額又は1000万円のいずれか少ない金額に満たない場合の資産（法人税法施行令123条の11第1項4号）(23)等がある。また，負債は，全て時価評価課税の対象から除かれている。上記Ⅱ2(1)で述べたとおり，非適格株式交換における時価評価課税は，非適格合併の課税関係との整合性を1つの根拠とするにもかかわらず，時価評価課税の対象は，非適格株式交換と非適格合併とで異なっている。この点について，平

(23)　かかる例外により，実務上は時価評価の対象となる資産は限定されていると解説されている。稲見誠一＝佐藤信祐『実務詳解　組織再編・資本等取引の税務Q&A』（中央経済社，平成24年）607頁参照。

成18年度税制改正の立案担当者は，「株式交換完全子法人等が含み損益を計上すべき資産及び負債の範囲は，全ての資産及び負債とすることも考えられますが，その資産について取引行為が行われるものでないことや制度間の整合性等を勘案し，連結納税の時価評価資産と同じ範囲とされているものです」と説明している(24)。

この説明のうち，前段に関し，合併の場合には資産の含み損益が実現していることから，資産の含み損益を課税することが原則であるが，非適格株式交換における時価評価課税は立法政策の問題であることから，重要性の低い資産については立法政策上の考慮から時価評価課税の対象から除外する趣旨と理解できる。後段に関し，連結納税の開始・加入の際の時価評価課税は，単体納税制度の下で生じた資産の含み益・含み損を任意に連結納税制度の下に持ち込んで利用することを防止するための，いわば租税回避防止を目的とした政策的規定である(25)。このような連結納税制度における時価評価課税の趣旨は，非適格合併との整合性や課税中立性から設けられている非適格株式交換における時価評価課税の趣旨と必ずしも一致しておらず，連結納税の開始・加入の際の時価評価課税の対象と整合させる必要性は高くないように思われる。

2　時価評価資産の明確性－自己創設の営業権の取扱い

時価評価課税の対象に関して，「時価評価資産」の範囲が明確であるか，という問題がある。匿名組合出資など，必ずしも法的取扱いが明確ではない資産が「時価評価資産」に含まれるのかといった問題である。特に，実務上問題となるのは，自己創設の営業権が時価評価資産に含まれるかという点である。上述のとおり，時価評価資産の定義において，「固定資産」も列挙さ

(24)　財務省・前掲注（12）314頁。
(25)　中尾・前掲注（4）157頁。朝長英樹編『連結納税制度』（法令出版，平成25年）43頁，阿部泰久＝小畑良晴『明解/連結納税制度』（税務研究会出版局，平成14年）34，35頁。

れている（法人税法62条の9第1項）。そして，固定資産には，減価償却資産が含まれており（法人税法2条22号），減価償却資産には営業権が含まれている（法人税法2条23号，同法施行令13条8号ヲ）。したがって，営業権は，時価評価資産に該当し，非適格株式交換の際に時価評価課税されることになる。しかし，「営業権」の中に，第三者から取得した営業権のみならず，自己創設の営業権まで含まれるのかがここでの問題である。

まず，法人税法上，「営業権」の定義は特段定められておらず，解釈に委ねられている。営業権の意義に関し，最判昭和51年7月13日・判時831号29頁は，「営業権とは，当該企業の長年にわたる伝統と社会的信用，立地条件，特殊の製造技術及び特殊の取引関係の存在並びにそれらの独占性等を総合した，他の企業を上回る企業収益を稼得することができる無形の財産的価値を有する事実関係である」とした原審判決を正当として是認した。次に，自己創設の営業権が法人税法上の営業権に含まれるかという点に関し，高松高判昭和52年9月7日・税務訴訟資料95号454頁は，「営業権とは，資産性の見地から実質的にみれば，当該企業の長年にわたる伝統と社会的信用，立地条件，得意先関係，仕入先関係，経営組織等が有機的に結合された結果その企業を構成する物又は権利とは別個独立に評価を受けることができる無形の財産的価値を有する事実関係をいい，通常他の企業を上廻る所謂超過収益力ともいわれており，これは，既存の企業の活動中に創出されるばかりでなく，他企業を買収することによっても得ることができる。しかし，企業会計上の見地から形式的にみると，のれんの貸借対照表能力は，当時の商法（二八五条の七の規定－昭和三八年四月一日施行－の新設前）においては，資産として計上できないという見解，常に出来るという見解，有償で承継取得した場合に限りその取得価額を附することができるという見解に分れていたが，企業会計原則では，無形固定資産は，有償取得の場合に限りその対価をもって取得原価とされており（企業会計原則－改正前－第三貸借対照表原則四（一）B，五アE），そして右有償取得は，通常包括的一体としての企業の全部又は一部の譲渡（営業譲渡等）とともになされ，現実に支払われた対価が純資産額を超える場合，その超過額が営業権の価額になると解されている。そして，旧法人税法（九条の八）において減価償却資産として掲げられている営業権（同法施行規則第一〇条の二第一項第八号）の意義・評価についても，商法二八五条の七の規定(26)の趣旨を類推し，企業会計原則の場合と同様に解するのが相当である。」（下線は筆者）と判示した(27)。すなわち，同判決は，自己創設による営業権と，第三者から取得することによる営業権を区別し，法人税法上の「営業権」は，商法（会社法）及び企業会計における営業権と同様に，後者のみを指すと解すべきであると判示した(28)。この判示に関し，法人税法22条4項が「現に法人のした利益計算が法人税法の企図する公平な所得計算という要請に反するものでない限り，課税所得の計算上もこれを是認するのが相当であるとの見地から，収益を一般に公正妥当と認められる会計処理の基準に従って計上すべき」(29)と定めており，のれんに関する企業会計基準が「一般に公正妥当と認められる企業会計の基準」であることから(30)，法人税法における「営業権」を会社法及び企業会計と同様に解することには十分合理性があると思われる(31)。

なお，現在の企業会計及び会社法は，上記最判及び高松高判当時と「営業権」の用語法が変更となっていることから，注意が必要である。企業会計に関して，企業会計審議会は，平成15年10月，企業結合に関する会計基準（企業会計基準第21号，企業結合会計基準）を公表し，取得原価が受け入れた資産及び引き受けた負債に配分された純額を上回る場合には，その超過額が

(26)　事件当時，同条は，「暖簾ハ有償ニテ譲受ケ又ハ合併ニ因リ取得シタル場合ニ限リ貸借対照表ノ資産ノ部ニ計上スルコトヲ得」と規定していた。

(27)　最判昭和54年7月24日・税務訴訟資料106号130頁は，かかる判断を是認し，上告を棄却している。

(28)　大阪高裁昭和51年12月8日・税務訴訟資料90号742頁も同様の解釈を示している。

(29)　最判平成5年11月25日・民集47巻9号5278頁。

(30)　弥永真生『コンメンタール　会社計算規則・商法施行規則』（商事法務，第2版，平成17年）167頁。

(31)　金子・前掲注（1）348頁。

「のれん」とされ，「営業権」は，法律上の権利など分離して譲渡可能な無形資産として整理された（28，29項）[32]。また，現行会社法は，企業結合会計基準と同様に，「のれん」（会社計算規則11条）を，一定の行為によって，事業その他の権利義務が移転した場合において，認識可能な実物財産の評価額とこれに対して交付した対価の価値の差額とし[33]，「営業権」は，「のれん」とは異なる概念として整理した。すなわち，一定の営業をなすことを国・地方公共団体などから認められている場合（たとえば，銀行業などのいわゆる規制産業）などの営業権は，会社計算規則上の「のれん」には含まれないと解されている[34]。以上のとおり，企業結合会計基準と現行会社法は，「のれん」を対価と取得資産の原価との差額として捉え，「営業権」を分離して譲渡可能な無形資産として解している。

このように，企業結合会計基準及び現行会社法が「のれん」と「営業権」の概念を区別して整理したことから，法人税法上の「営業権」とどのような関係にあるのかが見えにくくなった。さらに，平成18年度税制改正において，非適格合併等により移転を受ける資産等に関して資産・負債調整勘定が創設され（法人税法62条の8），資産調整勘定は，「企業結合会計基準における（正の）差額のれんに相当するものといえます」と説明されていることから[35]，「営業権」の意味内容について，混乱の度合いを深める結果となっている。

しかし，上記の裁判例の正当な解釈を前提とすると，企業結合会計基準及び現行会社法の用語法の変更にかかわらず，法人税法上の「営業権」は，企業結合会計及び現行会社法上の「のれん」を指すと解釈すべきであって[36]，

---

(32)　のれんに関する企業会計と税務の概要については，野田秀三「組織再編成におけるのれんの計上と税務」税務事例研究92巻（平成18年）1頁以下参照。なお，企業会計原則貸借対照表原則5E注25は，「営業権」を企業結合基準における「のれん」と同様の意味で用いている。

(33)　郡谷大輔＝和久友子＝小松岳志『会社計算規則逐条解説』（税務研究会出版局，平成19年）55頁。

(34)　弥永・前掲注（30）168頁。

(35)　財務省・前掲注（12）366頁。

自己創設の営業権は，法人税法上の「営業権」には含まれないと解すべきである（下記図①)。

【図①】

企業結合会計基準上ののれん	=	会社法上ののれん	=	法人税法上の営業権
（有償取得したもの）		（有償取得したもの）		（有償取得したもの）

したがって，非適格株式交換において時価評価課税の対象となるものは，有償取得した企業結合会計基準及び現行会社法上の「のれん」のみであって，自己創設の営業権は時価評価課税の対象とはならないと解される。

また，かかる解釈とは異なり，法人税法上の営業権は，法人税法22条4項に基づき，企業結合会計基準上の営業権を指すと解釈し，法律上の権利など，分離して譲渡可能な無形資産のみを指し，自己創設の営業権は法人税法上の営業権に含まれないとの見解もある(37)（下記図②)。

【図②】

企業結合会計基準上の営業権	=	会社法上の営業権	=	法人税法上の営業権
（分離して譲渡可能な無形資産）		（分離して譲渡可能な無形資産）		（分離して譲渡可能な無形資産。法人税基本通達7-1-5参照）

かかる見解は，企業結合会計基準及び現行会社法の文言に依拠するものであるが，上記一連の裁判例における営業権の解釈と整合しない。しかも，かかる見解では，法人税法上，第三者から有償取得した「のれん」が減価償却資産である営業権の範囲から外れることとなり，のれんの減価償却を認める企業会計及び現行会社法と整合性を欠く結果となり，妥当ではないように思

(36)　朝長英樹「近年の組織再編成税制の分かり難さの原因となっている改正項目（上）」T＆A master527号（平成25年）36，37頁も，「従来から，法人税制においては，『のれん』に対応するものは『営業権』とされてきている」と正当に指摘している。
(37)　佐藤信祐『組織再編におけるのれんの税務』（中央経済社，平成20年）210，211頁，太田＝野田・前掲注（22）36頁。

われる。

以上の見解とは反対に，税務当局は，自己創設の営業権は，法人税法上の「営業権」に含まれ，非適格株式交換において時価評価課税されると解している[38]。この点については，平成16年度税制改正に関し，立案担当者が「自己創設した営業権のように時価評価による計上された減価償却資産」との表現を用いていることや[39]，税務当局の職員が「自己創設の営業権は，法人税法上固定資産に該当します」と解説していること[40]からもうかがわれる。かかる見解の法的根拠として，「法第62条の8第1項に規定する政令で定める営業権は，営業権のうち独立した資産として取引される慣習のあるものとする」（法人税法施行令123条の10第3項）とする規定が挙げられる。同規定は，資産調整勘定に係る時価純資産価額の算定という場面において，営業権の範囲を限定するものである。そこで，通常の「営業権」の概念は，法人税法62条の8第1項に定める営業権よりも広いことを前提としていることが分かる。したがって，法人税法施行令13条8号ヲの営業権は，分離して譲渡可能なもの（企業結合会計基準及び現行会社法における営業権）のみならず，自己創設の営業権も含まれると解釈できることになる。

しかし，かかる解釈には疑問がある。まず，上述した裁判例の営業権の解釈と矛盾しており，仮に，税務当局が自己創設の営業権も法人税法上の「営業権」に含まれると考えているのであれば，立法により対応すべきである。また，時価評価は納税者に多大な負担を課すものであるから，実現主義を後退させて自己創設の営業権を時価評価課税の対象としたいのであれば，法人

(38) 太田洋編『M&A・企業組織再編のスキームと税務－M&Aを巡る戦略的プランニングの最先端－』（大蔵財務協会，第2版，平成26年）454～456頁。なお，朝長・前掲注（25）54頁も，連結納税加入時の時価評価に関し，「税法上の営業権（法令13八ヲ）は固定資産に該当することから，連結納税の適用開始に当たり，自己創設営業権（のれん）に関しても，時価評価の対象とする必要があります」と指摘している。

(39) 大蔵財務協会編『平成16年版　改正税法のすべて』（大蔵財務協会，平成16年）161頁。

(40) 窪田悟嗣「連結納税制度に係るQ&A」租税研究平成23年7月号221，222頁。

税法上，特別に明確な文言で規定し，納税者の予測可能性を確保する必要がある。

さらに，企業会計上，自己創設の営業権を貸借対照表に計上しない理由として，のれんの創設のためにどのような額の費用が貢献したのかは合理的な算定が困難であるという点が挙げられる(41)。そうであるとすれば，法人税法においても，合理的な算定が困難である自己創設の営業権を時価評価課税の対象とすることには疑問がある。

しかも，仮に，自己創設の営業権が時価評価課税の対象となると考えた場合，期限切れ間近の繰越欠損金を有する会社を株式交換完全子会社とする非適格株式交換を行うことにより，期限切れ間近の繰越欠損金と自己創設の営業権の評価益を相殺し，当該営業権を5年間で減価償却する（実質的に繰越欠損金の利用期間を延長する）といったタックス・プランニングも可能となる(42)。

以上のとおり，税務当局の解釈は不合理であるように思われるし，少なくとも法文上明確であるとはいえない。法人税法上の営業権の概念を企業結合会計基準及び現行会社法との関係で整理した上で，評価の困難性の観点を踏まえると，非適格株式交換における時価評価資産から除外すべきであると思われる。

---

(41)　味村治「経理処理」『経理・税務　経営法学全集10』（ダイヤモンド社，昭和43年）175頁。また，会計学の観点からも，自己創設のれんが資産計上されない理由として，自己創設のれんの測定の信頼性にあると指摘されている。広瀬義洲『財務会計』（中央経済社，平成23年）293頁参照。

(42)　この点については，連結納税制度の導入時においても，繰越欠損金の切捨てが定められているにもかかわらず，自己創設の営業権を時価評価課税の対象とすることで，実質的に繰越欠損金を連結に持ち込むことができてしまう，と指摘されていた。山本守之＝阿部泰久「連結納税関係法令・通達の留意点と企業の対応」税経通信臨時増刊号（平成15年9月）16頁。

Ⅳ　時価の算定方法の問題

組織再編成税制において時価評価課税が導入されているが，そもそも時価をどのように算定すればよいのか，という点については，組織再編成税制導入前から存在する重要な問題である。実務上，組織再編成税制における時価評価課税については，株式と営業権の評価が問題になることが多いように思われる。そこで，以下では，かかる2つの資産の時価の算定方法について検討する。

1　株式の評価方法

(1)　法人税法上の取扱い

法人税法において，時価とは，相続税と同様に，客観的な交換価値のことをいい，不特定多数の独立当事者間の自由な取引において通常成立すると認められる価額をいうと解されている[43]。また，法人税基本通達4-1-3は，時価とは，「当該資産が使用収益されるものとしてその時において譲渡される場合に通常付される価額による」と定めている。そして，「通常付される価額」に関し，上場有価証券等の価額と上場有価証券等以外の株式の価額の2つに区分し，それぞれの算定方法を定めている（同通達4-1-4及び4-1-5，9-1-8，9-1-13)。まず，上場有価証券等の通常付される価額については，譲渡日以前1か月間の市場価格の平均額による評価を認めている。上場有価証券等以外の株式については，①売買実例のあるもの，②公開途上にある株式で，公募等が行われるもの，③売買実例のないものでその株式を発行する法人と事業の種類，規模，収益の状況等が類似する他の法人の株式の価額があるも

(43)　相続税法22条の「時価」に関し，東京高判平成7年12月13日・行裁判例集46巻12号1143頁は，原審判決の「課税時期において，それぞれの財産の現況に応じ，不特定多数の当事者間で自由な取引が行われた場合に通常成立する価額をいうものと解するのが相当である」との判断を是認している。

の，④上述の3つに該当しないもの，に区別し，それぞれ時価の評価方法を定めている。しかし，これらの評価方法は一般的抽象的な評価の考え方を定めているだけであり，実際問題として，これだけで具体的に上場有価証券等以外の株式の時価を算定することは容易ではない(44)。そこで，法人税基本通達は，上記①及び②に該当する株式を除き，課税上の弊害がない限り，財産評価基本通達に定める評価方法を一部修正の上で利用することを認めている（法人税基本通達4-1-6，9-1-14）(45)。通達における取扱いは，行政組織の内部では拘束力を持つが，国民に対して拘束力を持つ法規ではなく，裁判所もそれに拘束されないと解されている(46)。しかし，法人税基本通達9-1-14における取扱いについては，最判平成18年1月24日・判タ1203号108頁が，「法人の収益の額を算定する前提として株式の価額を評価する場合においても合理性を有するものとして妥当するというべきである」と判示し，通達の定める評価方法を是認した。

もっとも，実務上，株式の時価の算定について争いが多く，更に基準を明確にする必要があるように思われる。以下では，法人税法と同様に，株式の評価が問題となる会社法において，いかなる判断枠組みを用いて株式評価しているかを参照した上で，株式の評価方法を検討する。

---

(44)　大澤幸宏編『法人税基本通達逐条解説』（税務研究会出版局，平成26年）747頁。

(45)　財産評価基本通達とは，相続税法22条の「時価」の解釈や各種の財産の評価単位ごとの具体的な評価方法を定めたものである。裁判例上，財産評価通達によりあらかじめ定められた評価方法によって，画一的な評価を行う相続税法に係る実務上の取扱いは，納税者間の公平，納税者の便宜，徴税費用の節減という見地からみて合理的であると認められている。東京高判平成7年12月13日・行裁判例集46巻12号1143頁。他方で，財産評価基本通達の評価は，相続又は贈与というきわめて特殊な環境におけるいわば静的な財産評価に関する取扱いであることから，通達の定める3つの条件を満たす場合に限って法人税の評価方法として認められている。大澤編・前掲注（44）747頁。このように相続税法上の「時価」と法人税法上の「時価」は，異なる概念であるということができる。

(46)　最判昭和38年12月24日・税務訴訟資料37号1202頁等。

⑵ 株式の評価方法の判断枠組み－会社法の議論を参考として

会社法においても，法人税法と同様に，組織再編に際し，株式の評価が争われることが多い。典型的には，組織再編に対して反対株主買取請求権（会社法785条，797条）が行使され，株式の価格（「公正な価格」）を決定する場合（会社法786条，798条）が挙げられる。近時，かかる反対株主買取請求権が行使された場合の株式の評価に関する裁判例が蓄積されており，一定の判断枠組みが形成されつつある。具体的には，第一に，組織再編が独立当事者間で行われる場合には，原則として，当事者間の交渉の結果を尊重する，第二に，組織再編が親子会社間など支配－従属関係にある会社間で行われる場合には，組織再編の対価の内容・額など組織再編条件の形成過程の公正さを審査する，第三に，組織再編条件の形成過程が不公正と評価される場合には裁判所が自ら買取価格を決定するが，形成過程が公正である場合には，第一の場合に準じて当事者間の交渉の結果を尊重する，との判断枠組みである(47)。このような判断基準は，株式の取引価格それ自体ではなく，株式の取引価格の形成過程に着目するものである。そして，独立当事者間交渉では，各当事者は自己の利益を最大化するために行動することから，独立当事者間交渉の結果，合意された取引価格は合理的であるとの判断を背景にしているものと思われる。

このような会社法における判断枠組みは，法人税の実務と一部共通している。税務当局の担当者は，法人税基本通達9-1-14に関する解説の中で，「純然たる第三者間において種々の経済性を考慮して定められた取引価額は，たとえ上記したところ（筆者注：財産評価基本通達に準拠する評価方法）と異なる価額であっても，一般に常に合理的なものとして是認されることになろう」と述べている(48)。このような考え方は，上記で述べた会社法の独立当事者

---

(47)　加藤貴仁「レックス・ホールディングス事件最高裁決定の検討〔中〕－『公正な価格』の算定における裁判所の役割－」旬刊商事法務1876号（平成21年）5頁参照。

(48)　大澤・前掲注（44）750頁。

間の組織再編の際の評価方法（第一の基準）と共通する。

他方で，法人税の実務においては，独立当事者間取引ではない場合に，価格の形成過程を審査することなく，法人税基本通達の定める評価方法による時価評価が行われているように思われる[49]。しかし，専門的な知識や企業情報に必ずしも十分に有していない税務当局及び裁判所が株式の価値を評価することは容易ではないことから，法人税法においても，会社法の判断枠組みと同様に，当事者の合理的な意思決定を尊重し，価格形成の過程の公正性を審査することには合理性があると思われる。価格の形成過程が公正である場合には，合意された価格を適正な時価と認め，形成過程が公正ではないと判断される場合に初めて，法人税基本通達に定める評価方法で算定されると解すべきであろう。より具体的にいうと，合併，分割又は株式交換が行われる場合，被合併法人，分割法人又は株式交換完全子法人が保有する株式に関し，①当事者間で合意した価額が存在する場合には，まず，当該組織再編が独立当事者間で行われたものであるかを判定し，②非独立当事者間で行われたものである場合には，合意された価額の形成過程に不公正と評価される事情があったかどうかを審査し，③合意された価額の形成過程に不公正があったと評価された場合には，別途，法人税基本通達に定める評価方法で評価する，という判断枠組みとなる。

しかし，法人税法において，会社法の判断枠組みを参考に株式の時価の算定を行うべきであるとしても，以下で述べるとおり，それぞれの判断基準において検討すべき問題がある。

ア　独立当事者間取引の意義

上述のとおり，独立当事者間取引においては，原則として，時価による取引が行われたものと解してよいと思われるが，そもそも「独立当事者間取

(49)　所得税法の問題ではあるが，親族関係にない個人間で合意された株式の取引価額につき，真摯な交渉により形成されたものではないこと等をもって，当該取引価額が客観的価値を表すものではないとされた事例として，東京地判平成19年1月31日・税務訴訟資料257号順号10622がある。

引」とは何を指すのか，という点が問題となり得る。移転価格税制（租税特別措置法66条の4）のように，資本関係が存在しない当事者間での取引を独立当事者間取引として考えてよいかという問題である。

この点について，傍論ではあるものの，東京高判平成26年6月12日・訟月59巻11号2895頁(50)は，株式譲渡契約の当事者がシンジケート・ローンの幹事銀行であったこと，有価証券報告書において大口の重要な取引先として記載されていたこと等をもって，当事者間で合意された株式の譲渡価額が「直ちに不特定多数の当事者間で通常成立し得る客観的な価額であるとすることは困難であるというべきである」とした原審判決を是認した。しかし，この判決では，「独立当事者間取引」の範囲を狭く解しすぎているように思われる。確かに，資本関係がなくとも，株式に関する取引とは別に取引関係が存在しており，当該別の取引関係をも考慮して株式の対価を決定した場合には，当該対価の額は，特定の当事者間でのみ成立する価額であって，「不特定多数の独立当事者間の自由な取引において通常成立すると認められる価額」と評価できない場合もあり得る(51)。もっとも，取締役は会社に対して善管注意義務を負っているのであり（会社法330条，民法644条，会社法355条），株式の低額譲渡・高額譲渡は，取締役の善管注意義務違反を構成する可能性があり，特に，上場会社のように，少数株主が存在する会社が取引当事者である場合には株主代表訴訟の対象になる可能性がある(52)。したがって，資本関係のない株式会社間で真摯な交渉が行われた場合，原則として，

(50) 納税者の上告受理申立てに対し，最高裁は上告不受理決定を行っている（最決平成27年9月24日・判例集未登載）。

(51) この点について，「株式の取引価額が適正な価額であるかどうかは，…少なくとも売却の相手先が銀行や得意先等の事業に関係のある者であることをもって，直ちにその取引価額が適正価額ではないということはできません。しかしながら，いうまでもなく特別な状況下や条件下における取引による価額や，故意に安値とした場合の価額は適正価額とはなり得ません」との解説がある。渡辺淑夫編集代表『法人税基本通達の疑問点』（ぎょうせい，5訂版，平成24年）499頁。

(52) 子会社株式の低額譲渡を理由として，株主代表訴訟が提起された近時の事例として，最判平成22年7月16日・判時2091号90頁がある。

取締役が善管注意義務を果たしたものとして尊重されるべきであって[53]，合意された価額が時価であると推認すべきである[54]。

次に，上場株式等に関し，独立当事者間で合意された価額と市場価格に差異がある場合であっても，なお合意された価額が時価であると評価してよいか，という問題もある。この点について，株式が上場されている場合，一般に，株式の市場価格には，当該企業の資産内容，財務状況，収益力，将来の業績見通しなどが考慮された当該企業の客観的価値が，投資家の評価を通して反映されているということができることから[55]，市場価格は，原則として，「特定多数の独立当事者間の自由な取引において通常成立すると認められる価額」であると評価できる。東京地判平成27年1月27日・判例集未登載も，「時価は，低額譲渡や寄附金該当性についての判断基準として用いられるものであるから，課税の明確性や公平を確保する観点からは，一定の客観的な基準によって認定された価額であることが要請される…証券取引所に上場されている株式の公表されている価格は，市場を通じた不特定多数の当事者間の自由な取引によって成立した客観的なものであり，…特段の事情のない限り，証券取引所に上場されている株式につき取引日の終値をもって時価とするのは合理的なものというべきである」と判断している。ただし，取引日の終値でよいのか，すなわち，1か月の市場価格の平均も許容されるかという問題は残る。

---

(53)　取締役の経営判断による行為に関し，課税関係を考える際にも十分尊重すべきであるとするものとして，中里実「中間持株会社について」中里実＝太田洋＝弘中聡浩＝伊藤剛志編『クロスボーダー取引課税のフロンティア』（有斐閣，平成26年）106～108頁参照。

(54)　ただし，東京高判平成22年12月15日・裁判所ウェブサイトは，海外子会社による有利発行が行われたかが争われた事案において，「経営判断の原則は，役員が会社ないし株主等に対して委任関係に基づく善管注意義務違反に係る責任を負うかどうかを問題とするものであるところ，取締役が会社から免責を得ることと，会社が第三者から免責を得ることとは異なり，会社と第三者との間の法律関係を規律するものではない」と判示し，会社法上の善管注意義務違反の問題と，株式の時価評価の問題を区別している。

(55)　最決平成23年4月19日・民集65巻3号1311頁。

以上のとおり，たとえ独立当事者間で合意した取引価格であるとしても，市場株価と著しい乖離がある場合には，特別な事情がない限り，独立当事者間の交渉の結果を尊重することにはならないと思われる。そこで，「特別な事情」の内容が問題となるが，典型的には，市場価格が会社の企業価値を反映していない場面（たとえば，経営難に陥った上場企業の株式が投機等の対象となった場面）が該当すると思われる。このような場面において，独立当事者間の交渉により取引価格が決定された場合は，市場の株価と異なっていたとしても，原則として合意された価額は尊重されるべきであろう(56)。

以上の議論とは異なり，会社法分野において，市場株価は全ての情報がバイアスなく迅速に反映されているという前提に対して疑問が出されている(57)。市場株価と時価との関係については，今後の実証研究も踏まえた議論の展開に注目すべきであると思われる。

イ　価格の形成過程の公正性

価格の形成過程の公正性の判断基準については，会社法分野においても，マネージメント・バイアウト（MBO）取引における手続を中心として，活発な議論が行われている(58)。議論の前提となっているのは，経済産業省が公表した「企業価値の向上及び公正な手続確保のための経営者による企業買収（MBO）に関する指針」（MBO 指針）(59)である。MBO 指針においては，株主の適切な判断機会の確保を前提として，意思決定過程における恣意性の排除，価格の適正性を担保する客観的状況の確保といった要素が重視されている。また，MBO 指針においては，支配従属関係にある会社間での組織再編にも当てはまるとされ(60)，価格の形成過程において，独立当事者間取引に比肩

(56)　三宅茂久『資本・株式の会計・税務』（中央経済社，第 3 版，平成 22 年）42 頁以下も同旨と思われる。

(57)　江頭憲治郎「裁判における株価の算定－日米比較をまじえて－」司法研修所論集 122 号（平成 24 年）59 頁参照。

(58)　白井正和「MBO における利益相反回避措置の検証－ホリプロ株式取得価格決定申立事件を題材に－」旬刊商事法務 2031 号（平成 26 年）4 頁以下参照。

(59)　http://www.meti.go.jp/policy/economy/keiei_innovation/keizaihousei/pdf/MBOshishin2.pdf

し得るような公正な手続を経て行われたと認められるか否かを判断すべきと考えられている(61)。具体的には，独立した第三者による取引条件の審査や，中立的な株価算定機関による株価算定書に基づき取引の条件を決めるといった措置が挙げられている。

法人税法においても，かかる考え方を参考に，関連会社間取引であったとしても，独立当事者間取引と比肩し得るような公正な手続を経て価格が決定された場合，当事者の合理的な判断を尊重し，合意された価額を時価として取り扱うべきであると思われる。東京高判平成 26 年 5 月 19 日・裁判所ウェブサイトは，納税者の主張に対する説示においてではあるが，上場株式の終値のみではなく，取締役会の決議方法等の価格決定プロセスに合理性があったかどうかも検討しており，妥当な方向性を示していると思われる（結論として，価格決定プロセスの合理性は否定されている。）。

もっとも，会社法分野の議論においても，手続の公正性の審査が形式に流されていないかという疑問が出されているように(62)，手続の公正性については，厳格に審査されるべきであろう。

ウ　財産評価基本通達に依拠する評価方法の合理性

非上場株式の評価方法　独立当事者間取引ではなく，さらに，価格の形成過程に公正性が認められない場合，裁判所又は税務当局は，自ら株価の算定を行う必要がある。上記のとおり，法人税基本通達は，株式の評価方法を定めているが，特に時価の算定が困難であるのは，非上場株式である。

法人税基本通達は，売買実例等が存在しない場合，財産評価基本通達に依拠した評価方法を認めており，最高裁においても，かかる評価方法は「法人の収益の額を算定する前提として株式の価額を評価する場合においても合理

(60)　MBO 指針 20〜21 頁参照。
(61)　伊藤靖史＝大杉謙一＝田中亘＝松井秀征『会社法』（有斐閣，第 3 版，平成 27 年）410〜411 頁。
(62)　田中亘「総括に代えて－企業再編に関する若干の法律問題の検討」土岐敦司＝辺見紀男編『企業再編の理論と実務－企業再編のすべて』（商事法務，平成 26 年）229 頁参照。

性を有するものとして妥当する」と判示している(63)。しかし，納税者が財産評価基本通達の評価方法を採用せずに，第三者による鑑定評価を得た上，当該鑑定評価を対価として取引を実行した場合，当該対価とされた額を時価と認められるか，という点が問題となりうる。特に，納税者が組織再編において，財産評価基本通達とは異なる評価方法を用いて株価を算定していた場合（たとえば，非適格合併により承継される非上場株式を通達に定めのない収益還元法を用いて評価した場合など）が問題となる。

まず，「時価」がいくらであるかは事実認定の問題であり，財産評価基本通達は時価の認定の一般的基準にすぎない(64)。税務当局の担当者も，「これが唯一無二の評価方式ということではなく，あくまでも評価方法の１つにすぎないことに留意すべきである」と説明しているとおり(65)，納税者が，財産評価基本通達の定める評価方法よりも，会社の実態等に即した評価方法を用いた場合には，当該評価方法によって算出された価額を時価と認めてよいように思われる。しかし，裁判所は，財産評価基本通達に定める評価方法を重視し，第三者による株式評価を採用しない傾向にあるといえる。東京高判平成22年12月15日・裁判所ウェブサイトは，納税者が第三者の評価を入手した上で新株の発行価額を決定したという事案において，当該第三者の評価が合理性を有するかどうかを判断することなく，国の主張する法人税基本通達9-1-14に従った評価額を適正な時価と認めた。この点については，当該第三者が採用した評価方法が通達による評価方法よりも合理性を有する可能性もあったことから，いずれの評価方法が合理的であるのかを審理すべきであったと思われる。

また，納税者による評価方法の立証の程度に関し，相続税についてではあるが，東京高判平成10年3月30日・税務訴訟資料231号411頁は，納税者

---

(63)　最判平成18年1月24日・判タ1203号108頁。

(64)　金子宏「財産評価基本通達の合理性－同族会社の取得した取引相場のない株式の評価に関する二件の裁判例の検討－」『租税法理論の形成と解明　下巻』（有斐閣，平成22年）368頁（初出平成12年）。

(65)　大澤・前掲注（44）747頁。

が財産評価基本通達に従わず，配当還元方式による評価方法を主張したのに対し，「右通達の取扱いが個別的に不当となるというためには，右基準によった場合の評価額が『時価』を超え，これをもって財産の価格とすることが法の趣旨に背馳するといった特段の事情が存することの立証が必要というべきである。」と判示した(66)。これは，財産評価基本通達が評価方法の一つにすぎないことを看過し，納税者に対して過大な立証を要求するものと思われる(67)。

なお，会社法において，非上場株式の評価に関し，財産評価基本通達に依拠した評価方法が採用されることがあったが，近時は，同通達の影響力は薄れつつあると評価されている(68)。たとえば，譲渡制限のある株式の評価が問題となった事案において，裁判所は，非上場株式の評価方法は，収益方式，純資産方式，比準方式の3つに分類されると指摘した上，「上記各評価方式は，株式価値に影響を及ぼしうる事象のうち，会社の収益や純資産といった側面にそれぞれ重点を置くものであり，1つの評価方式の採用は，他の評価方式が重点を置く株式価値に影響を及ぼしうる事情を捨象する面があることから，どの評価方式が対象会社の株式価値の評価方式として適切かは，会社の規模・業種・業態，現在及び将来の収益性，事業継続の有無，配当実績や配当政策，会社支配権の移動の有無，評価の対象となる株式の発行済株式総数に占める割合等，株式評価の基礎となる事情を踏まえて決するのが相当である」と述べて，会社の事業内容，配当政策，株主構成を認定し，結論として，「DCF法0.35，純資産法0.35，配当還元法0.3の割合で加重平均して

---

(66)　最決平成11年2月13日・税務訴訟資料240号856頁は，納税者の上告を棄却した。

(67)　高橋靖「相続財産の評価（3）－取引相場のない株式」別冊ジュリスト178号（平成17年）160頁も同旨。渋谷雅弘「取引相場のない株式の評価方法－配当還元方式の適用範囲」税研106号（平成10年11月）159頁も，評価対象資産の時価が一定額を下回らないことについて，課税庁に証明責任があり，本判決は納税者の方が特段の事情が存することの立証が必要であると述べるが，反証で足りるとすべきである，と指摘している。

(68)　江頭憲治郎『株式会社法』（有斐閣，第6版，平成27年）15頁。

求めた価格をもって本件株式の価格とするのが相当である。」と判断した(69)。会社法における株式評価に関し，株式の評価額の大小についての利害の対立は，買取請求株主と当該株式の発行会社（又は他の株主）との間に発生するものであるが，他方で，税法における株式評価は画一的・統一的処理が必要となることから，会社法における考え方が直ちに法人税法に妥当するものでもない(70)。しかし，税法における取扱いは，いずれかの方法を強制するという意味でやや画一的であることから，財産評価基本通達に依拠した算定方法に固執するのではなく，公平な課税の観点からしても，会社の実態や取引当事者の属性に従って株式評価を行う姿勢は法人税法においても必要であると思われる(71)。もっとも，課税実務において，税務調査を行う職員が株式評価の方法に精通し，いずれの株式評価方法が妥当であるかを判断することは困難であるようにも思われる。そこで，（算式に当てはめることで一義的に評価額を計算できるという意味(72)で）客観的な評価方法である財産評価基本通達による評価を原則としつつ，納税者側でより合理的な評価方法を主張・立証する場合には，認めるという判断枠組みが望ましいと思われる(73)。

「課税上弊害」の意味　以上とは反対に，納税者が財産評価基本通達に依拠した算定方法を選択したとしても，「課税上弊害」がある場合には，認められない。かかる課税上の弊害とは具体的に何を指すのかが問題となる。

---

(69)　東京地判平成 26 年 9 月 26 日・金融・商事判例 1463 号 44 頁。

(70)　会社法の立場から，税法との評価目的の違いを強調するものとして，関俊彦『株式評価論』（商事法務研究会，昭和 58 年）133 頁以下。

(71)　金子・前掲注（64）359 頁も，事案によっては原則的評価方式と配当還元方式の折衷方式も一つの適切な選択肢である旨述べている。

(72)　品川芳宣「非上場株式評価をめぐる問題点－種類株式，自己株式等を中心に－」租税研究平成 19 年 5 月号 41 頁は，税法の評価に関し，「順を追って当てはめていけば，とにかく値段，価額は出る，そこに，税法の取扱いの最大のポイントがあるわけです」と述べている。

(73)　浜田道代「株式の評価－閉鎖会社の株主が一般的株式買取請求権を行使する場合について－」平出慶道＝今井潔＝浜田道代編『現代株式会社法の課題』（有斐閣，昭和 61 年）454 頁も，評価方法を明確にしてそれを基準としつつ，当事者の主張・立証によって裁判官が裁量的判断をしていく方向を示唆している。

税務当局の担当者は，法人税基本通達 9-1-14 の解説において，「個々具体的に判断することになる」としつつ，具体例として，評価の対象となっている株式を発行する会社の子会社や孫会社が含み益の多い土地を有している場合に「課税上弊害がある場合」に該当すると解説している(74)。課税上の弊害に関し，最判平成 18 年 1 月 24 日・判タ 1203 号 108 頁は，財産評価基本通達が 1 株当たり法人税額等相当額を控除するものとしており，法人税においても，法人税額等相当額を控除できるかが争点となった事案において(75)，「企業の継続を前提とした価額を求める場合であることのみを根拠として，法人税額等相当額を控除することが不合理であって通常の取引における当事者の合理的意思に合致しないものであることはできず，他に上記控除が上記の評価において著しく不合理な結果を生じさせるなど課税上の弊害をもたらす事情がうかがわれない本件においては，これを控除して 1 株当たりの純資産価額を評価すべきである」と判示し，財産評価基本通達による評価は課税上の弊害はないと判断した。さらに，同判決は，財産評価基本通達に定める配当還元方式による評価が課税上の弊害があるかという争点について，関係者間の売買において，評価対象となっている株式について，配当還元方式によっては適正に評価することができないことを認識していたものと認定し，本件においても「配当還元方式により評価することが著しく不合理な結果を生じさせるなど課税上の弊害をもたらす場合もあると考えられる」として，この点を審理させるため，原審に差し戻した。また，上記東京高判平成 26 年 6 月 12 日・訟月 59 巻 11 号 2895 頁も，財産評価基本通達に定める方式によって算定された価額について，「一般に通常の取引における当事者の合理的意思に合致するものとは言い難」いことを理由として，課税上の弊害があると判断した(76)。かかる裁判例を前提とすると，「課税上弊害」がある場合とは，財産評価基本通達による算定方法が通常の取引における当事者の合理

(74)　大澤・前掲注（44）750 頁。
(75)　平成 12 年課法 2-7 による改正により，現在は，法人税額等相当額は控除されないことが明確にされている（法人税基本通達 9-1-14（三））。

的意思に合致しない場合を指すと解していると思われる。

さらに，上記最判平成18年1月24日・判タ1203号108頁は，当事者の合理的意思のほかに，「評価において著しく不合理な結果を生じさせるなど課税上の弊害をもたらす事情」も考慮している。かかる「事情」が何を指すかについて，同判決は明らかにしていない。この点に関して，相続税についてではあるが，東京高判平成13年3月15日・訟月48巻7号1791頁は，相続税・贈与税の租税回避を目的として行われた取引における株式評価において，法人税額等相当額を控除できるかという点に関し，「取引相場のない株式等の評価につき法人税額等相当額を控除して課税標準を算出することとされた趣旨に反するばかりか，他の納税者との間での実質的な租税負担の公平を著しく害することが明らかであるから，評価基本通達の定めによって評価することが著しく不適当と認められる特別の事情がある」と判断し，財産評価基本通達6項により，法人税額等相当額の控除を否定していることから[77]，裁判所は，財産評価基本通達を利用した租税回避が行われていた場合には，課税上の弊害という不確定概念を根拠として，財産評価基本通達による評価方法を排斥していると考えられる。

以上のとおり，裁判所は，「課税上弊害」があるかどうかについて，①財産評価基本通達による評価方法が通常の取引における当事者の合理的意思に合致するかどうか，②他の納税者との間での実質的な租税負担の公平を著しく害することが明らかであるかどうか，という点から判断しているものと思われる。前者については，まさに株式の評価方法が合理的で妥当であるかどうかを判断するものであって，合理的な判断基準であろう。他方で，後者は，

(76) なお，同判決は，財産評価基本通達6についても，「ある算定方法が一般的には合理的であるとしても，その算定方法に基づいて算定された価額が，個々の事案における具体的な事情によっては，そのような事案の通常の取引における当事者の合理的意思に合致せず，時価の範囲内にあるとはいえないような事態が生じ得ることは，当然である（財基通6)。」と判示し，課税上の弊害と同様の趣旨の定めであることを認めている。

(77) 最決平成14年6月28日・税務訴訟資料252号順号9150は，納税者の上告を棄却した。

株式の評価方法の合理性を判断するものではなく，租税回避として否認されるべきかどうかが判断基準となっている。しかし，租税回避であることと，財産評価基本通達の定める算定方法を用いることができないことの関係は必ずしも明らかではない。株式の時価は，取引当事者の租税回避の目的があったかどうかによって左右されるものではないように思われる。財産評価基本通達の定める算定方法が的確に資産の交換的客観価値を算定できるのであれば，たとえ租税回避の目的で利用されたとしても，是認されるべきであろう。たとえば，合併や分割を利用して，類似業種比準価額を操作して人為的に株式の評価額を下げた場合には，租税回避であることをもって「課税上弊害」があると認定するのではなく，納税者の主張する類似業種比準価額を利用した場合に，当該会社の実態と整合しないことが認められて初めて「課税上弊害」があると認定すべきであろう。この点について，財産評価基本通達6項についての判示であるが，「個々の財産評価に当たり，画一的に評価通達を適用することが時価の算定方式として適当でなく，その結果として納税者間の実質的な税負担の公平を著しく損なうと認められるときは，評価通達の規定によらずに，当該事案に照らして合理的と認められる方式により相続財産の時価を算定することが相当というべきである」(78)とし，評価方法の合理性に着目して財産評価基本通達の定める評価方法を利用できるかどうかを判断している点で，正当であると思われる。

2　非適格株式交換における営業権の時価評価

上記Ⅲ2で述べたとおり，法人税法上の営業権は，有償取得によるもののみを指し，自己創設の営業権は含まれないと解すると，非適格株式交換によって時価評価される営業権もその範囲に限定されることになる。また，法人税法上の営業権は，会社法及び企業結合会計基準上の営業権と同一であると解釈すると，法的権利など分離して譲渡可能な無形資産のみが時価評価課税

(78)　大阪地判平成12年5月12日・税務訴訟資料247号607頁。大阪高判平成14年6月13日及び最決平成15年4月8日も同判決を維持した。

の対象となる。

仮に，税務当局のように，自己創設の営業権も法人税法上の「営業権」に含まれており，非適格株式交換における時価評価課税の対象であるとした場合，自己創設の営業権をどのように評価すべきかという問題が生じる。この点について，自己創設の営業権は時価評価の対象となると指摘する税務当局の担当者は，「自己創設の営業権の評価方法については，画一的なものはないものと思われますが，例えば，法人の事業の価値などを基礎として計算するなど，合理的に算定する必要があります。」と解説している[(79)]。しかし，いかなる評価方法が合理的なものと認められるか，法人税法及び法人税基本通達には何ら定めがない。企業会計においては，そもそも自己創設の営業権は，評価が困難であることから，資産計上を認めておらず，当然，自己創設の営業権の算定方法についての定めは存在しない。

営業権の評価方法については，依拠すべき基準が見当らないものの，実務上，次のような方法が提案されている。

①事業価値を基礎として計算する方法
②財産評価基本通達 165 及び 166 による方法
③株式交換において株式交換完全親法人が株式交換の対価として株主に交付した株式交換完全親法人株式の時価総額（現実に支払われた対価）と，株式交換完全子法人の純資産額の差額を営業権の価額とする方法[(80)]

まず，上記③の考え方に関し，非適格株式交換における時価評価課税は，負債を時価評価の対象としておらず，法人の資産・負債全てを時価評価するものではないことから，自己創設の営業権を対価と純資産額の差額として捉

(79)　窪田・前掲注（40）222 頁。
(80)　なお，自己創設の営業権を，対価と時価総額との差額として考える場合，買収プレミアムを除いて算定すべきかどうかという問題がある。この論点については，大蔵財務協会編・前掲注（13）80～88 頁で議論されている。

えることはできないように思われる[81]。すなわち，非適格合併，非適格分割，非適格現物出資及び事業譲受の場合，その対価（非適格合併等対価額）と，移転する資産及び負債全ての時価純資産価額の差額が資産調整勘定とされ，差額としての資産調整勘定は，企業結合会計基準ののれんと同様に計上できることになるが（法人税法62条の8），非適格株式交換の場合には，株式交換完全子法人の時価純資産価額は算定されないため，営業権を差額概念として計上することは，負債を時価評価の対象としていない株式交換税制と矛盾することになる[82]。

また，上記①の税務当局の担当者が述べる方法によると，株式交換比率を算定するための評価とは別に，さらに株式交換完全子法人の自己創設の営業権を評価する必要があり，コストや時間を要することになる。

そこで，仮に自己創設の営業権が時価評価課税の対象となると解釈できるとしても，非上場株式等の評価で述べたのと同様に，（算式に当てはめることで一義的に評価額を計算できるという意味で）客観的な評価方法である財産評価基本通達による評価を原則としつつ，納税者側でより合理的な評価方法を主張・立証する場合には，認めるという判断枠組みが取られるべきであろう。

以上のとおり，自己創設の営業権が「営業権」に含まれるとしても，その評価方法が明らかにされていないことから，実務上，非適格株式交換（典型的には，現金株式交換）という手法を選択することはほとんどなく，上述のとおり，全部取得条項付種類株式，株式併合，株式等売渡請求制度の利用を検討せざるを得ない。会社法によって対価が柔軟とされた一方で，時価評価課税の問題があることから，その利用が事実上制限されている例といえる。

---

(81)　岡村・前掲注（11）498頁参照（但し，連結納税制度における時価評価課税の記載である）。

(82)　佐藤・前掲注（37）212頁。

V 結　　語

法人税法において，組織再編成税制や連結納税制度の導入によって，時価評価課税が行われる局面が著しく増加している。しかし，そもそも時価評価課税すべき取引であるのか，時価評価課税の対象となる資産は何か，時価の算定方法はどのようなものか，という基本的な点について，これまで検討してきたとおり，様々な問題点が存在している。

時価評価課税は，納税者にとって，コスト，時間，税務リスクの観点から多大な負担となりやすい。組織再編成税制や連結納税制度の導入により我が国企業の活性化を図るという趣旨・目的に照らして，時価評価課税の合理化・明確化が図られる必要があろう。

以上

第3章　所得税法における財産評価の今日的問題

税理士　藤曲　武美

Ⅰ　無償取引に関する所得税法と法人税法の相違

1　問題意識

法人税における無償取引について，法人税法22条2項は「無償による資産の譲渡又は役務の提供」「無償による資産の譲受」（以下「無償取引」という）について収益の額を認識するとしている。したがって，法人税法においては無償取引全般について適正な価額により収益を認識することになる。そして，この収益の額として認識すべき適正な価額がいかなる価額によるかについて，法人税法は特に定めていないが，資産の譲渡の場合は時価相当額，無利息融資については通常の利息相当額と解される(1)（これらの価額を総称してとりあえず「適正な価額」とする。）。

ところで所得税法において，無償取引に係る取扱いはどのようになっているかであるが，収入金額に関する通則法である所得税法36条は，「別段の定めがあるものを除き，……収入金額とすべき金額又は総収入金額に算入すべき金額は，別段の定めがあるものを除き，その年において収入すべき金額

---

(1)　金子宏「租税法 第二十版」弘文堂307頁。同旨の裁判例として最判平7.12.9，大阪高判昭53.3.30など

（金銭以外の物又は権利その他の経済的な利益をもって収入する場合には，その金銭以外の物又は権利その他の経済的な利益の価額）とする。」と規定しており，法人税法のように通則規定の中で無償取引について特に定めてはいない。

収入金額とは，所得税法は特にその概念を定めていないことから，通常の用法によれば「経済価値の外からの流入」と解することができ(2)，経済的価値の外からの流入がない無償取引について，所得税法の通則規定としては収入金額を認識することはないことになる(3)。

所得税法の通則規定である36条の規定からは，法人税法22条2項のように無償取引に対して収益の額を認識し，課税の対象とすることはできないことになり，同じ所得課税でありながら相違が生じているかのように見える。

そこで，所得税法と法人税法では無償取引にかかる収益の額又は収入金額について異なる取扱いになっているのかについて確認し，相違がある場合には，その相違の根拠について検討する。

本稿のテーマとの関係で述べるならば，無償取引に係る時価が問題となる領域，範囲が所得税法と法人税法でどう異なるかということを確認することになる。時価そのものの評価の問題ではないが，その前提として所得税法における時価の評価が問題となる領域，範囲についての検討になる。

2　法人税法における無償取引に係る収益の額

法人税法22条2項は，各事業年度の所得の金額の計算上，その事業年度の益金の額に算入すべき金額は，別段の定めがあるものを除き，資産の販売，有償又は無償による資産の譲渡又は役務の提供，無償による資産の譲受けその他の取引で資本等取引以外のものに係るその事業年度の収益の額であるとしている。

---

(2)　金子宏「租税法における所得概念の構成」有斐閣「所得概念の研究」所収，74頁。

(3)　所得税の課税の歴史的な経緯等から収入金額の範囲は，実際は課税すべきとされた所得との関係で考えられていたとの意見（「注解所得税法 四訂版」（財）大蔵財務協会858頁）がある。

したがって，①無償による資産の譲渡，②無償による役務の提供，③無償による資産の譲受について収益の額を認識すべきものとしている。そして既述のとおり，収益の額は，法人税法は特に定めていないが，資産の譲渡の場合は時価相当額，無利息融資については通常の利息相当額，その他の無償の役務提供については通常支払われるべき対価の額（要するに「適正な価額」とする。）と解釈される。

法人税法は，上記規定により，資産の販売又は譲渡，役務の提供，資産の譲受の全てについて「適正な価額」が問題になるといえる。

法人税法の無償取引に係る規定について次の３点についてだけ確認する。

⑴　無償取引について収益の額を認識する論拠

①　キャピタル・ゲイン課税説（実体的利益存在説又は清算課税説ともいう）

「一般に，譲渡所得に対する課税は，資産の値上りによりその資産の所有者に帰属する増加益を所得として，その資産が所有者の支配を離れて他に移転するのを機会に，これを清算して課税する趣旨のものと解すべきである（最判昭 47.12.26）。」

そうすると，対価の有無にかかわらず，所得を構成する法人の所有期間における増加益は存在することになり，資産が他に移転するときに課税対象としないと課税の機会を逃す又は延期することになる。したがって法人から他の者に移転するときに課税の対象とすべきである。なお，この説の場合には資産の増加益については説明できるが，棚卸資産の場合や役務の提供，特に無利息融資の場合にどのように説明するかが問題である[(4)]。

②　二段階説（有償取引同視説）

「資産の無償譲渡，役務の無償提供は，実質的に見た場合，資産の有償譲

⑷　この点については，例えば製品については製造することにより付加価値が付与されて実体的利益が生じているというように考えることができ，一定の役務提供（サービス提供）についても同様に考えられるかもしれない（岡村忠生「無利息貸付け課税に関する一考察」京大法学会・法学論叢 121・3~122・2）。

渡，役務の有償提供によって得た代償を無償で給付したのと同じであるところから，担税力を示すものとみて，法22条2項はこれを収益発生事由として規定したものと考えられる（大阪高判昭53.3.30）。」

無償取引は実質的に見た場合は，（有償取引＋対価の贈与取引）と見ることができるので，有償取引が行われていると捉えることができる。そうすると，有償取引が行われたものとして課税関係を考えるべきである(5)。この説の問題点は無償取引を（有償取引＋贈与取引）という二つ取引に擬制していることである。別段の定めでない所得計算の通則規定である22条2項において別段の定めでなければ規定できない様な取引の擬制をすることができるのかという問題点がある。

また，無償取引について収益の額を認識するという会計慣行は無いことから別段の定めと言わざるを得ない内容のものを通則規定の中で規定することが可能であるのかという問題点がある。

③　同一価値移転説

「他人に貸付けた場合には，借主の方においてこれを利用しうる期間内における右果実相当額の利益を享受しうるに至るのであるから，ここに，貸主から借主への右利益の移転があったものと考えられる。」「貸付がなされる場合にその当事者間で通常ありうべき利率による金銭相当額の経済的利益が借主に移転したものとして顕在化したといいうるのであり，右利率による金銭相当額の経済的利益が無償で借主に提供されたものとしてこれが当該法人の収益として認識されることになるのである（大阪高判昭53.3.30）。」

この説は，実質的にはキャピタル・ゲイン課税説と同様なことを利益の移転という側面から述べているに過ぎないと考えられる。移転する法人側に移転すべき実体的利益が存在することを前提として，その利益の他の法人への移転時に課税対象とするという考え方を利益の移転という側面から述べているにすぎない。この説の問題点は，移転する利益が移転側法人に存在してい

---

(5)　中村利雄　注5前掲書39頁

るという前提が必要となるが，肝心のその利益が存在することについての明確な説明がないということである。

④　適正所得算出説

無償取引について通常の対価相当額の収益を擬制する論拠と目的は，次に掲げる裁判例でも採用されているように，通常の対価で取引を行った者と無償で取引を行った者との間での税負担の公平を維持するためのものであるという考え方であり，無償取引につき収益を擬制する目的は，法人の適正な所得を算出することにある(6)。この学説は，昭和53年の大阪高裁判決等を受け，その整理の上に立って提起されたものである。

「資産譲渡にかかる法人税は，法人が資産を保有していることについて当然に課税されるのではなく，その資産が有償譲渡された場合に顕在化する資産の値上がり益に着目して清算的に課税がされる性質のものであり，無償譲渡の場合には，外部からの経済的な価値の流入はないが，法人は譲渡時まで当該資産を保有していたことにより，有償譲渡の場合に値上がり益として顕在化する利益を保有していたものと認められ，外部からの経済的な価値の流入がないことのみをもって，値上がり益として顕在化する利益に対して課税されないということは，税負担の公平の見地から認められない。したがって，同項は，正常な対価で取引を行った者との間の負担の公平を維持するために，無償取引からも収益が生ずることを擬制した創設的な規定と解される（宮崎地判平5.9.17）。」

この説の問題点は，二段階説の問題点と同様である。適正所得算出説を取引の実質という観点から技術的に説明したものが二段階説であるからである。正常な対価での取引（＝有償取引）との関係について，無償取引を二つの取引へ分解し，会計仕訳で説明したものが二段階説といえる。問題は，正常な取引と無償取引とで何が実質的に同一なのかを明らかにする必要がある。違う取引である有償取引と無償取引が何故に同一に取り扱われるべきなのかと

(6)　金子宏「無償取引と法人税」（「所得課税の法と政策」有斐閣345頁）

いうことの内容を所得課税との関係で示す必要がある。

⑵ 収益の額の認識に係る限定説，無限定説

上記の昭和53年大阪高裁判決は，22条2項による収益の額の認識を，二つの意味で限定している。判決は，無利息融資会社が，無利息融資を受けた会社から「これと対価的意義を有するものと認められる経済的利益の供与を受けているか，あるいは，営利法人としてこれを受けることなく右利息相当額の利益を手離すことを首肯するに足る何らかの合理的な経済目的等のために融資対象会社にこれを無償で供与したものであると認められないかぎり，……益金として計上されるべきこととなる。」と判示して，二つのケースの場合は，収益の額を認識しないものとしている。この収益の額を認識しない二つのケースのうち，前者の「対価的意義を有する……経済的利益の供与」を受けているケースは，対価を受けているので，そもそも無償取引とはいえず，当然のことを判示しているにすぎない。しかし，「利息相当額の利益を手離すことを首肯するに足る何らかの合理的な経済目的等のため」のケースでは，無償取引であることには変わらないにもかかわらず，収益の額を認識しないものとしており，収益の額の認識の範囲を限定している。22条2項の規定からすれば，文理解釈上は限定しているようには解すことができないと考えられる(7)。

上記大阪高裁判決が限定している今一つの意味は，収益の額の認識を寄附金規定との関係で述べていることである。本判決は，「本件無利息融資に係る右当事者間において通常ありうべき利率による利息相当額は，……寄付金として取扱われるべきものであり，それが法37条5項かっこ内所定のものに該当しないかぎり，寄付金の損金不算入の限度で，本件第一，第二事業年度の益金として計上されるべきこととなる。」と述べているが，22条2項の収益の額は，損金側の処理とは関係なく，無償取引である限りは収益の額を認識すべきものであると考えられる。22条2項の収益の額を一定のケース

---

(7) 増井良啓「無利息融資と法人税法22条2項」別冊ジュリスト「租税判例百選第5版」98頁

や損金側の処理と関係なく，無償取引である限りは計上すべきとする説を無限定説といい，一定のケースを除外したり，損金側の処理に関係させて収益の額を計上すべきとする考え方を限定説という[(8)]。

(3) 無償取引に係る収益の価額

法人税法22条2項は無償取引について収益の額を認識すべきであることは明記しているが，その収益の額をいくらとすべきかについては何ら定めてはいない。そうすると，条文構成上は22条4項の公正処理基準によることになるが，無償取引に関する会計慣行が存在しないことは周知のことである。まず，このような所得計算上，極めて重要な問題について何ら触れていないことが問題である。22条2項については，所得計算の通則規定として重要な規定であるにもかかわらず，そもそも，上記で見たように無償取引についていかなる論拠で収益の額を認識するのかの統一した見解さえ確定していないという状況であり，極めて重要な問題点であることをしておきたい。

22条2項の収益の額の価額については，過去の裁判例や見解では，「資産の無償譲渡の場合は時価相当額が，また無利息融資の場合には通常の利息相当額（大阪高判昭53.3.30）が，益金の額に算入される」とするもの[(9)]，寄附金や経済的利益に係る給与の取扱い及び無償による資産の取得価額などの諸規定並びに資産の無償譲渡に係る収益の額の計上の趣旨から時価相当額としているものがある[(10)]。

しかし，この時価相当額や通常の利息相当額等の「適正な価額」が，「不特定多数の当事者間で自由な取引が行われる場合に通常成立すると認められる価額」，いわゆる客観的交換価値であるかどうかは明らかでない。

上記でもふれた無利息融資に係る大阪高裁判決では，無利息融資に係る収益の額として認識すべき利率について，「その当事者間で通常ありうべき利

(8)　岡村忠生「法人税法講義　第3版」成文堂43，163頁は限定説の立場から22条2項を寄附金規定に関係させて説明している。
(9)　金子宏注1前掲書307頁
(10)　中村利雄注5前掲書46頁

率による金銭相当額の経済的利益が……当該法人の収益として認識される」としている。「その当事者間で通常ありうべき利率」という場合には，客観的交換価値としての利率なのか「その当事者間において」というような，取引の個別事情，その当事者間の関係・事情等を踏まえたところの「通常ありうべき利率」であるかが問題になる。

この点については，収益の額の計上に伴って問題となる寄附金の意義・要件との関係も考慮すべきなのかが問題になる。寄附金の要件においては，「対価なく他に移転することについて通常の経済取引として是認することのできる合理的な理由が存在するかどうか」の合理性要件が付されている(11)。単に時価との差額があることをもって寄附金の額とするわけではなく，このような寄附金側の処理と22条2項の収益の額は関係してくるのかも問題となる。この点も，無償取引に係る収益の額を認識すべき論拠をどのように考えるかと関係するように思われる。

客観的交換価値としての時価を明らかにする場合に，取引の内容，当事者の関係等の個別，具体的な事情を取捨選択した上で，時価を算定する（事実認定上の問題）こととと，通常の経済人として合理性のある取引であるとして対価のない取引を容認すること（収益の額を認識しないこと）とは別の問題であり，この点を解決するにも22条2項の無償取引規定をどのような論拠で考えるのかと関係するように思われる。

3　所得税法における無償取引と別段の定め

所得税法における無償取引に対する課税については，所得税法36条の通則規定ではなく，次のように別段の定めが存在する。

---

(11)　低額譲渡等について寄附金とする要件に「合理的な理由」の存否を判示した判決に東京高判平26.6.12，名古屋高判平14.5.15，東京地判平21.7.29などがある。さらに法基通9-4-1，9-4-2などの合理性に関する判断方法も参考になると考える。

⑴　たな卸資産の自家消費，贈与等の場合の総収入金額算入

①　たな卸資産の自家消費，贈与等の場合の総収入金額算入

所得税法39条は棚卸資産を自家消費した場合，同40条は贈与（死因贈与を除く）若しくは遺贈（包括遺贈，相続人に対する特定遺贈を除く）又は著しい低額による譲渡により，たな卸資産又はこれに準ずるものを移転させた場合には，その消費した時又は贈与等若しくは低額譲渡の時におけるたな卸資産の価額を事業所得又は雑所得の金額の総収入金額に算入するとしている。

②　たな卸資産の消費した時又は贈与等の時における価額

上記①における消費した時又は贈与等若しくは低額譲渡等の時における価額については，その消費又は贈与等若しくは低額譲渡した者の販売用資産であるときは，「通常他に販売する価額」によるものとされ，その他の資産であるときは，「通常売買される価額」によるとされている（所基通39-1）。しかし，この取扱いについては特例があり，「棚卸資産の取得価額以上の金額をもってその備え付ける帳簿に所定の記載を行い，これを事業所得の金額の計算上総収入金額に算入しているときは」，その金額が，上記所基通39-1に定める「通常他に販売する価額」等に比し著しく低額（おおむね70％未満）でない限り，その金額によることを認めるとされている（所基通39-2）。所得税の場合は，原則では，法人税と同様に「通常他に販売する価額」としているにもかかわらず，特例で取得価額以上の価額又は「通常他に販売する価額」×70％相当額のいずれか大きい金額で総収入金額の計上を認める取扱いが実務的には認められている。このような特例的な取扱は所得税において特に認められた取扱いであり，法人税における取扱いにはない。この特例的な取扱いは，「結果的に課税が行われないこと」を意識したものであり，土地や貴金属のように差益率の高いたな卸資産に限って課税の対象とするものである(12)。したがって，これらの取扱は実質的には，棚卸資産に係る無償取引について少なくとも原価割れによる販売損失を計上させない効果を意図

(12)　森谷義光他共編「平成26年版所得税基本通達逐条解説」大蔵財務協会450頁

したものといえる。個人における棚卸資産の贈与は，自家消費的要素も強いと思われるので，自家消費相当額の必要経費算入を防止している効果も考えられる。

③　著しく低額による譲渡

所得税法40条は，棚卸資産を著しく低額の対価により譲渡した場合について，その低額部分の額のうち実質的に贈与したと認められる金額を事業所得等の総収入金額に算入するとしている（所法40①二）。この場合の「著しく低額の対価」とはどの程度低額である場合をいうのかが問題になる。この点については，その棚卸資産の「通常他に販売する価額」のおおむね70%相当額に満たない場合の価額をいうとの取扱いがある（所基通40-2）。その上で，実質的に贈与したと認められる金額は，前記70%相当額と実際対価との差額とするとしている（所基通40-3）。以下の⑵に述べるみなし譲渡所得課税の著しく低額の対価として定められた時価相当額の2分1未満の金額とは異なることに留意する必要がある。

⑵　贈与等の場合の譲渡所得等（みなし譲渡課税）の特例

①　みなし譲渡課税

個人が山林又は譲渡所得の基因となる資産を次の事由により譲渡した場合には，譲渡所得等の計算上は，その事由が生じた時に，その時における価額相当額によりこれらの資産の譲渡があったものとみなす（所法59）。

(i)　贈与（法人に対するものに限る）

(ii)　相続（限定承認に限る）又は遺贈（法人に対するもの及び個人に対する包括遺贈のうち限定承認に限る）

(iii)　著しく低い価額による譲渡。この場合の著しく低い価額とは，譲渡資産の時価の2分の1未満である金額である（所令169）。

②　譲渡所得課税の趣旨

譲渡所得課税の趣旨は次のとおりである。

「資産の値上りによりその資産の所有者に帰属する増加益を所得として，その資産が所有者の支配を離れて他に移転するのを機会に，これを清算して課税する趣旨のものと解すべきで」ある（最判昭43.10.31，訟月14-12，1442頁）。

このような譲渡所得課税の趣旨との関係で，わが国の所得税法では昭和30年代までは，無償による資産の譲渡についても，次のように有償譲渡の場合と同様に移転時に時価による譲渡があったものとみなして課税の対象としていた。

「対価を伴わない資産の移転においても，その資産につきすでに生じている増加益は，その移転当時の右資産の時価に照らして具体的に把握できるものであるから，同じくこの移転の時期において右増加益を課税の対象とするのを相当と認め，資産の贈与，遺贈のあった場合においても，右資産の増加益は実現されたものとみて，これを前記譲渡所得と同様に取り扱うべきものとしたのが同法5条の2の規定（無償の場合の譲渡所得課税に係る規定……筆者注）なのである。されば，右規定は決して所得のないところに課税所得の存在を擬制したものではなく，またいわゆる応能負担の原則を無視したものともいいがたい。のみならず，このような課税は，所得資産を時価で売却してその代金を贈与した場合などとの釣合いからするも，また無償や低額の対価による譲渡にかこつけて資産の譲渡所得課税を回避しようとする傾向を防止するうえからするも，課税の公平負担を期するため妥当なものというべきであり，このような増加益課税については，納税の資力を生じない場合に納税を強制するものとする非難もまたあたらない。」（最判昭43.10.31）

③　無償譲渡に対する譲渡所得課税の変遷

譲渡所得の基因となる資産の無償譲渡に対するみなし譲渡課税は，昭和25年にシャウプ税制において全面的に取り入れられたが，その後において次のように変遷して現在では，法人に対する贈与等と限定承認に係る相続の場合に限定された。

(i)　昭25年改正法…シャウプ勧告に基づき，相続，遺贈又は贈与により山林又は資産の移転があった場合には，そのときの時価により譲渡があったものとみなして譲渡所得の課税を行うとした。

(ii) 昭27年改正…相続及び相続人に対する遺贈による財産移転には，みなし譲渡課税を行わないものとし，取得価額引継ぎとした。この改正は，相続税・譲渡所得課税の過重を考慮し，金銭取得がないのに多額の課税が生ずるのは理解し難い国民感情を考慮したものである。

(iii) 昭37年改正…個人に対する遺贈，贈与，低額譲渡についても，贈与等したものが届出を提出することにより，みなし譲渡を行わないで取得価額引継ぎを選ぶことができるものとした。

(iv) 昭48年改正…この届出制も不要，廃止された。

(v) 現行…所法59条により法人への贈与等，限定承認に係る相続等に限定されている。

④ みなし譲渡課税後退の理由

上記みなし譲渡課税の大幅後退の理由は，売却代金等の経済的価値の外部からの流入がないにもかかわらず，税負担が生ずることに対する納税者の理解が得られなかったことによる(13)。その結果，みなし譲渡課税の範囲を課税しないと永遠に増加益課税の機会を逃してしまう法人への贈与等に限定した。しかし，このことは増加益に対する移転時精算課税を放棄したわけではなく，所得税法60条の取得価額の引継ぎにより，贈与等を受けた者が当該資産を譲渡するときまで所得税課税が繰延べることにしたことを意味する。

⑤ みなし譲渡課税における時価

みなし譲渡課税における収入金額は，「その事由が生じた時における価額（＝時価）」によるとされている（所法59①）。時価については，「不特定多数の当事者間で自由な取引が行われる場合に通常成立すると認められる価額」，いわゆる客観的交換価値である(14)。時価の具体的な算定にあたって，特に問題になるのは株式の評価，とりわけ取引相場のない株式の価額である。この点について，所得税法は特に定めていないが，所得税基本通達23～35共-

(13) 所得税法60条1項1号にいう「贈与」には贈与者に経済的利益を生じさせる負担付贈与を含まないと解するのを相当とする（最判昭63.7.19判時1290，56頁）。

9において，株式の区分に応じてその価額を定めている。そして，取引相場のない株式等で売買実例がないもの，類似法人の株価などが存しないものについては，その時の「1株当たりの……純資産価額等を参酌して通常取引されると認められる価額」としている。その上で，所得税基本通達59-6では，一定の条件を付して，原則として相続税の財産評価基本通達の定めによることを認めている。この取引相場のない株式の時価に関する評価についての問題点については後記する。

⑥　著しく低額による譲渡

所得税法59条1項2号は，「著しく低額の対価」による資産の譲渡についてみなし譲渡課税の対象としている。この場合の「著しく低額の対価」は資産の時価の2分の1未満の金額と政令で定めている（所令169）。この点については，時価の2分の1を超える対価の場合は，59条1項2号の適用は無いが，同族会社に対するものは所得税法157条の適用は除外されていないことが取扱いとして明記されている（所基通59-3）。

(3)　自家消費等に対する総収入金額算入

所得税法には，外部との取引を経由しないいわゆる帰属所得あるいはそれに類似する取引について，その時の資産の価額を収入金額とする別段の定めがある。一つは，上記(1)で既述した棚卸資産等を自家消費した場合にはその棚卸資産等を消費したときの価額を収入金額とする（所法39）ものであり，今一つは，農作物を収穫した場合には，その収穫したときの価額（収穫価額）を収入金額とするものである（所法41）。これらの取引は外部との取引を経由せずに直接に自己が消費し，その経済的利益を得ることに対して課税するもので，いわゆる帰属所得に対する例外的課税とみられる。後者の収穫主義ともいえるものは，昭和22年に規定が設けられたものであるが，取扱いと

(14)　「所得税法59条1項にいう「その譲渡の時における価額」（時価）とは，当該譲渡の時における客観的交換価値（市場価値），すなわち，自由市場において市場の事情に十分通じ，かつ，特別の動機を持たない多数の売手と買手とが存在する場合に成立すると認められる価格であると解すべきである。」（神戸地判昭59.4.25）

しては昭和2年頃からあったとされている[15]。前者の規定は後者の規定，取扱いの延長線上で設けられたものであると考えられる[16]。したがってこれらの規定は帰属所得という所得概念の観点から設けられたものではなく，実務上，課税すべき経済的利益であるという観点から設けられた取扱いの積み重ねにより整備されたものであると考えられる。

4　無償取引に係る法人税法の収益の額と所得税法の収入金額との相違点

所得税法の収入金額に関する通則規定及び別段の定めを踏まえると，法人税法の益金の額に算入すべき収益の額との範囲の相違点は次のとおりである。

⑴　無償による資産の譲渡

①　法人税

無償による資産の譲渡については，法人税は，所得計算の通則規定である法人税法22条2項において，「無償による資産の譲渡」について一般的に収益の額を時価相当額により認識すべきものとしている[17]。

②　所得税

所得税は，所得計算の通則規定である総収入金額・収入金額に関する規定においては，総収入金額に算入すべき金額は，別段の定めがあるものを除き，収入すべき金額」とすると定めていることから，実際の経済的価値の外部からの流入がないものは収入金額として認識しないことになる。したがって，通則規定のレベルでは法人税と所得税とは全く異なる規定となっている。しかし，所得税は無償による資産の譲渡について，次のような二つの別段の定めを規定している。

(i)　所得税法59条

所得税法59条は譲渡所得等の基因となる資産についてみなし譲渡課税を

(15)　「注解所得税法 四訂版」大蔵財務協会857頁
(16)　注15前掲書206頁
(17)　限定説による場合は，一定の限定を受けることになる。

定めている。昭和25年シャウプ税制は，一旦は相続，贈与も含めてすべての無償による資産の譲渡に対してみなし譲渡課税を適用し，時価相当額による収入金額を認識するとされたが，その後の変遷を経て法人に対する贈与，低額譲渡，限定承認に係る相続の場合に限定されている。もちろん，所得税法はこの所有者に対する増加益課税を放棄したわけではなく，所得税法60条により取得価額を引き継ぐことにより繰延べていることになる(18)。

(ii)　所得税法40条

たな卸資産について，贈与（死因贈与を除く），遺贈（包括遺贈，相続人に対する特定遺贈を除く）及び低額譲渡について，棚卸資産の時価を事業所得等の総収入金額に算入するとしている。

③　相違点

法人税法は，無償による資産の譲渡全般について時価相当額による収益の額を認識しているが，所得税は，譲渡所得等の基因となる資産については法人に対する贈与，低額譲渡及び限定承認に係る相続に限定している。なお棚卸資産等については，別段の定めで贈与，低額譲渡について時価相当額での総収入金額を認識することとされていることから課税対象としている点では法人税と異なるものではない。

これらの相違点の主な理由は，上記のみなし譲渡課税の変遷でふれたように，法人税における営利追求を目的とした合理性を基準とする法人税の所得実現概念に対する基本的考え方と所得税における相続，贈与等の個人の消費生活の領域を踏まえた所得実現に対する考え方，感覚との相違及び実務執行上において所得税の納税者の理解が得られない点にあると考える。

(2)　無償による役務の提供

①　法人税

法人税法は通則規定において無償による役務の提供に係る収益の額を認識することとされており，通説によれば，すべての無償による役務提供につい

(18)　この点に関係して所得税法9条1項16号の非課税規定（相続税・贈与税との二重課税の排除規定）との関係が争われた裁判例（最判平27.1.16）がある。

て適正な対価の額相当額の収益の額を認識するものとされている。

② 所得税

無償による役務の提供について所得税法には，通則規定，別段の定めを通して収入金額を認識する定めは存在しない。棚卸資産の贈与等，低額譲渡については所得税法 40 条に別段の定めをおいているが，無償による役務の提供について，役務提供者側で収入金額を認識する別段の定めを規定していない。

③ 相違点

所得税において無償による役務提供に係る通常の対価の額を収入金額とする別段の定めがおかれていないのはなぜだろうか。もちろん，資産の譲渡のところでもふれた個人の消費生活を踏まえた所得実現に関する法人税との相違点があることは同様であるが，資産の譲渡のように目に見えて比較的認識しやすいのに比較し，役務提供の場合は認識し難いことから，実務執行上の困難が伴う点も，その根拠にあると思われる。

この点はわが国に限ったことではなく，米国においても無利息融資について，貸付側，借入側の両者についての課税が法的に整備されたのは 1984 年（昭和 59 年）の内国歳入法典 7872 条の制定が行われるまでの時間を要した(19)ことからもその困難性はうかがい知れるところである。

⑶ 無償による役務提供の受入れ

① 法人税

法人税法においては無償による役務の受入れについては法人税法 22 条 2 項で明記していないことから一般的解釈としては収益の額を認識しないとされている(20)。

---

(19) この経緯については，増井良啓「無利息融資と経済的価値の移転」有斐閣「所得課税の研究」74 頁，岡村忠生「無利息貸付けに係る一考察」京都大学・法学論叢 121 巻第 3 号 27 頁が詳しく触れている。

(20) 金子宏「無償取引と法人税」有斐閣「所得課税の法と政策」359 頁。文理からは別の解釈も可能であるが税務行政上の解釈としては収益の額を認識しないとされている。

法人税においては，無利息融資や資産の無償貸付けのような役務提供の場合には無利息融資や無償貸付けを受けた法人について，これらの無償による役務提供によって受ける利益を認識しない。法人税法22条2項においても収益の額に計上する例示に，「無償による資産の譲受け」は記載されているが，「無償による役務の受入れ」は記載されていない。たとえば，無償で事務所を借りた場合は，その無償で借りた法人は，それによる利益を受けていることは間違いない。にもかかわらず，その利益をあえて認識せず，計上処理を行わないのはなぜであろうか。この点については，「無償による役務の提供については，それによって支出すべき費用が減少し，その分課税所得が増加することから，その経済的利益を益金とする必要がない」としている[21]。たとえば，通常家賃100の事務所を無償で借りることになった場合を考えてみる。その無償で借りた法人の，この家賃を除いたところで計算した利益金額が1,000とする。

仮に通常家賃を支払うとすれば，その者の利益金額は支払家賃100の損金算入により900になるはずである。その家賃を支払わないことにより，その分だけ利益金額が増額することになっているので，さらに通常家賃相当額の利益の調整は必要ないことになる。別の観点からみると，無償で借り受けている場合につき実質的にみれば，通常家賃100を貸主に支払って，同額を貸主から贈与してもらっているのと同じであるということができる。仕訳で示すと，次のようになって結局家賃と受贈益が相殺されて，結果的には何の処理をしないのと同じになることから，処理を省略するという便宜的な取扱いを採っているといえる。

(借) 支払家賃	100		
		(貸) 現　金	100
(借) 現　金	100		
		(貸) 受贈益	100

(21)　岡村忠生「法人税法講義第3版」成文堂，42頁，中村利雄「法人税の課税所得計算改訂版」ぎょうせい，58頁

上記のように無償による役務提供について，無償による役務提供を受ける側で特別の処理が行われないというのは，受贈益と支払役務提供料を相殺する処理を省略しているに過ぎないと考えるならば，法人税法22条2項において，「無償による役務の提供を受けること」が明記されていないのは，特にそうしなければならない根拠があるわけでなく，省略処理の便宜に過ぎないことになる(22)。

② 所得税

これに対して所得税法は，36条1項，2項により「金銭以外の物又は権利その他経済的な利益」を受けた場合については，その利益を享受するときにおける価額により役務提供を受けたことによる経済的利益等を収入金額として認識することになり，給与所得を中心にして課税される経済的利益，課税されない経済的利益を所得税基本通達で手当てしている(23)。

③ 相違点

上記の様な相違点は，所得税が10種類の所得分類に応じて所得計算をすることに基因している。特に給与所得においては，原則として必要経費の実額控除は認められていないことから，法人税のような収入金額と必要経費の便宜的な相殺処理は考えられない。

(4) 自家消費

① 法人税

法人税においては消費生活の領域は考えられないことから，自家消費なる概念は存在しない。自己所有の資産を事業上の他の用途，例えば製品製造などに供した場合には，内部取引として資産勘定から他の製造原価やその他の

(22) この点は，グループ法人税制の場合の処理において，役務提供を受け入れた者において両建処理をし，法人税法25条の2を適用して受贈益の益金不算入することを排しているほどの法的意味を持つとは考えられないことを意味する。そのことは，法人税法第22条2項の取引の列挙が例示であるにすぎないことも考慮すれば，グループ法人税制のように省略しない意味がある場合は，両建処理を行うことが法解釈として許されると考えられる。

(23) 課税しない経済的利益について所基通36-21～36-30等，経済的利益の評価について同基通36-36～36-50。

費用に振り替えるに過ぎない。

②　所得税

個人においては生計を維持していくための消費生活の領域が存在する。親族間の贈与や相続も消費生活領域の行為といえ，この領域の取引について経済的合理性を基準として律していくことは困難である。しかし，棚卸資産や農作物の自家消費のように所得が生じていることが明らかなものについては所得課税の対象としている（所法39，41）。

③　相違点

上記に述べた通りである。

(5)　時価相当額

①　法人税

くり返しになるが，法人税22条2項は収益の額の金額について何も定めていない。上記2(3)で述べたようにこの点が問題であり，無償取引に収益の額を認識する論拠をどのように考えるかによって認識すべき収益の額も異なるものと考える。一般的な見解としては時価相当額とされているが，その詳細は明確でないといえる。

②　所得税

所得税法59条，40条にいう時価相当額は，客観的交換価値としての時価相当額を意味するものと考えられる。しかし，この場合の時価相当額は次の点で調整が行われている点に特徴がある。

(i)　59条のみなし譲渡課税が行われる「著しく低い価額」は施行令により時価の2分の1未満とされており，40条の棚卸資産の場合の「著しく低い価額」は通達により「通常他に販売する場合の価額」の70％相当額とされている。

(ii)　40条の棚卸資産の場合の時価相当額は，通達において原価割れの損失や自家消費相当額の必要経費算入を防止する観点から，その棚卸資産の取得価額又は「通常他に販売する場合の価額」の70％相当額のいずれか高い金額に緩和されている。

③　相違点

所得税においては，後記Ⅳでも述べるように通達で時価相当額を調整している点に特徴がある。

Ⅱ　所得税法59条のみなし譲渡課税と取引相場のない株式の時価

1　所得税における取引相場のない株式の評価

所得税法59条第1項は，法人に対する贈与又は著しく低額の譲渡を行った場合に「その時における価額」で譲渡があったものとみなす旨を定めている。この場合の「その時における価額」とは，「譲渡所得の基因となる資産の移転の事由が生じた時点における時価，すなわち，その時点における当該資産等の客観的交換価値を指すものと解するべきであり，右交換価値とは，それぞれの財産の現況に応じ，不特定多数の当事者間において自由な取引が行われる場合に通常成立すると認められる価額であって，いわゆる市場価格をいうものと解するのが相当である(24)。

ところで，その譲渡する株式の客観的交換価値としての資産の時価を，具体的にはいかに算定すべきかが問題になる。この点について，判決では次のように述べて法基通9-1-14，所基通59-6により算定した株価を，取引相場のない株式の時価相当額として容認している(25)。

「評価通達の定める非上場株式の評価方法は，相続又は贈与における財産評価手法として一般的に合理性を有し，課税実務上も定着しているものであるから，これと著しく異なる評価方法を所得税及び法人税の課税において導入すると，混乱を招くこととなる。このような観点から，法人税基本通達（平成2年直法2-6による改正前のもの）9-1-15（現行の法基通9-1-14…筆者注）は，評価通達の定める非上場株式の評価方法を，原則として法人税課税において

(24)　大分地判平13.9.25ほか。
(25)　最判平17.11.8

も是認することを明らかにするとともに，この評価方法を無条件で法人税課税において採用することには弊害があることから，1株当たりの純資産価額の計算に当たって株式の発行会社の有する土地を相続税路線価ではなく時価で評価するなどの条件を付して採用することとしている。このことは，所得税課税においても同様に妥当するというべきである。」

所得税では，上記法基通9-1-14とほぼ同様な計算方法によるものとして次のように所基通59-6が定められている。

「所基通59-6　法第59条第1項の規定の適用に当たって，譲渡所得の基因となる資産が株式（株主又は投資主となる権利，株式の割当てを受ける権利，新株予約権（新投資口予約権を含む。以下この項において同じ。）及び新株予約権の割当てを受ける権利を含む。以下この項において同じ。）である場合の同項に規定する「その時における価額」とは，23～35共-9に準じて算定した価額による。この場合，23～35共-9の（4）ニに定める「1株又は1口当たりの純資産価額等を参酌して通常取引されると認められる価額」とは，原則として，次によることを条件に，「財産評価基本通達」の178から189-7まで（取引相場のない株式の評価）の例により算定した価額とする。

⑴　財産評価基本通達188の（1）に定める「同族株主」に該当するかどうかは，株式を譲渡又は贈与した個人の当該譲渡又は贈与直前の議決権の数により判定すること。

⑵　当該株式の価額につき財産評価基本通達179の例により算定する場合において，株式を譲渡又は贈与した個人が当該株式の発行会社にとって同通達188の（2）に定める「中心的な同族株主」に該当するときは，当該発行会社は常に同通達178に定める「小会社」に該当するものとしてその例によること。

⑶　当該株式の発行会社が土地等又は金融商品取引所に上場されている有価証券を有しているときは，財産評価基本通達185の本文に定める「1株当たりの純資産価額（相続税評価額によって計算した金額）」の計算に当たり，これらの資産については，当該譲渡又は贈与の時における価額に

よること。

⑷ 財産評価基本通達185の本文に定める「1株当たりの純資産価額」の計算に当たり，同通達186-2により計算した評価差額に対する法人税額等に相当する金額は控除しないこと。」

2　取引の当事者間で時価が異なる場合

取引相場のない株式を譲渡した場合には，適用税目及び適用通達によって取引の当事者間で各当事者にとっての時価が異なる場合が生じる。

⑴ 譲渡者甲（個人：中心的同族株主）→譲受者A社（法人：少数株主）

所得税基本通達59-6では，譲渡者の譲渡直前の議決権数により，同族株主かどうかの区分を判定する。そうすると本前提の場合，譲渡者の個人は中心的同族株主に該当するため，取引相場のない株式の価額は所基通59-6により「小会社」に該当するものとし，さらに土地，上場株式について時価調整を加えて原則的評価方式で評価する。この価額を時価調整原則的評価額（仮にこの評価額を「120」とする。）と呼ぶことにする（以下同じ）。通常この時価調整原則的評価額は，土地等の時価評価，評価差額に対する法人税相当額の控除が行なわれないなどの調整が行われることから原則的評価方式による相続税評価額よりも高額になる（以下同じ）。

次に譲受者の法人は，少数株主であるので法基通9-1-14により評価することになるが，少数株主であることから配当還元価額（仮にこの評価額を「10」とする。）がこの法人にとっての取引相場のない株式の時価になる。そうするとこのような場合にいくらで取引価額を設定するかが問題になる。

① 仮に中心的同族株主である甲がA社にとっての時価である10で譲渡するとどうなるであろうか。甲については，時価（120）の2分の1未満であることから所得税法59条のみなし譲渡課税が行われ，120で譲渡したものとみなされることになる。この場合にA社については時価で取得していることになるので特に課税関係は生じない。

② もし，甲がみなし譲渡を避けようとするならば120の2分の1（＝60）

以上の価額で譲渡する必要がある。この場合に A 社は取引相場のない株式を 60 で取得することになるが，A 社にとっての時価（10）よりも相当高額で買い取ることになる。そこで高額取得の課税問題が生ずるかどうかは，価額設定の合理性などの個別の事情の事実認定によるが，特に甲から A 社に対して高額部分を贈与したとされる部分がなければ A 社の株式の取得価額は 60 になるものと考えられる。

通常は，甲にとっての時価（120）よりも低額であることから，A 社にとって高額譲受けが問題になることはないと考えられる。むしろ，譲渡者側の甲において低額譲渡部分（120－60＝60）が問題になるものと考えられる。

この譲渡者側の低額譲渡が問題となった裁判例（大分地判平 13.9.25）がある。本裁判例では，譲渡者側に対して譲渡者側の時価に相当する金額による更正処分が行われたが，これに対して大分地裁判決は，譲受側である少数株主が取得する株価の妥当性を考慮して更正処分を取り消して一審判決が確定している。譲渡者側にとっての低額譲渡が譲受者側にとっての高額譲受になるという変則的な関係の中では，取引における価額設定の困難さが明らかになった事案であるといえる。

このように譲受者 A 社が A 社にとっての時価（10）より相当に高額で株式を支配的株主甲から譲受ける場合の典型例は，少数株主である A 社が，甲が支配的株主である相手側法人との営業上の関係を強化するなどの必要から，相手側法人の支配的株主甲から一定数の株式を取得する場合などが考えられる。

⑵　譲渡者乙（個人：少数株主）→譲受者 B 社（法人：中心的同族株主）

所得税基本通達 59-6 では，譲渡者の譲渡直前[26]の議決権数により，同族株主かどうかの区分を判定する。そうすると本前提の場合，譲渡者の個人乙は少数株主に該当するため，取引相場のない株式の価額は所基通 59-6 により特例方式（配当還元方式）で評価する。この配当還元価額を仮に「10」と

---

(26)　所得税は譲渡者の譲渡直前の議決権数によるが，相続税・贈与税の場合は相続等により取得した後の議決権数による点を留意する必要がある。

する。

次に譲受者のＢ法人は中心的同族株主であるので法基通 9-1-14 により評価することになるが，取引相場のない株式の価額は「小会社」に該当するものとし，さらに土地，上場株式について時価調整を加えるなどをして原則的評価方式で評価する。仮にこの時価調整原則的評価額を「120」とする。

そうするとこのような場合にいくらで取引価額を設定するかが問題になる。

① 仮に個人乙にとっての時価である 10 で譲渡するとどうなるであろうか。乙については，時価（10）での譲渡であることから所得税法 59 条のみなし譲渡課税は行われないことになる。この場合にＢ社についてはどのような課税になるであろうか。Ｂ社にとってのこの株式の時価は 120 であるが，10 という低額で取得していることになる。この場合に当該株式の取得価額を 120 とし，無償による資産の譲受益 110 を計上すべきことになる。

② Ｂ社がＢ社にとっての時価である 120 を譲渡価額にした場合はどうであろうか。支配的株主であるＢ社が，少数株主に分散した株式を集約する必要に迫られたケースなどの場合が考えられる。この場合に個人乙に対してＢ社の高額買取りによる経済的利益の供与の課税が生ずるかが問題になる。これについては，Ｂ社は時価で買い取っていることからＢ社において株式の取得価額となるものと考えられ，特に個人乙に利益を供与したと認められる事実関係がなければ，乙に対して時価 10 を超える部分（110）について譲渡所得として課税され，給与所得等になるとは考え難いように思われる。

高額譲渡部分の利益が個人の何所得に分類されるかは事実認定の問題であり，市場価額の倍近い高額で同族会社に上場株式を譲渡した個人に対して市場価格を超える部分について一時所得とされた事案がある(27)。

---

(27) この点については事実認定の問題である。上場株式の市場価格より高額で関係会社に譲渡した個人に対して市場価格を超える部分について一時所得とされた事案がある（東京高判平 26.5.19）。

なお，実務的には10から120の間の価額で譲渡（仮に60で譲渡）する場合が多いと思われるがその場合にはどうなるかであるが，譲渡者乙にとっては乙にとっての時価10より高額で売却しているためみなし譲渡の課税はなく60の対価で譲渡した場合の譲渡所得計算が行われ，譲受者B社は，時価との差額120－60＝60について受贈益課税が行われると考えられる。

⑶　譲渡者丙（個人：少数株主）→譲受者丁（個人：同族株主）

個人間の株式の譲渡については，低額譲渡に伴う贈与税の問題が発生する。贈与税の課税問題であることから，株式を取得した株主において株主の区分を判定し，贈与税の問題になる。そうすると本前提の場合，譲渡者の個人丙は少数株主に該当するため，取引相場のない株式の価額は財産評価基本通達188により特例的評価方式（配当還元方式）で評価する。この配当還元価額を仮に「10」とする。

次に譲受者の個人丁は同族株主であるので評基通179により原則的評価方式により評価することになるが，対象会社の規模に応じて類似業種比準価額，併用方式，純資産価額によって評価する。この原則的相続税評価額を仮に「100」とする。そうするとこのような場合にいくらで取引価額を設定するかが問題になる。

①　仮に個人丙にとっての時価である10で譲渡するとどうなるであろうか。丙の所得税の譲渡所得に係る総収入金額は10になる。この10は丙にとっての時価の2分の1未満でないことから仮に譲渡損失が生じた場合も所得税法59条2項の適用はなく，譲渡損失は控除される余地がある。この場合に個人丁についてはどのような課税になるであろうか。同族株主である個人丁にとっての本件株式の相続税評価額は100であるが，10という低額で取得していることになる。そうすると個人丁に対しては，低額譲受による経済的利益（90）に対してみなし贈与課税（相法7）が行われる。

②　個人丁の贈与税の課税を避けて100を譲渡価額にした場合はどうであろうか。個人丙の所得税の譲渡所得に係る総収入金額は通常は100にな

る。この場合に個人丙に対して個人丁の高額買取りによる経済的利益の供与の課税（贈与税）が生ずるかが問題になる。これについては，個人丁が相続税評価額で買い取っていることから個人丁において株式の取得価額となるものについて，個人丙において高額譲渡による経済的利益に対して贈与税の対象になるとは考え難い。

3　譲渡者と譲受者で価額が異なる場合

取引相場のない株式に係る譲渡者と譲受者で所得税又は法人税の時価に食い違いが生ずるケースをまとめると次のようなケースが考え得られる。なお，いずれの場合も「純然たる第3者間において種々の経済性を考慮して決定された価額（時価）」により取引されたものである場合はその取引価額が時価になる。

(1)　個人・法人間での譲渡の場合

譲渡者：個人	譲受者：法人	備考
同族株主 （時価調整原則的評価額） 所基通 59-6	少数株主 （配当還元価額） 法基通 9-1-14	上記 2.(1)
少数株主 （配当還元価額） 所基通 59-6	同族株主 （時価調整原則的評価額） 法基通 9-1-14	上記 2.(2)

譲渡者：法人	譲受者：個人	備考
同族株主 （時価調整原則的評価額） 法基通 9-1-14	少数株主 （配当還元価額） 「所基通 59-6」*	*この場面で所基通 59-6 が直接に適用されるかは疑問。この点は下行も同じ。
少数株主 （配当還元価額） 法基通 9-1-14	同族株主 （時価調整原則的評価額） 「所基通 59-6」*	個人側での経済的利益の認識の有無が問題

(2) 法人・法人間での譲渡の場合

法人税の問題であるが参考程度に記載する。

譲渡者：法人	譲受者：法人	備考
同族株主 (時価調整原則的評価額) 法基通 9-1-14	少数株主 (配当還元価額) 法基通 9-1-14	
少数株主 (配当還元価額) 法基通 9-1-14	同族株主 (時価調整原則的評価額) 法基通 9-1-14	譲受者側での経済的利益の認識の有無が問題

(3) 個人・個人間での譲渡の場合

相続税，相続税評価額の適用になるが参考程度に記載する。

譲渡者：個人	譲受者：個人	備考
同族株主 (原則的評価額*) 評基通 179	少数株主 (配当還元価額*) 評基通 188	*相続税評価額 配当還元価額の取引に特別の課税関係生じない
少数株主 (配当還元価額*) 評基通 188	同族株主 (原則的評価額*) 評基通 179	上記 2.(3) 譲受者にみなし贈与課税

4　立場と時価

所得税法 59 条のみなし譲渡課税の時価については，株主区分，すなわち同族株主か少数株主かの区分の判定にあたっては，贈与又は低額譲渡を行う個人の贈与等の直前の議決権数によるものとしている（所基通 59-6)。また，相続税，贈与税の適用にあたっての相続税評価額については，相続，贈与により取得した後のその者の議決権数により区分判定をする。

そして法人税における時価を算定するにあたっては，売主なり取得者なりの立場に応じて区分判定するものと考えられる。そうすると，上記 2.，3. で見たように取引の当事者間の株主区分において相違が生じ，それぞれの株主における財産評価通達に基づく時価に食い違いが生じてくる。上記 2.(2)

譲渡者乙（個人：少数株主）→譲受者Ｂ社（法人：中心的同族株主）のように，それぞれ異なる時価で処理していけばよいケースも存在する。そうすると，同一取引の当事者で同一の株式について異なる価額が時価であることになる。

これは一見，不可思議に思える。同一取引における同一株式について，譲渡者は譲渡した価額 10 が時価であるとし，譲受者は 120 が時価であると処理することになる。

上記に整理したように，取引当事者間で評価額に大きな食い違いが生じているのは，同族株主と少数株主との間での取引に多く見られる。少数株主に係る評価額は，少数株主は事業経営に対する影響力が少なく，配当を期待するにとどまる実質や評価手続きの簡便性をも考慮して，本来の原則的な評価方式に代えて，特例的な評価方式である配当還元方式が採用されている(28)。

しかし，例えば支配的株主等が少数株主の整理を図っているなどのケースでは，少数株主が所有する株式も単に配当を期待する権利だけでなく＋αの価値をもってくる。

相続税評価額は，贈与又は相続により取得した取引相場の株式について取得した時点での静態的な評価額であるが，所得税や法人税が対象とする譲渡取引等における価額は，単に所有株数の割合に応じた事業経営力に対する影響力の程度だけでなく，他の種々の要素によって決定されてくるといえる。

確かに，「純然たる第三者間において種々の経済性を考慮して決定された価額（時価）」により取引されたものとなる場合は，その取引価額が時価になるとされているが，取引相場のない株式に係る同族会社と少数株主との取引で「純然たる第三者間」における価額の証明を行うことは至難の業といわざるを得ない。

5　一物二価，一物多価

取引相場のない株式の評価は，所得税，法人税によって若干異なることが

---

(28)　谷口裕之編「財産評価基本通達逐条解説 平成 25 年版」（財）大蔵財協 655 頁

あるが，基本的な計算方法は相続税等の財産評価基本通達に基づいた評価方法により算定している。

ところで，財産評価通達によれば概要，支配的株主と少数株主に区分し，支配的株主については原則的評価方式（会社規模により類似業種比準方式，純資産価額方式，併用方式による），少数株主については特例的評価方式（配当還元価額方式による）により計算する。

原則的評価方式と特例的評価方式では，上記のように大幅に同一株式でありながら評価額が異なることになる。このような同一の株式に対する異なる評価額は客観的交換価値としての時価が複数あること，すなわち一物二価，一物多価を意味するのかどうかが問題になる。

この点について，原則的評価方式と特例的評価方式との用語のとおり，一般的には原則的評価方式による株価が時価であり，少数株主における株価はあくまでも計算上の便宜を考慮した例外的な評価額に過ぎないという考え方（原則として一物一価ということになる）もあると思われるが，上記の各種取引をに見るとおり，実際上は同一取引の同一株式について両当事者において異なる株価が計算されることになり，一物二価の様相を呈していることに違いはない。

このような現実を考慮すると，取引相場のない株式については，株主の立場により株価が異なる一物二価，一物多価であることを前提にしてその当事者間における取引における合理的な価額はどうあるべきかを確定させるべき，検討する必要があるように思われる。

あるいは，評価の問題は事実認定の問題であるとする観点から言えば，取引相場のない株式は一物二価，一物多価であることを前提として，当事者間の関係，個別事情を詳細に考慮して，その取引における時価を事実認定することが重要に思われる。

Ⅲ　自己株式の取得における時価

自己株式が解禁されて以降，中小法人，同族会社においても自己株式の取得が多く行われている。特に少数株主の所有する自社の株式等の整理を自己株式の取得により行うケースがみられる。この場合の少数株主からの自己株式の買取り価額はいくらが適正であるかが問題になる。すなわち，取引相場のない株式について自己株式の取得にあたっての時価はどのように算定されるかの問題である。

まず最初に自己株式の取得における時価に関連した取扱い等を確認する。

1　所基通 59-6

所得税におけるみなし譲渡課税における取引相場のない株式の時価は，上記Ⅱで見たように所得税基本通達 59-6 で定められており，財産評価基本通達を援用した上で，同族株主かどうかの株主区分は，「株主を譲渡又は贈与した個人の当該譲渡又は贈与直前の議決権数により」判定するとしている。

2　自己株式の個人からの取得と所得税法 59 条の適用

下図の例の場合の自己株式の取得に係る税務上の処理を確認すると次のようになる。

⑴　発行法人の処理

①　自己株式の取得

自己株式を取得する発行法人側の法人税上の処理は，資本金等の額と利益積立金額を減額することになる（法令 8①十八，9①十二）。

(i)　取得資本金額の減額

(ii)　利益積立金額の減額＝（交付金銭等の合計額－ i ）

②　税務上の処理

資本金等の額	50	現金	90
利益積立金額	50	預り金	10

<例>発行法人の税務上の純資産…資本金等の額 500，利益積立金額 1,000
　　発行済株式総数 10 株，自己株式取得株数 1 株，交付金銭 100

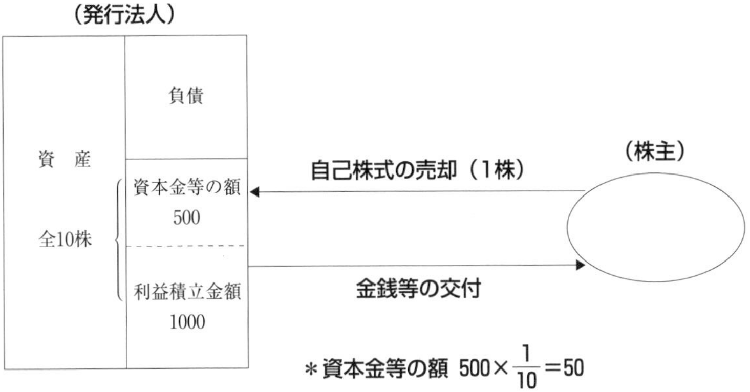

＊資本金等の額 $500 \times \frac{1}{10} = 50$

＊利益積立金額 $100 - 50 = 50$

⑵　譲渡側個人の処理

自己株式を譲渡する側の所得税上の処理を確認する。

①　発行法人への自己株式の譲渡

譲渡する側においては，他社の株式の譲渡である。しかし，みなし配当相当分は対価の額から除く。

②　税務上の処理（帳簿価額 30 とする）

(i)　有価証券の譲渡による譲渡利益金額　(100 − 50) − 30 = 20→譲渡所得金額となる。

(ii)　みなし配当　50 は受取配当等になる。

現金	90	有価証券	30
仮払源泉税	10*	有価証券譲渡益	20
		みなし配当	50

*復興特別所得税は考慮していない。

⑶ 自己株式取得価額と所得税法 59 条の適用

個人からの自己株式の取得に際して，取得価額をいくらにするかが問題である。適正時価で行われた場合は，上記のとおりの処理になるが，適正時価より著しく低額で取得が行われた場合は，所得税法 59 条の適用がある。この所得税法 59 条第 1 項の適用において，時価の 2 分の 1 未満の低額譲渡であるかどうかの判定金額は上記例の交付金銭の額 100 か資本金等の額の減少額 50 であるかの問題がある。

この点について，措置法通達 37 の 10-27 は，「株主等に交付された金銭等の額」が，時価の 2 分の 1 未満であるかどうかにより判定するとしている。

3　自己株式の時価は譲渡株主の株主区分により判定

自己株式を発行会社に譲渡する場合の価額が時価の 2 分の 1 未満かどうかを判定するにあたってのその自己株式の時価は，所基通 59-6 により算定する。この場合の時価は，自己株式を発行会社に譲渡する株主の株主区分だけによって株価の評価方式，すなわちその自己株式の時価が決定される。何故ならば，自己株式の取得者である発行会社にとっては，自己株式の取得は資本等取引に該当し，取得する発行会社にとっては自己株式は有価証券ではない（法法 2 二十一）。したがって，自己株式の取得に係る時価の算定にあたっては，前記Ⅱでふれたような譲渡取引の当事者間で時価が食い違うことによる問題点は生じないことになる。

Ⅳ　経済的利益の評価

1　給与所得等に係る経済的利益

所得税法 36 条 1 項は，収入すべき金額に金銭以外の物又は権利その他経済的利益の価額を含めている。そして同条 2 項は，これらの経済的利益の価額はその利益を享受するときの価額，すなわち時価相当額によるとしている。

経済的利益に係る収入金額及びその評価が特に問題となるのは給与所得の

場合である。

まず，典型的な経済的利益の形態，その価額について確認する。およそ次のようものが典型的なものである（所基通36-15）。

(1)　物品等の資産を贈与又は低額で受けた場合におけるその資産の時価相当額又はその時価相当額との差額

(2)　土地，住宅等を無償又は低額で貸与を受けた場合における通常の賃貸料の額又はその通常の賃貸料の額と実際徴収した賃貸料の額との差額

(3)　金銭を無償又は低利率で貸し付けを受けた場合における通常利率により計算した利息額又はその通常利率による計算した利息額と実際徴収した利息額との差額

(4)　無償又は低い対価で上記(2)及び(3)以外の用役提供を受けた場合における通常の用役対価の金額又はその通常の用役対価の額と実際に収入した対価の額との差額

(5)　債務の免除を受けた場合におけるその免除を受けた金額又は自己の債務を他人が引き受けた場合におけるその引き受けた債務の額

これらの経済的利益に係る収入金額の算定にあたっては，各経済的利益に応じた時価相当額又は通常の賃貸料や利息の額をどのように評価するかが問題となる。

2　社宅賃料に係る経済的利益の評価

役員，使用人が受ける経済的利益の額は，原則として給与所得の対象になるのであるが，その評価額の算定をどのようにするかが問題となる。まず，所得税法施行令84条の2は，「法人等の資産の専属的利用による経済的利益の額」として，「法人又は個人の事業の用に供する資産を専属的に利用することにより個人が受ける経済的利益の額は，その資産の利用につき通常支払うべき使用料その他その利用の対価に相当する額（その利用者がその利用の対価として支出する金額があるときは，これを控除した額）とする。」と定めている。

社宅の賃貸料に係る経済的利益の額については，この施行令の適用を受けることから，「通常支払うべき使用料」相当額がその経済的利益の額になる。この場合の「通常支払うべき使用料」は，いわゆる時価相当額，客観的交換価値を意味するものと考えられる。

しかし，実務執行上この時価相当額をいかに計算するかは，重要な問題になり，実務では経済的利益の各形態に応じて通達を定めて，その評価額を算定することとしている。

具体的例として役員，使用人に対する社宅に係る通常支払うべき賃料はどのように算定されているかを確認する。

＜役員の場合の通常の社宅賃料の額＞

役員の住宅を法人等が提供している場合（いわゆる役員社宅の場合）は，通常の賃貸料との差額が役員給与に係る給与所得になるが，通常の賃貸料の月額は，次の場合に応じてそれぞれの計算式等により計算される。

⑴　一般的な住宅（次の⑵に該当しない住宅）の場合（所基通 36-40）[29]

$$\left[\begin{pmatrix}\text{その年度の家屋の}\\ \text{固定資産税の}\\ \text{課税標準額}\end{pmatrix}\times 12\%^{*1}+\begin{pmatrix}\text{その年度の敷地の}\\ \text{固定資産税の}\\ \text{課税標準額}\end{pmatrix}\times 6\%\right]\times\frac{1}{12}$$

＊1　木造家屋以外の家屋（耐用年数が 30 年超の家屋。以下⑵において同じ）の場合は 10%

なお，使用者が他から借り受けて貸与した住宅等で使用者の支払う賃借料の額の 50% 相当額が上記算式で計算した金額を超える場合は，その使用者が支払う賃借料の 50% 相当額による。

---

(29)　この計算式は一般の賃貸住宅における賃貸料に関する実態調査をもとに定められたとされている（注 15 前掲書 482 頁）。

⑵　小規模住宅*2の場合（所基通36-41）[30]

$$\begin{pmatrix}\text{その年度の家屋の}\\\text{固定資産税の}\\\text{課税標準額}\end{pmatrix}\times 0.2\% + 12\text{円}\times\frac{\text{家屋の総床面積}}{3.3\,\text{m}^2}+\begin{pmatrix}\text{その年度の敷地の}\\\text{固定資産税の}\\\text{課税標準額}\end{pmatrix}\times 0.22\%$$

＊2　家屋の床面積132 m^2 以下（木造家屋以外の家屋の場合は99 m^2 以下）

⑶　豪華役員社宅の場合（個別通達　平7.4.3課法8-1（例規））

家屋の床面積が240㎡を超えるもので取得価額，支払賃貸料，内外装その他の設備の状況等を総合勘案して社会通念上一般に貸与されているものとはいえないものをいう。例えば，プール等又は役員個人の趣味，嗜好等を著しく反映した設備等を備えたものが典型例である。豪華役員社宅の賃貸料については，特に計算式を定めずに実際の通常支払うべき賃料により算定する。

⑷　公的使用部分がある場合等（所基通36-43）

社宅の一部が公的使用に充てられている部分がある住宅の場合は，上記⑴，⑵の70%以上の額であれば通常の賃貸料とされます。

以上のとおり，役員社宅にかかる通常の賃貸料の額は上記⑶の場合を除き，いわゆる時価相場に比較すると相当に低額になるのが特徴である。なお，上記計算式により算定された通常の賃貸料との差額は，その役員に対する役員給与とされ，その額が毎月著しく変動するものを除いて，定期同額給与に該当する。（不相当に高額なものに該当する場合は損金の額に算入されない。）。

＜使用人の場合の通常の社宅賃料の額＞

使用人の住宅を法人等が提供している場合（いわゆる社宅の場合）は，通常の賃貸料との差額に係る経済的利益の額が給与所得になるが，通常の賃貸料の月額は，上記役員社宅の場合の⑵の小規模住宅の場合（所基通36-41）により計算した賃料になる（所基通36-45）。

なお，使用人の社宅賃貸料については，使用人から実際に徴収している賃貸料の額が，上記計算式で算定した通常の賃貸料の額の50%相当額以上で

(30)　この計算式は戦後の旧地代家賃統制令の算定方式によるものであるようだ（注15前掲書482頁）。

ある場合には，使用人がその社宅の貸与により受ける経済的利益はないものとする（所基通 36-47）。

したがって，使用人の場合の社宅に係る通常の賃貸料は，通常の世間相場に比して相当に低額の社宅賃貸料の支払しかなくとも給与所得の課税を受けることはないように設定されている。

3　社宅賃料の評価の構造と問題点

上記のような社宅に係る「通常の賃貸料」についての所得税法及び所得税基本通達の取扱いをどのように整理すべきであろうか。

⑴　通達による「通常の賃貸料」と時価相当額

所得税法施行令 84 の 2 は，所得税法 36 条 2 項の経済的利益の享受時の価額を受けて，客観的交換価値としての時価相当額である「通常支払うべき使用料の額」を定めているものと考えられる。そうすると，それを受けた所得税基本通達の各定めにおける「通常の賃貸料」は，時価相当額を定めているはずであるが，その額は通常の相場の賃貸料に比較して相当に低額に設定されていることは周知の事実である。そこで，この低額であることを利用した「節税策」なるものも，広く行われているといわれている。通達の「通常の賃貸料」と施行令の定める時価相当額としての「通常支払うべき使用料の額」とのギャップをどう考えるべきであろうか。

⑵　社宅としての時価の特殊性

まず，社宅の場合の「通常の賃貸料」と一般の賃貸物件の時価としての「通常支払われるべき賃貸料」とは異なるものであるとする見解である。

所令 84 の 2 にいう「通常支払うべき使用料」とは「社宅等として通常支払うべき使用料」の意味であるとする考え方である[31]。要するに一般の賃貸物件と社宅とは，一見同じような住宅であったとしても異なるもので時価を比較すべきようなものではないということになる。社宅は一般的には会社

(31)　注 15 前掲書 483 頁

によって手当てされ，居住する使用人等に住居選択の制約があること，雇用関係等を前提としたもので安定性に対する不安があることなどから一般の賃貸住宅とは異なる別物であるということになる。異なるものに対する時価相当額であって，その賃貸料の額が異なっても二物二価なのであって一物二価であるわけではないということになる。

⑶　通常の賃貸料の減額

ところで，通達は使用人に対する社宅に係る賃貸料について，「使用人から実際に徴収している賃貸料の額の50% 相当額以上である場合には，使用人がその社宅の貸与により受ける経済的利益はないものとする。」としている。使用人に対しては，時価相当額の「通常の賃貸料」の50% 相当額以上である場合には，その差額について「経済的利益はないものとする」としている。これは通達により，課税除外又は非課税を定めているもので，いわゆる緩和通達ともいえるものであり，租税法律主義の観点からは重要な問題である。納税者有利に緩和するからといって，その権限が行政庁に存するということは，租税法律主義の観点からは許されないはずである。

おわりに

本稿で検討した点は，テーマ的に大別すると2点である。

1点目は所得税と法人税の無償取引に対する取扱いを検討し，両者の相違点を明確にすることである。この点については，無償取引に対する両者の課税の領域・範囲の相違を一定程度は明らかにしたが，その無償取引をめぐる収益の額や収入金額の計上基準については明確にすることはできなかった。この理由は，法人税法22条2項の規定の不備と所得税法は通達により時価相当額を調整していることに原因しているものと思われる。制度論も含めて検討が必要であると考えられる。

2点目は，取引相場のない株式の評価額をめぐって，株主の立場による株価の多様性とその解決をどうするかという問題である。取引相場のない株式については，株主の立場の違いに基づき一物二価，一物多価の実情を踏まえた時価相当額としての株価評価の必要性を痛感した。この点については，価額の評価方式の問題と評価にあたっての事実認定のあり方との両面からの検討が必要であるように思われる。

取引相場のない株式の評価については，国外転出に係る課税特例が平成27年7月より施行，適用になったことから，今後，一層重要になると考えられる。

【参考文献】

本文中で掲載した以外の参考文献としては次のものがある。

・金子宏「財産評価基本通達の合理性」有斐閣・租税法理論の形成と解明（下巻）所収
・増井良啓「結合企業課税の理論」東京大学出版会
・金子宏編「二訂版所得税の理論と課題」税務経理協会
・大澤幸宏編著「七訂版法人税基本通達逐条解説」税務研究会出版局

第4章　相続税における財産評価の今日的問題：不動産

―とりわけ広大地評価をめぐる法的安定性の欠如等の検討を中心として

東洋大学教授　高野　幸大

はじめに

「相続は，死亡によって開始」し（民法882条），「被相続人の一身に専属したもの」を除き（同法896条但書），「相続人は，相続開始の時から，被相続人の財産に属した一切の権利義務を承継する。」（同法896条本文）。そして，相続税法（以下，「法」という場合がある。）2条1項は，「相続税の課税財産の範囲」について，相続税の納税義務者に係る「第1条の3第1項第1号又は第2号の規定に該当する者については，その者が相続又は遺贈により取得した財産の全部に対し，相続税を課する。」と規定し，法11条の2第1項は，「相続又は遺贈により財産を取得した者が第1条の3第1項第1号又は第2号の規定に該当する者である場合においては，その者については，当該相続又は遺贈により取得した財産の価額の合計額をもって，相続税の課税価格とする。」等と規定したうえで，法22条は，「評価の原則」について，「この章で特別の定めのあるものを除くほか，相続，遺贈又は贈与により取得した財産の価額は，当該財産の取得の時における時価により，当該財産の価額から控除すべき債務の金額は，その時の現況による。」と，時価主義をとることを明示する。「時価」の意義をどう解するかということは，税額計算の出発点である課税価格の計算，ひいては税額計算に影響を及ぼすため(1)，相続税法上の重要な論点の一である。

現実の評価は，後述の財産評価基本通達（平成3年12月18日課評2−4，課資1−6。以下「評価基本通達」と表記する場合がある。）に基づいて行われており，上述のように原則として相続人は「被相続人の財産に属した一切の権利義務を承継」するため，評価基本通達には，不動産にかぎらず動産・無体財産権等その他の財産の評価について定められているが，相続財産の中心をなすのは，不動産，株式その他の有価証券および預貯金・現金であり，そのうちの過半数を占めるのは不動産であって，さらに不動産のうち90パーセントは土地である(2)。このことからも，相続税における土地の評価の問題は，相続税法上の中心的な課題の一であることが伺える。

また，評価基本通達による土地の評価額は，1990年代初頭のバブル崩壊以前の地価の上昇期，とりわけバブル経済期における急激な地価上昇期には，実勢価格ないし市場価格を大きく下回っていた(3)ことから，両者の乖離を利用した租税回避が企画され，それに対応するために，例えば，「負担付贈与又は対価を伴う取引により取得した土地等及び家屋等に係る評価並びに相続税法第7条及び第9条の規定の適用について」（平成元年3月29日付直評5，直資2−204）という通達が発遣され，今日に至っている。バブル崩壊後の地価の安定期（あるいは緩やかな上昇期）においても，こうした通達の取扱いがなお維持されるべきであるのかということなども，評価の今日的問題の一であろう。しかし，評価の今日的問題の中で最も検討を要するのは，とりわけても評価基本通達の提示する要件の不明確さのゆえに，その適用の如何が不安定なものとなっている広大地の評価の問題であるように解される。

そこで，本稿では，相続税法の財産評価に係る今日的問題を検討するにあたり，不動産の評価に係る基礎的考察等を行い，それを踏まえて個別的には広大地の評価の問題を批判的に検討することとしたい。

Ⅰ　相続財産の評価に係る基礎的考察

1　「評価」と租税要件（理）論との関係[4]

納税義務の成立と確定とを峻別し，法的・経済的現象事実が租税実体要件（課税要件・非課税要件・免税要件）を充足し，その結果として，正（プラス）の金額（税額）の算出が認識されたときの理論前提的措定概念として，納税義務の成立を観念し，その実際的成果概念が，納税義務の確定であると，租税法律主義を基礎とし，その内容を法理化した理論構成を，租税要件（理）論と呼ぶことがかねて提唱され，この理論によるとき，成立の段階における納税義務は抽象的なものであり，それが確定の段階において具体的なものとなると理論構成することにより，申告納税方式と賦課課税方式という税額の確定の方式とが，いずれも相対的真実の発見の行程であるという点において異なるところはない，と解されている[5]。そして，いずれの課税主体が，いずれの納税主体に対して，何を課税物件として，どのような評価基準（課税標準）に基づいて，いかなる割合（税率）[6]で，どれだけの税額の負担をさせるのかを規定するのは，租税法律主義の下では，法律の任務であり，「それゆえ，納税義務の内容，すなわち，課税要件の内容を確定する意思は，立法者（国会）の意思にほかならないことになる」[7]。このように納税義務の内容を確定する意思を，「立法者の意思であるとするのは，納税義務の内容が，特定の機関または人の個別の意思によって個別に確定するという納税義務の確定についての主観性を排除して，これに客観性を持たせ，法律の下における納税義務についての負担の公平と公正を実現しようとしてのことである」[8]から，このような理解による場合には，納税義務の確定の過程において，税務行政庁または納税者，双方の効果意思の介入の余地を理論上排除することが可能となる。

もっとも，税額の確定は，上述のように，相対的真実の発見の行程であるとの理解は，租税要件を充足する，存在すると認識された事実の内容が，観念上は一個であっても，事実上それについての複数個の認識が存在する可能性・蓋然性が大であり，その複数個の認識から一個の認識が選択されることになる，という理解を背景とするものである。このことは，課税要件を構成する要素の一である課税標準（評価基準）についても同様であり，その複数個の認識から一の認識が選択される場合には，何らかの判断が必要となるが，その場合の「判断」という精神作用に法効果の淵源である効果意思が介入することは許されないから，租税要件における判断という精神作用は，羈束裁量行為であって，自由裁量ではあり得ないということになる(9)。

それゆえ，「評価」という作業はこれを客観的に行わなければいけないということになる。

2 「評価」と時価の意義——解釈の段階

評価の原則について規定する法22条は，「相続……〔等〕に因り取得した財産の価額は，当該財産の取得の時における時価によ」るものと規定するに過ぎないため，「時価」とは何かということを解釈により確定しなければならないことになる。

一般に，「時価」とは，「その時における」「価値」をいうものと解すると，民法882条は，「相続は，死亡によって開始する。」と規定し，国税通則法15条2項4号は，相続税の納税義務の成立の時について「相続又は遺贈（贈与者の死亡により効力を生ずる贈与を含む。）による財産の取得の時」と規定するから，また，民法549条は，「贈与は，当事者の一方が自己の財産を無償で相手方に与える意思を表示し，相手方が受諾することによって，その効力を生ずる。」と規定し，国税通則法15条2項5号は，贈与税の納税義務の成立の時について「贈与（贈与者の死亡により効力を生ずる贈与を除く。）による財産の取得の時」と規定するから，法22条の「時価」とは，相続税については相続開始の時の当該相続財産の価値をいい，贈与税については贈与による受贈財産の取得の時の当該受贈財産の価値をいうものと解されることになる。そして，一般に，「価値」とは，①主観的な値打ち，②交換価値，③使用価値という3つの意義を有すると解されているが，上述のように，租税要件（理）論は，納税義務ないし租税債務の成立（発生）から確定までの過程において課税主体および納税義務者双方の効果意思の介入の可能性を排除し，納税義務ないし租税債務の実体的内容をもっぱら実定租税法規（法律または条例）の定める法効果（法規効果）として，確定せしめようとするものであるから，このうち，「時価」を「主観的な値打ち」の意味に解することはできず，「時価」における「価値」とは「交換価値」または「使用価値」を意味することになる。そのように解すると，法22条は，「当該財産の取得の時における時価」と規定するのみであるから，この規定の文言から直ちに一義的に，「時価」が「交換価値」を意味するのか，「使用価値」を意味するものであるのかが決まるわけではないということになる(10)。租税要件（理）論による理解による場合には，「交換価値」と「使用価値」のいずれがより客観性を持ちうるのか，換言すれば，「時価」の解釈に際して恣意性をより排除することが可能であるのか，ということが決め手となるものと解される。

この点について，有力な反対説もあるが，多数説は，代表的には，時価とは，客観的な交換価値のことであり，「不特定多数の独立当事者間の自由な取引において通常成立すると認められる価額を意味する。」(11)とする（以下，このような理解を「客観的交換価値説」(12)と呼ぶ。）。客観的交換価値説は，その定義からも伺い知ることができるように，「不特定多数の独立当事者間の自由な取引において通常成立すると認められる価額」を想定し，取引における異常な要素を排除することによって，評価に客観性を持たせようとするものである。それゆえ，仮に「実勢価格」とは，現実の取引の場面で成立する，すなわち，なんらかの異常な要素も含めて当事者間で成立する現実の価格を意味するとすると，客観的交換価値説からする「時価」とは，「実勢価格」とは区別された，または実勢価格から異常な要素を排除した理論値を現していることになる。

これに対して，相続人等が被相続人と同様に相続財産を構成する土地・家屋で引き続き生活のために居住を続ける場合，そのような所謂「生存権的財産」については，客観的交換価値説がいうような市民的取引価格は成立しないとして，このような「生存権的財産」については，当該財産が例えば土地の場合であれば，宅地として引き続き利用した場合の使用価値（利用価額または収益還元価額）が存在するに過ぎないため，「自己の所有する住宅地等についてはその帰属所得（imputed income），つまり，もし自己所有でなければ支払ったであろう賃借料等の額を資本還元して」収益還元価額を計算するべきである(13)，とする有力な学説が存在する（以下，このような理解を「収益還元価額説」と呼ぶ。)。

もっとも収益還元価額説のいう「生存権的財産」の意義は必ずしも明確ではない。例えば，生活に通常必要でない資産の災害による損失について規定する所得税法 62 条を受けて所得税法施行令 178 条 1 項 2 号は，「通常自己及び自己と生計を一にする親族が居住の用に供しない家屋で主として趣味，娯楽又は保養の用に供する目的で所有するものその他主として趣味，娯楽，保養又は鑑賞の目的で所有する資産」を生活に通常必要でない資産の一として挙げる。収益還元価額説が，上述のように「土地・家屋で引き続き生活のために居住を続ける場合」と論じることからして，「生存権的財産」とは，「通常自己及び自己と生計を一にする親族が居住の用に供する家屋で主として趣味，娯楽又は保養の用に供する目的で所有するものではないもの」をいうものと解される。

こうした考え方は，昭和 58 年度税制改正で租税特別措置法 69 条の 4 に創設された，「小規模宅地等についての相続税の課税価格の計算の特例」の趣旨が，個人が事業の用又は居住の用に供していた小規模宅地について，相続人等の生活基盤の維持のために，不可欠であって，その処分について相当の制約を受けることが通常である，ということにあると説明されるところにもみることができる(14)。

いずれにしても確かに，相続人が被相続人と同様に，被相続人が居住の用に供していた土地で引き続き生存のために居住しようとする意思を持つ限り，それは相続人にとっても生活基盤の維持のために不可欠な財産として「生存権的財産」であり，それゆえ，その処分について相当の制約を受けることが通常であるとすれば，そこには実勢価格という意味での売買価格は現実には存在しない(15)ということができるように解される。

しかし，同一の不動産が，被相続人にとっても相続人にとっても，同様に，「生存権的財産」であるということから，当該不動産についての取引の場面を想定することにより導きだされる交換価値が理論上成立しない，それゆえ，相続財産の評価の際に，そのような交換価値を用いることはできないとの結論を導くことには，論理の飛躍があるように解される。

何故ならば，相続を被相続人から相続人への財産権の移転・承継という事実に着目して捉えれば，独立当事者間で取引が行われる場合においても，取引の対象となる財産が，取引の前後を通じて，それぞれの当事者にとって，その生活基盤を維持するのに不可欠な財産として「生存権的財産」であることはありうるし，そこでは交換価値（時価）が当然に成立するのであるから，そのこととの類推において「客観的交換価値」という理論値を用いて「生存権的財産」を評価することとしても，論理的には矛盾はないように解されるからである。

また，収益還元価額は，需要者の側からアプローチした価額を意味するとすると，収益還元価額は客観的交換価値と対峙するものというより，客観的交換価値に内包されるものであるという理解ということもできるように解される。もっとも，「生存権的財産」を客観的交換価値で評価した結果が，相続税法上妥当ではないと解される場合はありうるであろうが，そのことをどのように評価するかは，立法政策の問題にほかならない。すなわち，それを租税特別措置法（以下「措置法」という。）で行うことの当否は別として，また，この規定の実体的内容の当否は別として，「小規模宅地等についての相続税の課税価格の計算の特例」に係る前述の措置法69条の４におけるように立法上解決が図られるべき問題であると解される(16)。

3 「時価」の評価方法――事実認定の段階[17]

次に，「時価」の評価方法について検討することとする。

まず，収益還元価額説が「生存権的財産」についてとるべきであるとする収益還元方式とは，一般に，ある資産から得られる収益は，毎期末に発生するものとし，期末の収益は現時点（期首）でどれだけに評価できるか，と解するものである。現時点（期首）の資産価値は，期末には利子を加えたものに増殖することになるので，期末に発生する収益を現時点（期首）で評価すると，収益を（1＋利子率）で除したもの，すなわち，〔現時点（期首）の収益の価値＝収益／(1＋利子率)〕という関係が成立することになる。これを収益の「割引現在値」という。そして，これと同様に，次の期末の収益の割引現在値は，収益を（1＋利子率）の2乗で除したもの，すなわち，〔収益／(1＋利子率)^2〕となり，以下同様に，各期末の収益の割引現在値を求めることができる。収益は，無限の未来まで継続して発生すると考えると，各期末の収益の割引現在値を無限の未来まで合計したものが資産の価値を現すことになる。ここで，等比級数の和の公式を用いると，資産価値は，収益を利子率で除することにより導きだされるという結果，すなわち（資産価値＝収益／利子率）という算式が求められることになる[18]。そうであるとすると，収益還元価額を導きだすためには，その土地の収益と利子率が明確に確定していなければならないということになるし，また，従来の収益還元方式は，基本的に収益が一定であるという理解にたっているので，そのような前提の下に導きだされた価額に合理性があるのか否かが問題となるように解される。

収益還元方式は，需要者の側から価額にアプローチしようとする方式であるので，投資目的をもたない居住用資産である「生存権的財産」について利子率をどう算定するのか，一般の賃料を帰属家賃とすることに問題はないのかなど[19]の問題点を内包していることになる。仮に，利子率については，一般的と思われる投資の利回りとして，長期プライムレート等の市場金利を用いるとすれば，バブル経済崩壊以降の長期間にわたる（超）低金利政策のもと，収益に大幅な変動がなければ，そのことだけで，評価額を押し上げる要因となってしまい，収益還元価額説の根本的な発想に反する結果となるように解される。

また，一般の賃料については，さらに次のような問題があるように思われる。すなわち，家屋の賃料，家賃とは何かということを考えた場合，家賃とは，貸主の純粋な利益，建物の償却費，建物および土地に投下した資本の回収分等から構成されているとすると，建物の償却費や建物に投下した資本の回収分を還元した価格は，家屋に帰属するものと解することができるので，そうであるとすると，家屋については別に再建築価額で評価して課税するということは，家屋について二重課税を行う結果となる危険性を伴っているのではなかろうか。

収益還元方式のうち土地残余法，すなわち，収益が建物に係わるものである場合で，その建物に帰属する部分が把握できるときには，当該収益から当該帰属部分を控除することによって，土地の収益を求める方法を，1990年代の初頭に国土庁（当時）が不動産鑑定協会と検討していたと仄聞したことがあるが，こうした方法を採用するのであれば，上述の問題は回避できることであるかもしれない。

いずれにしても，収益還元価額で評価すべきことを主張することの背景には，客観的交換価値説は，「生存権的財産」には市場価格が成立しないにもかかわらず，売却したとしたらどれほどの価格がつくのかというフィクションに基づいてこれを評価することになるため望ましくないという認識があると思われるが，収益還元価額自体も，より多くのフィクションに基づかざるをえない，という問題点を有している(20)点で異なるところはない。

それゆえ，客観的交換価値説も収益還元価額説もともに，フィクションに基づかざるをえないという問題点を不可避的に内包していることになるから，問題は，いずれの評価方法によるほうがより客観性を担保できるかということであると解される。その意味では，現実の売買実例との比較において，評価をすることの可能な客観的交換価値説を取るべきであろう。

4　客観的交換価値説と財産評価基本通達の評価方法の整合性

国税庁は，財産評価基本通達を発遣し，相続税等における財産評価の基本的な方針および各種財産の評価方法を定め，現実の評価実務は，この通達によって行われている。ここでは，多数説と同様に，「時価の意義」について，「時価とは，課税時期（相続，遺贈若しくは贈与により財産を取得した日……）において，それぞれの財産の現況に応じ，不特定多数の当事者間で自由な取引が行われる場合に通常成立すると認められる価額をい」うとして，「時価」を客観的交換価値と把握していると解される評価基本通達1⑵との関係で同通達の評価方法が客観的交換価値を算出するうえで妥当なものであるのか否かということについて，簡単に検討することとする。

評価基本通達は，「市街地的形態を形成する地域にある宅地」については，路線価方式により，それ以外の宅地については，倍率方式によることとしている（評価基本通達11）。そして，「路線価方式とは，その宅地の面する路線に付された路線価を基とし」（評価基本通達13）て評価する方式をいい，路線価とは「売買実例価額，公示価格……，精通者意見価格等を基として国税局長がその路線ごとに評定した1平方メートル当たりの価額とする。」（評価基本通達14）とされている。それゆえ，「時価」を交換価値と把握する限り，理論値である客観的交換価値を評価する方法として，路線価は一応の妥当性を有していると解される。

ただし，例えば，建築基準法43条が，原則として都市計画区域内にある土地について課している2メートル以上の「接道義務」に違反している土地については，建築許可がおりないことになるので，そのような土地の交換価値は「接道義務」を満たしている土地より低いものとなると解されるが，このような「路地状地」について，間口狭小補正率表（20－3　付表6）は，間口距離4メートル未満を一律に扱っているため，評価基本通達は，建築基準法上の制限を受けることによって低くなると解される価値を評価に適切に反映させることができないような構造になっているという問題点を含んでいるように解される。また，建築基準法42条2項の規定する所謂「2項道路」

に面する土地についても，建物を建てる場合には，セットバックをする必要があるので，交換価値は低くなると解されるが，宅地のうちセットバックを必要とする部分の評価について，以前は評価基本通達による評価が適切に交換価値を反映するものではないと，「路地状地」の評価に対するのと同様の問題が指摘されていたものの，現在では，7割評価減をして「その宅地について道路敷きとして提供する必要がないものとした場合の価額」の3割で評価することとされており（評価基本通達24－6），これは「概ね実情に沿った評価」であると解されている(21)

また，地価の形成要因には様々なものがあると解されるが，その一として，建築基準法の規定する建ぺい率・容積率の問題に着目する必要がある，ということが指摘されることがある(22)。すなわち，面積が同一の土地であっても，建ぺい率・容積率が2倍の土地は地価も2倍になるという指摘である。これは，収益性を意識した意見であると解されるが，投資目的と直結しやすい商業地であれば，このような議論は説得的であると解されるものの，「生存権的財産」ないし居住用財産の場合には，必ずしも，建ぺい率・容積率が価格決定の決め手とはならないように解される。例えば，所謂高級住宅地にある土地の建ぺい率・容積率が30%・50%であり，その近隣の同じ第一種住居専用地域のそれらが50%・100%であるとしても，前者の地価は後者の地価の半分になるわけではないということを考えても，そのような推測を否定できないのではなかろうか。

「容積率の異なる2以上の地域にわたる宅地の評価」について評価基本通達20－5は，当該「宅地の価額は，15《奥行価格補正》から前項までの定めにより評価した価額から，その価額に次の算式により計算した割合を乗じて計算した金額を控除した価額によって評価する。」(23)とし，次の算式を｛(1－容積率の異なる部分の各部分に適用される容積率にその各部分の地積を乗じて計算した数値の合計／正面路線に接する部分の容積率×宅地の総面積)×容積率が価額に及ぼす影響度｝とする。そして，容積率が価額に及ぼす影響度について，地区区分を，「高度商業地区，繁華街地区」，「普通商業・併用住宅地区」および「普通住宅地区」に三分し，影響度をそれぞれ，0.8，0.5および0.1とする。この通達が，容積率が交換価値に与える影響を考慮してのものであれば，評価基本通達の原則的な理解と平仄があうものであると解されるが，容積率の違いによる収益性に着目したものであるとすると，上述のような理由から，問題がないわけではないと解される。

倍率方式についての検討の余地については，次の「財産評価基本通達と固定資産税評価額との関係」の部分で検討する。

5　財産評価基本通達と固定資産税評価額との関係

評価基本通達による評価額について，地価が上昇傾向を示していた時期において，国税庁は時価を実勢価格の7割水準で評価するという方針を採用していたため，実勢価格と評価額との乖離を利用した租税回避を行うことが少なからず見られたことから，平成4年（1992年）以降，評価水準は実勢価格の8割に引上げられ(24)，固定資産税においては，その財産税としての性格に鑑み，平成6年（1994年）以降，土地について，地価公示価格等の7割水準で評価されることとされている(25)。これは，相続税と固定資産税の課税目的の違いを対比させることにより，相続税評価額と固定資産税評価額とが，それぞれ，公示価格の8割と7割を水準として評価することとされているという趣旨であるとすると(26)，相続税評価に関して，次のような問題があるように解される。

評価基本通達においては，市街地的形態を形成する地域にある宅地以外の宅地については，倍率方式により評価することとされているが，「倍率方式とは，固定資産税評価額……に国税局長が一定の地域ごとにその地域の実情に即するように定める倍率を乗じて計算した金額によって評価する方式をい」い（評価基本通達21），「倍率方式により評価する宅地の価額は，その宅地の固定資産税評価額に地価事情に類似する地域ごとに，その地域にある宅地の売買実例価額，公示価格，不動産鑑定士等による鑑定評価額，精通者意見価格等を基として国税局長の定める倍率を乗じて計算した金額によって評価する。」こととされている（評価基本通達21－2）。

これは，倍率方式において，固定資産税評価額が使用価値ないし収益還元価額を体現し，相続税評価額が交換価値を体現しているとすると，単に固定資産税評価額を有理数倍したときにはその結果求められた価額が意味するのはいかなるものであるのか，換言すれば，そのことにより交換価値を求めることができるのかということが明確ではないということを認識したうえで，「その地域にある宅地の売買実例価額，公示価格，不動産鑑定士等による鑑定評価額，精通者意見価格等を基として」，交換価値と使用価値ないし収益還元価額とを比較して「倍率」を求めることにより，固定資産税評価額に倍率を乗じて得られた結果が，交換価値を体現するという理解を示しているものと解される。そうであるとすると，倍率方式も客観的交換価値の把握の観点から一応の妥当性を有しているといえよう。

また，家屋については，「その家屋の固定資産税評価額……に別表１に定める倍率を乗じて計算した金額によって評価」し，別表１で「家屋の固定資産税評価額に乗ずる倍率」は1.0とされている（評価基本通達89）ので，相続税法においても，家屋は，固定資産税評価額である再建築価額（再取得価額）により評価されることとされているのと同じこととなる。ここで，再建築価額（再取得価額）とは，同一の家屋を評価時に建てるとした場合の価額のことをいうので，毎年の建築費の上昇が家屋の経年による減価を相殺することになるが，家屋については，この再建築価額により相続税の課税価格を計算することとすると，法22条の「時価」を交換価値と解する限り，建築後年数の経過した家屋ほど時価以上の評価額で課税がされることとなり，問題である。これに対し，建築後年数の浅い家屋の場合には，再建築価額による評価額が家屋の実勢価額を大きく下回ることから，バブル期には，このことが節税手法として利用されていたことなどが指摘されていることを考慮すると，当該家屋の建築年数の違いによる不公平という問題が内包されていることになる。また，再建築価額は，収益還元価額を意味しているとすると，同じ「生存権的財産」について，土地の場合には「時価」を交換価値と解釈し，家屋の場合には，これを使用価値と解釈することになり，法22条の「時価」の意義の解釈に一貫性を欠く憾みがある。

さらに，再建築価額は，少なくとも，その評価の時に新築家屋を建てたとした場合に，その価額から経年分等を減価するものであるから，それにより求められた価額は，当該新築家屋が経年分の年数後の将来に有している価額を示すことになり，「時価」主義の観点からして問題を孕んでいることになると解される。もっとも，「時価」主義との関係を問題とする場合には，土地については，路線価方式によるときには，路線価の付設の時の，倍率方式よるときには，固定資産税評価の時，または倍率の設定の時の，「時価」による評価を行っているという問題点を，制度上内包していることになる。路線価は，平成4年より前においては，前年の7月1日時点の評価に基づいていたのを，平成4年分から，評価時点を6ヶ月遅らせて，その年の1月1日現在の評価に基づいて付設されることとされたが，その場合にも，やはり1月1日現在の評価額でその年の相続税の土地の評価を行うことになるため，基本的には「時価」主義との関係で問題があることに変わりがない。このため，実勢価格が上昇傾向を示している場合には，問題が顕在化しないが，実勢価格が下落傾向を示している場合に，路線価と実勢価格との逆転現象が起きているときには，違法な課税を行う可能性を内包した制度となっているということができるように解される。この問題を回避するためには，路線価の付設の時，または，固定資産税評価の時から相続の時までの，地価の動向が相続税の評価に反映されなければならないが，すぐ後で改めて述べるように，評価基本通達の基本的な内容が，現在では行政先例法になっていると解される(27)ものであり，それが客観的交換価値の把握のための手法の一を示すものであるとすると，路線価方式等により算出された価額に近隣の類似地域の地価の変動率を乗じるなどの方法が考慮されるべきであろう。その際の地価の変動率は，相続税が申告納税方式による租税であることから，複数の不動産鑑定士に鑑定をさせ，その平均値をとるなどの方法により算定することが考えられよう。この点についても，改めて論じることにする。

Ⅱ　財産評価基本通達を巡る問題

1　財産評価基本通達の拘束性

評価基本通達の拘束性に関しては，有力学説により，評価基本通達の「基本的内容は，長期間にわたる継続的・一般的適用とそれに対する国民一般の法的確信の結果として，現在では行政先例法になっていると解されるので，特段の理由がないにもかかわらず（特段の理由のある場合につき，基通第1章6参照），特定の土地について評価基本通達と異なる方法を用いて高く評価することは違法であると解すべき」[28]であることがつとに指摘されてきた。

こうした議論は近年の行政法の分野における議論とも繋がるものであるように解される。すなわち行政法の分野において，法規命令と行政規則の相対化が指摘され，行政規則の外部化現象ということが論じられている[29]。この議論においては，法規命令と行政規則の区分を放棄する，あるいはその区分が重要性を持たないということまでを意図するものではないということを明らかにするためにか，注意深く「外部化現象」との表現が用いられている。いずれにしても，行政規則の外部化現象に係る議論において，公にされている裁量基準について論じられていることと同様に，評価基本通達の内容が合理的な理由なくして適用されないことは平等原則に反することになるだけでなく，評価基本通達の内容を信頼して申告をしたところ，合理的理由がなく，課税庁が評価基本通達6を用いて異なる評価額を主張する場合には，納税者の信頼保護に欠けることになるから，信頼保護の観点からも，そのような評価は違法という評価を受けることになろう（なお，行政法学においては，「裁量基準も，それを適用しない合理的理由がない限り行政機関を拘束する，という考えを『行政の自己拘束論』と呼」ぶ学説がある。）[30]。

この点に関連して，バブル期に納税者が評価基本通達による評価を主張した事案で，東京高裁平成5年3月15日判決（TAINS Z194-7095）（原審・東京地裁平成4年7月29日判決（TAINS Z192-6947））は，「課税実務上は，相続財産評価の一般基準が評価〔基本〕通達によって定められ，……あらかじめ定められた評価方式により，これを画一的に評価する方が，納税者間の公平，納税者の便宜，徴税費用の節減という見地からみて合理的であるという理由に基づくものであ」り，「特に租税平等主義という観点からして，これが形式的にすべての納税者に適用されることによって租税負担の実質的な公平をも実現することができるから，特定の納税者あるいは特定の相続財産についてのみ評価〔基本〕通達に定める方法以外の方式によってその評価を行うことは，たとえその方法による評価額がそれ自体としては相続税法22条の定める時価として許容できる範囲内のものであったとしても，納税者間の実質的負担の公平を欠くことになり，原則として許されない」が，「右の評価方式を画一的に適用するという形式的な平等を貫くことによって，富の再分配機能を通じて経済的平等を実現するという相続税の目的に反し，かえって実質的な租税負担の公平を著しく害することが明らかである等の特別な事情がある場合には，例外的に相続税法22条の『時価』を算定する他の合理的な方式によることが許されるものと解すべきであり，このことは，評価基本通達6において『この通達の定めによって評価することが著しく不適当と認められる財産の価額は，国税庁長官の指示を受けて評価する』と定められていることからも明らかである。」と判示する。

前述のⅠ1で，「評価」と租税要件（理）論との関係について述べたが，そもそも，租税要件（理）論は，「租税法律主義の趣旨・目的・内容を，法の理論として構成したものであ」る(31)から，評価における租税法律主義の原則と租税公平主義の関係について，改めて考えてみよう。

評価をめぐる裁判例では，評価基本通達の評価方法に依拠すべきか否かを判断するに際し，上述のように他の納税者との公平性が重視されている，あるいは前面にだされているように解される。実定租税法律の内容が公平性を侵害し，無効となるようなものでなければ，当該実定租税法律に従って課税が行われるとき，租税法律主義の原則と租税公平主義とが緊張関係にたつことはないため，あえて租税公平主義が問題とされることはないが，唯一正しい解釈をした課税庁により課税処分をうけた納税者と同一の規定について誤った解釈をした他の複数の課税庁により課税処分をうけた納税者との関係が考慮されるときなど，両者が緊張関係にたつとき，租税法律主義と租税公平主義のいずれが優先されるべきかという形で租税公平主義が問題になる場合がある(32)。

評価の謙抑性を考慮して，実勢価格ないし市場価格と相続税評価額との間には乖離があるから，地価が上昇傾向にある時期には，相続税評価額が「時価」を超える可能性は低いという意味で，法22条の時価主義にそった課税が行われることになるため，すなわち租税法律主義の要請は充たされていることになるため，謙抑的な相続税評価額で評価された他の納税者との「公平」の問題が重視されるということであると解される。そして，地価が上昇傾向にある場合には，暦年の後半で相続が行われるほど，実勢価格と相続税評価額との乖離は大きくなるが，このような時期に実勢価格と相続税評価額との乖離を利用した節税策が講じられるなどしたため，納税者間の公平性への配慮を後退させるべき事情があるとき，相続税評価額を用いない合理的な理由があるか否かということを重視して検討が行われれば，より時価主義にそった課税が行われるという意味で租税法律主義の原則が実現されると解される。これに対して，地価が下落傾向にある場合には，暦年の後半で相続が行われるほど，実勢価格と相続税評価額との乖離は小さくなって後者が前者を上回る可能性は大きくなるため，公平性の問題よりも，相続税評価額が実勢価格を超えて違法な課税となっているのではないかということが問題となるという意味で租税法律主義との関係を重視ないし前面にだして議論することが基本となるように解される。

租税法律主義の内容の一を構成する合法性の原則を重視すれば，課税庁は法22条の「時価」により課税を行うことを義務づけられていると解されるから，本来，可能な限り「時価」の発見につとめるべきであり，行政の便宜，効率性の観点から評価の謙抑性を考慮して「時価」以下の課税を行うことも本来違法であるはずである。そもそも，なにゆえに，公示価格等の，例えば

「9割」ではなく「8割」を水準として評価を行おうとしているのか，その根拠は明確ではない。賦課課税方式（普通納税方式）を採用する固定資産税と異なり，また，相続税法が申告納税方式を採用して第一次的には納税義務者が税額を確定させ（法27条，国税通則法16条1項1号），課税庁は更正処分を行うことにより第二次的に税額を確定させる立場にあることを考慮すれば，評価基本通達による評価方法は，著しく不合理なものと解されない限り，納税義務者に便宜を与えるものと解するべきであろう。

いずれにしても，最高裁（3小）平成9年2月25日判決（TAINS Z222-7864）は，「通達は，法規の性質を持たないものの，評価基本通達ならびに評価基準による評価は，税務行政の適正，合理的処理，納税者間の公平性の観点からして，特別の事情（納税者の反論等）のない限り，適正妥当なものというべきであって，かく解したところで何ら憲法84条に違反するものではない。」と判示する。

2　路線価方式の合理性

前述したことに関連して，路線価方式の合理性について，東京高裁平成11年8月30日判決（訟務月報47巻6号1616頁）は，「評価〔基本〕通達の定める路線価方式により評価すると，その価額が客観的時価を超える可能性があることにより，著しく不適当であると認められる場合には，右路線価方式によることは相当ではなく，それ以外の，客観的時価を超えることがなく，しかし客観的時価により近似する価額を求め得るような方式で評価するのが相当ということになる。」「右のような見地に立ってみると，路線価は各年の1月1日時点の公示価格の概ね8割程度の価格をもって定められており，かつ，その公示価格は，適正な時価の形成に寄与することを目的として，標準地についての自由な取引が行われるとした場合におけるその取引において通常成立すると認められる正常な価格（すなわち客観的時価）として公示されるものである以上，Y（所轄税務署長，被告，被控訴人）の評価方法すなわち平成4年の路線価を0.8で割り戻した単価をもって同年1月1日時点における客観的時価を反映したものとし，右単価を基に近隣公示地の同年1月1日時点における公示価格と平成5年1月1日時点の公示価格の変動から算出される平成4年12月21日時点（本件相続開始時点）での時点修正率を用いた時点修正をして得られた価格を修正単価として，これを路線価方式における路線価に代入するという方法の方が，Xらの評価方法すなわち平成4年の路線価を基に右とほぼ同様の時点修正をして得られた価格を修正路線価として用いる方法に比べて，客観的時価により近似する価額を求め得るものであることは明らかである。」と判示する。

前年の路線価を0.8で割り戻した単価をもって同年1月1日時点における客観的時価を反映したものとし，当該単価を基に近隣公示地の同年1月1日時点における公示価格と当該年1月1日時点の公示価格の変動から算出される相続開始時点での時点修正率を用いた時点修正をして得られた価格を修正単価として，これを路線価方式における路線価に代入するという方法が，「客観的時価により近似する価額を求め得るものであることは明らかである」（下線執筆者）というのであれば，路線価区域においては，この方法による方が一般に租税法律主義にかなうものといえるのではなかろうか。

3　倍率方式の合理性

倍率方式の合理性については，千葉地裁平成7年4月24日判決（TAINS Z 209-7632）は，「大字単位に評価倍率を定める原則について例外を認める場合にどの程度の個別事情を考慮すべきかは，評価精度の向上と事務量及び徴税経費の抑制，売買実例の確保等の諸要素の比較衡量によることになり，技術的，専門的，政策的判断にわたるものである。」から，「大字単位に評価倍率を定める方法が著しく合理性を欠くとか，他に全国的にも通用し得る簡易かつ適正な方法を採りうるといった特段の事情が存しない限り，大字を地域の単位とする右方法は，合理的な評価方法として一応是認することができる。」と判示する。

しかし，前述したように，そもそも固定資産評価額を有理数倍することにより相続税法上の「時価」になると解することができるのは何故なのか，ということについてはこの裁判例においても問題とされないまま判断が導かれている。さらに，租税法律主義は，実定租税法律に基づく租税の賦課徴収を保障することで，納税義務者に，法的安定性と予測可能性を与えることにより(33)，納税義務者の財産権を保護しようとするものである（憲法29条，30条）ことを考慮すると，「大字単位に評価倍率を定める原則について例外を認める場合にどの程度の個別事情を考慮すべきかは，」「技術的，専門的，政策的判断にわたるものである。」との前提から，結論を導く姿勢は，とりわけ納税義務者の予測可能性の観点からして問題があるように解される。

4　不動産鑑定評価の許容性

名古屋地裁平成16年8月30日判決（判タ1196号60頁）は，「正式な不動産鑑定は，不動産鑑定評価基準……にのとって行われるが，……このような不動産鑑定評価基準の性格や精度に照らすと，これに準拠して行われた不動産鑑定は，一般的には客観的な根拠を有するものとして扱われるべきであり，その結果が上記通達評価額を下回るときは，前者が『時価』に当たると判断すべきことは当然である（被告も，結論としてこれを肯定している。)」，「したがって，ある土地について複数の異なる評価額の不動産鑑定が存在する場合は，まずそれらの合理性を比較検討した上で，より合理性が高いと判断できる鑑定の評価額をもって時価と評価すべきであり（仮に合理性について優劣の判断が全くなし得ない場合には，その平均値をもって時価と評価すべきである。)，その上で通達評価額とを比較して，当該課税処分の適法性を判断すべきである。」と判示する。

この点については，「相続税法においては，『時価』と本件評価〔基本〕通達による評価額との間に不一致が生ずることが制度的に起こりうることから，本件評価〔基本〕通達に基づく評価方法とは異なるほかの方法（鑑定評価）を時価算定のために，争訟において主張立証しうることとなる。相続税法においては，個別鑑定評価による評価額と本件通達の評価基準による評価額との間に乖離が生ずる場合において当然にそのような主張立証が許されるといえよう。」(34)と論じる学説があり，この学説も，「時価」をより合理的に体現する評価額で課税することを志向するという意味で，租税法律主義を重視する理解といえよう。

なお，上述の名古屋地裁平成16年8月30日判決は，通達に基づく課税行政の積極的意義を論じる前提として，「大量・反復して発生する課税事務を迅速かつ適正に処理する」必要性のほか，「納税者に対して申告内容を迅速に確定する便宜を与える」ことと，「各課税庁における事務処理を統一すること」をあげるが，既に述べたように相続税において従来の課税件数の割合が低いということを考慮すると，所得税等の場合におけるように課税行政の「大量・反復」性を根拠とすることには問題があるように解される。

また，名古屋地裁平成16年8月30日判決は，上述の引用部分のカッコ書きで「仮に合理性について優劣の判断が全くなし得ない場合には，その平均値をもって時価と評価すべきである。」と判示するが，平均値をとることの意味は必ずしも明確ではない。この点に関しては，次のように考えるべきであろう。すなわち，侵害規範である租税法にいて，「課税要件事実の認定については，『疑わしきは納税者の利益に』という原則が妥当する。」とつとに論じられてきた(35)ことからして，時価の認定という事実認定の作業において，「合理性について優劣の判断が全くなし得ない場合には」，納税者の主張する評価額によると解するべきである。

Ⅲ　広大地の評価と不動産評価をめぐる今日的個別問題

1　広大地問題の検討の背景

平成27年1月1日から，相続税の基礎控除額が従来の金額から40パーセント引き下げられ，「3000万円と600万円に当該被相続人の相続人の数を乗じて算出した金額との合計額」(法15条1項) とされている。また，たとえば，広大地補正率は地積5,000平方メートル以下で0.35であるので，この地積で広大地に該当すると最大で65パーセント評価額が減額されることになる(36)。こうしたことを背景としてか，実務家からは不動産の評価を下げるために，広大地の評価を利用することによる相続税対策の検討が提唱されている(37)。もっとも，後述のようなその要件の不明確性から，申告を否認された場合の過少申告加算税等のリスクを考慮して，広大地としての評価を行うことに消極的な実務家も少なくないとの指摘も合わせて行われている(38)。

2　財産評価基本通達における広大地の評価

ここで，まず広大地の評価に係る実務の取扱いについて確認をしておこう。

評価基本通達24－4は，広大地について「その地域における標準的な宅地の地積に比して著しく地積が広大な宅地で都市計画法第4条《定義》第12項に規定する開発行為（以下本項において「開発行為」という。）を行うとした場合に公共公益的施設用地の負担が必要と認められるもの（22－2《大規模工場用地》に定める大規模工場用地に該当するものおよび中高層の集合住宅等の敷地用地に適しているもの（その住宅について，経済的にもっとも合理的であると認められる開発行為が中高層の集合住宅等を建築することを目的とするものであると認められるものをいう。）を除く。以下「広大地」という。）」とする。

すなわち，単に面積が広大であれば広大地に該当するわけではなく，評価基本通達24－4は，広大地の要件を，①「その地域における標準的な宅地の地積に比して著しく地積が広大な宅地」であること，②「都市計画法第4条第12項に規定する開発行為を行うとした場合に公共公益的施設用地の負担が必要と認められるもの」であること，③「22－2《大規模工場用地》に定める大規模工場用地に該当するものおよび中高層の集合住宅等の敷地用地に適しているもの」でないこと，とする。

評価基本通達24－4の趣旨について，東京高裁平成24年9月6日判決（TKC 25503553）は，「その地域における標準的な宅地の地積に比して著しく地積が広大な宅地で『都市計画法4条12項に規定する開発行為を行うとした場合』に『公共公益的施設用地の負担が必要と認められるもの』は，そのような道路や公園等のいわゆる『潰れ地』が生じることになるため，当該土地の評価の際に，一定割合を減額することとしたものである。」と判示する。

広大地の評価に関しては，平成16年6月29日付資産評価企画官情報第2号「『財産評価基本通達の一部改正について』通達のあらましについて」(以下,「情報第2号」または「16年情報」と表記する場合がある。）と「平成17年6月17日付資産評価企画官情報第1号」(以下「情報第1号」または「17年情報」と表記する場合がある。）において，留意事項等が明らかにされている。

情報第2号において,「広大地の価額は，その正面路線価に『広大地補正率』に広大地の地積を連乗して評価することとした。また，①マンション適地については通達の適用対象ではないこと，②広大な市街地農地等，市街地原野及び市街地山林についても，この通達の適用対象であることなどを明確にした。(評基通24－4＝改正，評基通49－2外＝新設)」とされ，通達改正の趣旨について,「従来の広大地の評価方法では，公共公益的施設用地となる部分の地積の算定に当たり，開発想定図等を作成する必要があったが，その作成には専門的な知識が必要なことから，有効宅地化率の算定に苦慮する事例が多かった。また，従来の広大地の評価方法によらず，鑑定評価に基づいて申告又は更正の請求をする事例が目立つようになってきた。これらのことなどから，最近の鑑定評価事例を分析・検討するなどして，広大地の評価方法を見直すこととした。」とされている。また，情報第1号においては,「財産評価基本通達24－4に定める『広大地の評価』を適用する場合の広大地に該当するかどうかの判定に当たり，留意すべき事項について，別紙のとおり取りまとめたので，執務の参考にされたい。」とされ，広大地の判定に当たり留意すべき事項について，広大地の定義に係る評価基本通達24－4を「受けて，広大地に該当するかどうかを判定する場合の考え方について，情報第2号において整理したところであるが，本情報は，更なる考え方の統一性を図るために,」留意事項をまとめたものであるとされている。

これを受けて，実務の解説書においても,「したがって，例えば，既に開発行為を了しているマンションなどの敷地用地や現に宅地として有効利用されている建築物の敷地用地などについては，既に開発を了していることから，標準的な地積に比して著しく広大であっても本項の『広大地』には該当しない」(39)，と説明されている。

鑑定評価においても標準画地よりも面積が広い土地について，土地の単価を下げて評価する「面大減価」という考え方が採用されているものの，マンション用地については，その例外として，道路設置によるつぶれ地が生じないため，容積率が確保されていれば，面積が広大であるということは減価要因とはならないと解されている(40)ことと軌を一にするものである。法 22 条の「時価」の意義を客観的交換価値と解する通説・判例の解釈とも親和的なものであり，基本的には合理的な取扱いであると解される。

しかし，評価基本通達 24－4 については「土地の個別的要因を無視するという点」が問題であると指摘され，「地形（不整形），角地等の接道状況，さらには傾斜の有無等も無視」される結果，そうしたことも含めて大幅な評価減をしているということを考慮したとしても，崖地で不整形な面大地と，三方が道路に面したほぼ整形な面大地とが，同じ広大地補正率で評価減されることは，過度に不公平であるとの指摘もなされているほか，評価基本通達 24－4 が，「マンション適地等，面積が広いことが減価要因にならない場合は適用除外」としていることについて，マンション適地であることの判断は不動産の専門家にとっても難しいことであるため，税理士・税務職員に的確な判断ができるのかということに対する危惧が指摘されている(41)。

また，面積要件について，評価基本通達 24－4 の注 3 で，「本項によって，評価する広大地は，5,000 m^2 以下の地積のものとする。したがって，広大地補正率は，0.35 が下限となることに留意する。」とするから，5,000 m^2 が広大地として評価される土地の面積の上限となる。

ただし，情報第 2 号は，「地積が 5,000 m^2 を超える広大地であっても，広大地補正率の下限である 0.35 を適用することは差し支えない。」とする。

この点，評価基本通達 24－4 と情報第 2 号，情報第 1 号との関係が不明確であるように思われるが，上述の東京高裁平成24年9月6日判決（TKC 25503553）は，「16年情報と17年情報との関係については，17年情報は，16年情報において整理された16年改正に係る評価〔基本〕通達24－4に定める広大地に該当するかどうかを判定する場合の考え方について，更なる考え方の統一性を図るため，16年情報の一部につき留意事項を取りまとめたものであって，納税者らの主張するように，相互に矛盾する内容を含むことを前提に，17年情報が16年情報の一部を変更したものであるとは解し難い。」と判示する。前述した情報第2号および情報第1号の内容と整合的な判示であると解される。

しかし，広大地の地積に関して，後述のように解説されていることからしても，この判旨にかかわらず，納税者にとって分かりにくいものとなっていることは否定できないように解される。

そして，都市計画法29条1項柱書本文は，「都市計画区域内において開発行為をしようとする者は，あらかじめ，国土交通省令で定めるところにより，都道府県知事（……）の許可を受けなければならない。」と規定するが，同法条1項但書は，「次に掲げる開発行為については，この限りではない。」として，「市街化区域，区域区分が定められていない都市計画区域又は準都市計画区域内において行う開発行為で，その規模が，それぞれの区域の区分に応じて政令で定める規模未満のもの」（1号）等11の開発行為を適用除外としている。

市街化区域と市街化調整区域の区域区分が行われていない都市計画区域である「非線引き都市計画区域」とそれ以外の区域とを区分して，都市計画法施行令19条1項および2項の基準に従い，面積基準については，情報第1号によれば，以下のようにされている。

「原則として，次に掲げる面積以上の宅地については，面積基準の要件を満たすものとする。

① 市街化区域，非線引き都市計画地域（②に該当するものを除く。）
……都市計画施行令第19条第1項及び第2項に定める面積（＊）

＊1　市街化区域　三大都市圏………………500 m^2

それ以外の地域………1,000 m^2

2　非線引き都市計画区域………………3,000 m^2

②　非線引き都市計画区域及び準都市計画区域のうち，用途地域が定められている地域

……市街化区域に準じた面積

ただし，近隣の地域の状況から，地域の標準的な土地の規模が上記面積以上である場合については，当該地域の標準的な土地の面積を超える面積のものとする。」[(42)]。

それゆえ，これらが広大地の面積基準の下限として取り扱われることになる。

また，広大地から除外される「大規模工場用地」について，評価基本通達22－2は「『大規模工場用地』とは，一団の工場用地積が5万平方メートル以上のものをい」い，「『一団の工場用地』とは，工場，研究開発施設等の敷地の用に供されている宅地及びこれらの宅地に隣接する駐車場，福利厚生施設等の用に供されている一団の土地をいう。」とする。

これらのことから，地積が5,000平方メートルを超えている土地，5万平方メートルに満たない工場用地については，評価基本通達24－4や同22－2の適用はないため，基本的に「評価方法の定めのない財産の評価」ついて「この通達に評価の定めのない財産の価額は，この通達の定める評価方法に準じて評価する。」とする評価基本通達5により評価することになる[(43)]。

なお，情報第1号は，「広大地に該当する条件の例示」として「普通住宅地区等に所在する土地で，各自治体が定める開発許可を要する面積基準以上のもの（ただし，下記の該当しない条件の例示に該当するものを除く。）」とし，「(注) ミニ開発分譲が多い地域に存する土地については，開発許可を要する面積基準（例えば，三大都市圏500 m^2）に満たない場合であっても，広大地に該当する場合があることに留意する。」とする。そして，情報第1号は，「広大地に該当しない条件の例示」として，①「既に開発を了しているマン

ション・ビル等の敷地用地」，②「現に宅地として有効利用されている建築物等の敷地（例えば，大規模店舗，ファミリーレストラン等）」，③「原則として容積率300％以上の地域に所在する土地」，④「公共公益的施設用地の負担がほとんど生じないと認められる土地」を列挙し，「道路に面しており，間口が広く，奥行きがそれほどではない土地」を④の土地の具体例としている。

3　広大地の評価

広大地の評価に関して，評価基本通達24－4は，「その地域における標準的な宅地の地積に比して著しく地積が広大な宅地で都市計画法第4条《定義》第12項に規定する開発行為（以下本項において「開発行為」という。）を行うとした場合に公共公益的施設用地の負担が必要と認められるもの（22－2《大規模工場用地》に定める大規模工場用地に該当するものおよび中高層の集合住宅等の敷地用地に適しているもの（その住宅について，経済的にもっとも合理的であると認められる開発行為が中高層の集合住宅等を建築することを目的とするものであると認められるものをいう。）を除く。以下「広大地」という。）の価額は，原則として，次に掲げる区分に従い，それぞれ次により計算した金額によって評価する。（……）

(1)　その広大地が路線価地域に所在する場合

その広大地の面する路線の路線価に，15《奥行価格補正》から20－5《容積率の異なる2以上の地域にわたる宅地の評価》までの定めに代わるものとして次の算式より求めた広大地補正率を乗じて計算した金額

広大地補正率＝0.6－0.05×広大地の地積／1,000 m²

(2)　その広大地が倍率地域に所在する場合

その広大地が標準的な間口距離および奥行距離を有するとした場合の1平方メートル当たりの価額を14《路線価》に定める路線価として，上記(1)に準じて計算した金額」とする。

この通達の趣旨については，上述の裁判例のほか，例えば，国税不服審判所平成21年3月25日裁決（TAINS FO-3-229）も，「広大地通達は，広大地

について減額補正をして評価すべきものとしているが，それは，次のような趣旨に基づくものと解される。すなわち，その属する地域における標準的な宅地の地積に比して著しく広大である宅地につき，それが評価時点において経済的に最も合理的に使用（以下，宅地を経済的に最も合理的に使用することを「最有効使用」ともいう。）されておらず，例えば戸建住宅地等として開発行為を行う場合には，開発許可を受けるために道路，公園等の公共公益的施設の設置用地の負担が必要となり，かなりの潰れ地が生じることがあるところ，このような潰れ地の発生という減価要因を評価〔基本〕通達15から20－5により減額補正するだけでは十分といえない場合があることから，これを当該宅地の価額に影響を及ぼすべき客観的な個別事情として，別途価値が減少していると認められる範囲で減額補正することとしたものである。」とする。

開発行為に伴う道路等の公共公益的施設の設置により潰れ地が発生するということを減価要因とするものであるから，前述の情報第1号におけるように，「既に開発を了しているマンション・ビル等の敷地用地」は広大地に該当しないものとして広大地としての評価減は行われないことになる。

そして，評価基本通達24－4は，「その広大地の面する路線の路線価に，15《奥行価格補正》から20－5《容積率の異なる2以上の地域にわたる宅地の評価》までの定めに代わる」ものであるから，15（奥行価格補正），16（側方路線影響加算），17（二方路線影響加算），18（三方又は四方路線影響加算），20（不整形地評価），20－2（無道路地の評価），20－3（間口が狭小な宅地等の評価），20－4（がけ地等を有する宅地の評価），20－5（容積率が異なる2以上の地域にわたる宅地の評価）を併用することはできない(44)。

なお，評価基本通達24－4（注）4は，「本項（1）又は（2）により計算した価額が，その広大地を11《評価の方式》から21－2《倍率方式による評価》まで及び24－6《セットバックを必要とする宅地の評価》の定めにより評価した価額を上回る場合には，その広大地の価額は11から21－2まで及び24－6の定めによって評価することに留意する。」とするから，広大地に該当する場合にも奥行価格補正等の補正率を用いて評価することで，納税者間の公平性が害されないように配慮がなされている。

国税不服審判所平成 21 年 3 月 25 日裁決は，前述のような「広大地通達の趣旨に照らすと，評価の対象となる宅地につき，評価時点において，最有効使用がされない場合であっても，その時点における当該宅地の属する地域の標準的使用の状況等に照らして，当該宅地を分割することなく一体として使用することが最有効使用であると認められる場合には，公共公益的施設用地の負担は必要ないものと考えられるから，このような宅地は，広大地に該当しないものと解するのが相当である。」とする。

情報第 1 号は，広大地に該当する条件の例示として，「普通住宅地区等に所在する土地で，各自治体が定める開発許可を要する面積基準以上のもの」とし，広大地に該当しない条件の例示において，「●公共公益的施設用地の負担がほとんど生じないと認められる土地」の例として「道路に面しており，間口が広く，奥行きがそれほどでもない土地／（道路が二方，三方，四方にある場合も同様）」としたうえで，次の〔図 1〕を具体例として示している。

〔図 1〕

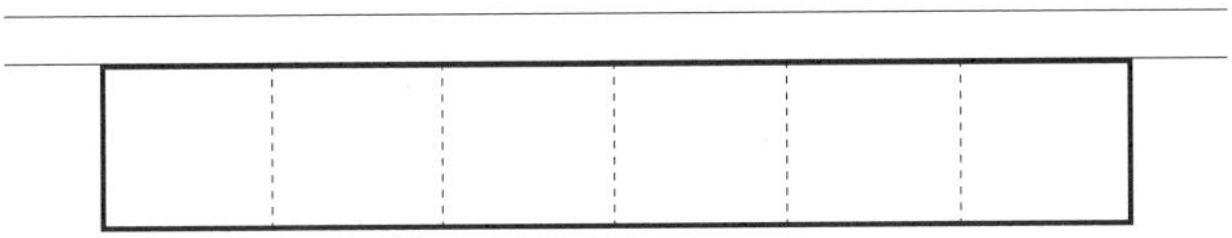

しかし，現実には，どのように土地を利用することが，土地の「最有効使用」に資することになるのか必ずしも明確ではない。

「土地の最有効使用」ということをどう解するかにより，広大地評価に係る評価基本通達 24－4 を用いた評価を行うことができるか否かが左右されるが，裁判例においても，たとえば東京地裁平成 17 年 11 月 10 日判決（税務訴訟資料 255 号－318（順号 10199））の事案においては，課税庁の主張した分割案が最有効使用であるか否か必ずしも十分に検討されないまま，課税庁の分割案が最有効使用であると認定され，結論が導かれている憾みがある(45)。すなわち，情報第 1 号は，「(注) ミニ開発分譲が多い地域に存する土地については，開発許可を要する面積基準（例えば，三大都市圏 500 m^2）に満たない場合であっても，広大地に該当する場合があることに留意する。」としていることも関連してか，当該「土地の地積は895.86平方メートルであり，これは，開発行為の許可（都市計画法29条）を要する500平方メートルを超えるから，本件土地の開発分譲においては関連法規による規制を受け，本件土地の所在地である小平市による行政指導に従う必要があり，それによって公共公益的施設用地の負担を要するのは明らかであるから，本件通達24−4（広大地の評価に関する部分）による補正を施すべき旨」の納税者の主張を排斥して，評価基本通達24−4を，前述の裁判例等と同様に，開発行為に伴い潰れ地が生ずる程度により一定割合を減額する趣旨であると述べたのち，「本件土地が現在，農家の敷地として利用されていることが認められるが，本件土地の建ぺい率及び容積率（加重平均した値）がそれぞれ約50パーセント，145パーセントであることからすれば，農家の敷地としての利用が本件土地の最有効利用であるとはいえない〔下線執筆者〕。また，上記数値からすると，本件土地がマンション適地であるともいえず，結局，別紙2記載の分割図（以下「被告分割図」という。〔本稿図2——執筆者補足〕）のとおり本件土地を分割し，戸建住宅分譲用地として開発するのが最有効利用である〔下線執筆者〕ものと認められる。ところで，都市計画法29条（開発行為の許可）の規制の対象となる開発行為については，同法4条12項において，主として建築物の建築又は特定工作物の建設の用に供する目的で行う土地の区画形質の変更をいうものとされているところ，単なる分合筆や，形式的な区画の分割又は統合によって建築物等を建築する行為（建築物の建築に際し，切土，盛土等の造成工事を伴わず，かつ従来の敷地の境界の変更について，既存の建築物の除却や塀，垣，柵等の除却，設置が行われるにとどまるもので，公共施設の整備の必要がないと認められるもの）は開発行為に該当しない。そして，証拠（乙8，10）によれば，本件土地を被告分割図に従って戸建住宅分譲用地として開発する場合には，区画形質の変更（都市計画法所定の開発行為）に該当せず，国土交通省による開発許可制度の運用指針，都市計画法等の法令及び小平市の宅地開発指導要綱等に基づく道路等の公共公益的施設用地の負担は不要であるものと認

〔図 2〕

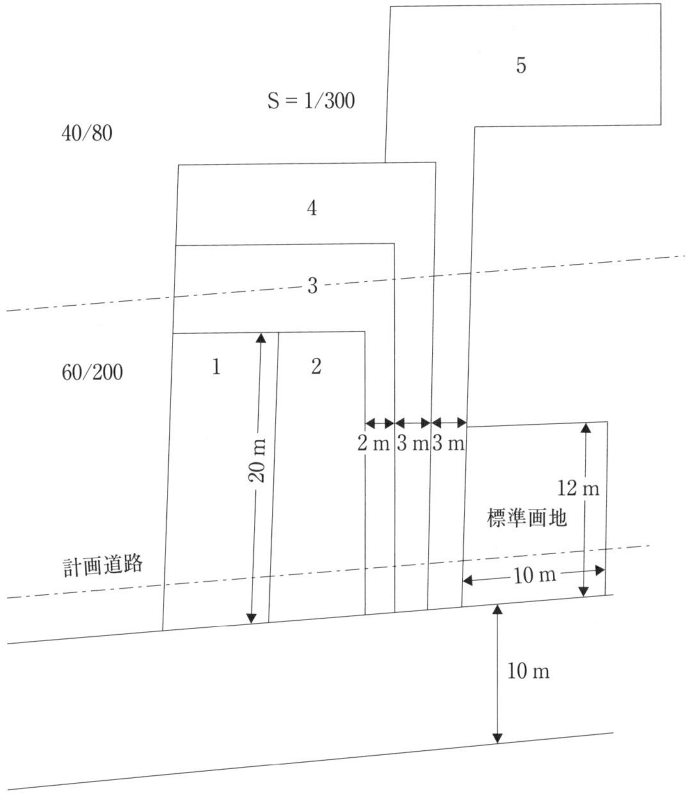

められる。したがって，本件土地の評価に当たり，本件通達の『広大地』に関する部分の適用は不要であるということになる。」と判示する。

また，この他にも路地状開発が，経済上最も合理性があるとの課税庁の主張が容認された事例が見られるが，これらは，図 2 における開発例と同じように，納税者が申告に際し容易に想定することができないものではないかと思われる。

国税不服審判所平成 19 年 7 月 9 日裁決（裁決事例集 74 号 326 頁）は，「請求人及び原処分庁から，本件土地に係る開発想定図などの提出がないことから，当審判所において，当該土地を路地状開発した場合の想定図の一例を作

〔図 3〕

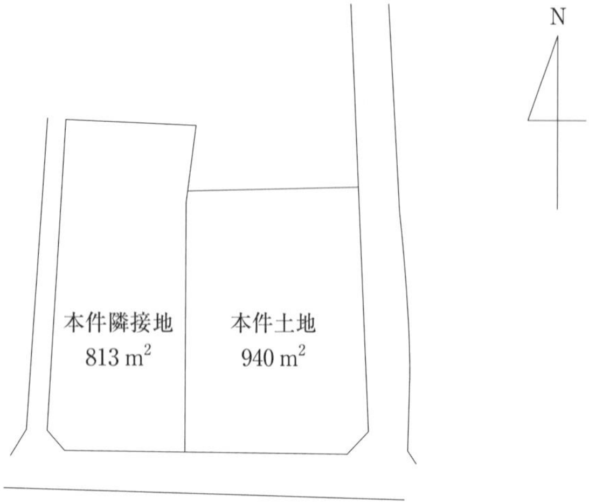

成したところ，別図 2 の分割図（以下「本件分割図」という。〔本稿図 3――執筆者補足〕）記載のとおりである。そして，……路地状開発により戸建分譲を行うことが経済的に最も合理性のある開発に該当するかどうかについては，本件土地に関して，①本件土地が，路地状開発により，……本件地域における標準的な宅地の地積に分割することが可能であり，②本件分割図による路地状開発が，……路地状部分の幅員を満たすなど都市計画法等の法令などに反しておらず，③容積率及び建ぺい率の算定に当たって，路地状部分の地積もその基礎とされ，さらに，④本件隣接地が，……，道路を開設することなく路地状開発されているという各事実が認められることから，この各事実を上記……の判断基準に当てはめると，本件土地については，路地状開発により戸建分譲を行うことが経済的に最も合理性のある開発に当たると認めるのが相当である。」とし，国税不服審判所平成 21 年 8 月 24 日裁決（TAINS FO-3-246）は，「請求人らから提出された別図 2〔本稿図 4――執筆者補足〕によれば，本件土地は，道路等を設けず路地状に開発しても，1 区画当たり 120.94 m^2 から 152.53 m^2 の戸建分譲住宅用地 8 区画に分割することが可能である。そ

〔図4〕

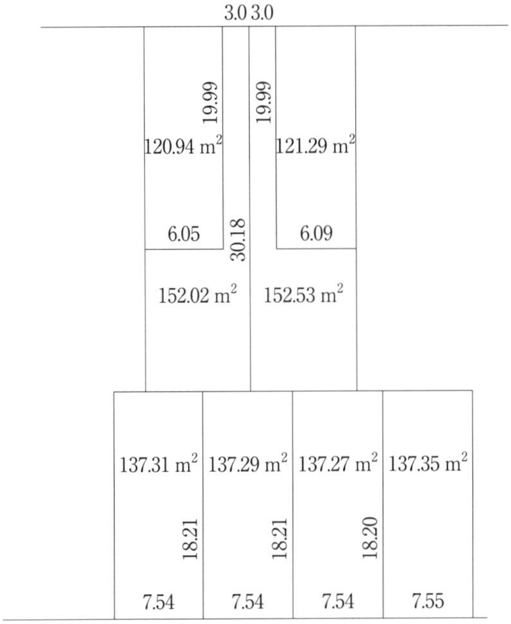

うすると，本件土地は，道路等を設けず開発しても，……本件地域における標準的な宅地の地積に分割でき，その分割方法は，……路地状部分の幅員を満たすなど法令に適合する分割となっており，また，……，本件地域には，同様に路地状開発が行われていることから，本件土地について路地状開発を行うことは，不可能又は不合理であるとは認めらない。」と判示するほか，国税不服審判所平成25年2月27日裁決（TAINS FO-3-353）は，「土地の開発及び分譲を業とする者は，経済的に合理的な判断に基づき，当該土地の価値を最大限に高められるような方法によって開発を行うのが通常であるところ，本件相続の開始後に請求人から本件土地の譲渡を受けた○○○○が，本件土地について道路を開設することなく路地状開発を行ったことからみても，本件土地については，道路を開設しない開発を行うことが経済的に最も合理的な開発であるといえる。」など，「本件土地においては，原処分庁の開発想

定図（別図2）〔本稿図5――執筆者補足〕のように，道路を開設せずに路地状開発を行うことが，経済的に最も合理的な開発行為であると認められ，本件土地は，公共公益的施設用地の負担が必要な土地であるとは認められない。」とする。

国税不服審判所平成19年7月9日裁決の事案のように，課税庁が開発想定図を提出しない場合に，裁決において路地状開発が最も合理的だとされること，国税不服審判所平成21年8月24日裁決の事案のように，路地状開発が不可能または不合理であることが否定できないという消極的な根拠で広大地の評価が否定されることは，納税者の予測可能性の観点から問題があるように解される。また，国税不服審判所平成25年2月27日裁決のように，相続の開始後に納税者から当該土地の譲渡を受けた者が，当該土地について「道路を開設することなく路地状開発を行ったこと」を傍論として，いわば後知恵的に路地状開発が最も合理的だとされることは，予測可能性の観点から問題があるだけでなく，相続税の抽象的納税義務の成立の時である相続の時以降の事情を評価の際に考慮する点でも問題があるように解される。

すなわち，相続税の申告も納税義務の成立の時である相続の時に成立した

〔図5〕

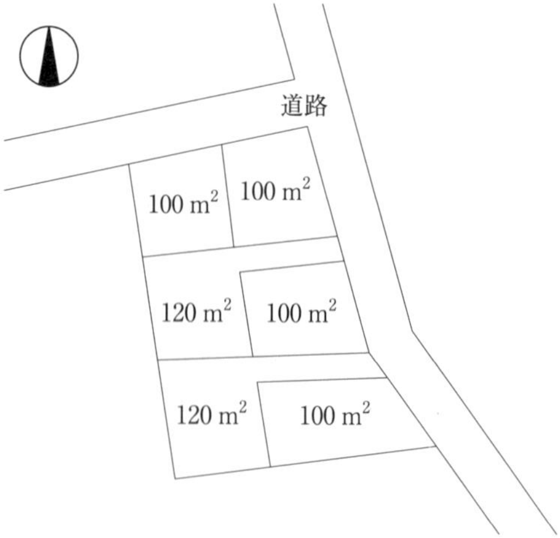

抽象的納税義務を過去の事実を認識して行う準法律行為的行為である点において異なるところはないから[46]，当該土地の利用について相続時点以降の仮定的条件を加味することにより最有効使用を判断するようなことはあってはならない[47]。また，評価基本通達24−4のいう「その地域における標準的な宅地の地積に比して著しく地積が広大な宅地」の「その地域における標準的な宅地」が比較の対象である以上，これをどう解するかということもまた重要な問題である。

国税不服審判所平成21年3月25日裁決は，「広大地通達の趣旨に照らすと，評価の対象となる宅地の属する『その地域』とは，①河川や山などの自然的状況，②行政区域，③都市計画法による土地利用の規制など公法上の規制等，④道路，⑤鉄道及び公園など，土地の使用状況の連続性及び地域の一体性を分断する場合がある客観的な状況を総合勘案し，利用状況，環境等がおおむね同一と認められる，ある特定の用途に供されることを中心としたひとまとまりの地域を指すものと解するのが相当である。」とする。

これは，国税庁ホームページの質疑応答事例において示されている見解と平仄が合うものであり，鑑定評価における「同一需給圏」に類似する概念で，「対象不動産と代替・競争関係が成立してその価格の形成について相互に影響を及ぼすような関係にある他の不動産の存する圏域」をいうと解されている[48]。

この点について，国税不服審判所平成24年8月28日裁決（TAINS J88-4-14）は，本件土地が所在する用途地域は第一種低層住居専用地域であり，建ぺい率は50%，容積率は80%であるところ，「本件土地と用途・地域・建ぺい率・容積率を同じくする地域は，本件甲地域〔原処分庁主張の本件通達の「その地域」――執筆者補足〕であ」り，「また，……，本件甲地域内において，本件土地と利用状況，環境等が同一である地域は，……西側は市道k線で囲まれた地域（近隣商業地域は除く。以下「本件丙地域」〔審判所判断による本件通達の「その地域」――執筆者補足〕という。……）で，標準的使用は戸建住宅地と認められるものの，その状況は，農地等の開発されていない土地も多く見受けられる。」「一方，本件丙地域を除く本件甲地域は，戸建住宅が整然と立ち並び農地等の開発されていない土地はほとんど見受けられない。」また，「本件乙地域〔請求人主張の本件通達の「その地域」――執筆者補足〕は本件甲地域を含むところ，その用途地域については，第一種低層住居専用地域のほか，第二種中高層住居専用地域（建ぺい率60%，容積率200%），第一種住居地域（建ぺい率60%，容積率200%）及び近隣商業地域（建ぺい率80%，容積率300%）が含まれている。」ところ，丙地域の開発状況については，「開発許可を受けた開発事例5件のうち，道路を開設した戸建住宅用地の開発事例は3件（……以下これらを併せて「開発事例甲」という。）であり」，「路地状開発による戸建住宅用地の開発事例は平成16年に行われた1件（以下「開発事例乙」という。）である。」そして，本件丙地域を除く本件甲地域の開発状況については「開発許可を受けた開発事例は18件，路地状開発による戸建住宅用地の開発事例は5件である。」さらに，「公共公益的施設用地」の負担の適否について，「本件土地の面積は1,038.78 m^{2}であり，規模的に開発事例甲と，また，……形状，接面道路及び奥行距離との関係で，開発事例乙と，それぞれ条件を異に」し，「本件丙地域は，宅地開発が進みつつあり，将来，本件丙地域を除く本件甲地域と同様な街並になることが予想される。」が，「仮に本件土地について路地状開発を行うとすれば，別紙4の原処分庁が主張する開発想定図〔本稿図6――執筆者補足〕にある開発を行うことが想定されるところ，この場合の路地の長さは20 m程度必要となるが，そのような長さの路地がある路地状開発の事例も，……本件甲地域内の路地状開発の事例6件の中に1件もない。そうすると，原処分庁の主張する開発想定図は，本件甲地域においても一般的な開発想定図であるとはいえないから，本件土地については，別紙8〔本稿図7――執筆者補足〕のとおり，道路開設による開発をするのが経済的に最も合理的な開発であると認められる。」とする。

国税不服審判所平成21年3月25日裁決からも窺えるように，評価基本通達24−4のいう「その地域における標準的な宅地」における「その地域」の意義を抽象的には説明することができても，実際にはどの範囲の地域を「そ

〔図６〕

〔図７〕

の地域」とするかは必ずしも容易ではない。

それゆえ，周辺に店舗，テナントビル，賃貸マンションが混在している地域にあっても，駅から１キロメートルほど離れており，景気の低迷により業者がマンション建設に消極的になっていたなどの事情がある場合には，店舗・テナントビルが最有効使用であると解される地域にあるにもかかわらず，広大地と認められることもあるという，不動産鑑定士も判断に迷う限界事例の存在も指摘されている[49]。

さらに，標準的な宅地の面積の判定においても，その地域の標準的利用方法が何かを決めなければならないという意味で，「その地域」とはどの範囲の地域をいうのかということが問題となる。

そして，「その地域」での用途ごとの標準的面積の判定も，納税義務の成立の時である相続の時を基準として判定することになるが，相続時点で販売実績がない場合には，10年から20年前までに分譲された土地について，開発登録簿や道路位置指定申請図を閲覧すること，開発許可に係る土地については，最低敷地面積を開発指導要綱・条例等で確認すること，地価公示の標準地の面積を調べるなどして判断することが必要になると指摘されている[50]。このようなことまで広大地の評価を利用しようとする納税者がしなければならないことは，予測可能性の観点から問題があるだけでなく，法的安定性を害することにつながるように解される。

おわりに

本稿は，相続財産の評価をめぐる今日的問題を不動産に対象を限定して考察することを意図したものであるが，結果的に「今日的」というよりも従来の議論を執筆者なりに改めて整理したにとどまった憾みがある。広大地の評価の問題についてもなお検討不十分なままであることは否めないし，基本的に右肩上がりの地価の動向をもとにしていると解される，負担付き贈与に係る通達の問題等検討すべき問題はなお残されている。これらの問題も含めて，さらに今後も検討を続けていくことで，読者諸兄のご海容を請いたいと思う。

注(1)　金子宏『租税法〔第20版〕』（弘文堂・2015年）618頁。

(2)　国税庁ホームページ（http://www.nta.go.jp/）（2016年2月1日最終閲覧）「統計情報」参照。

(3)　金子・前掲注（1）・621－622頁。なお，この点に関連して，「土地の相続税評価額は，従来，その実勢価格を大幅に下回っていた。昭和50年代の地価安定期において，市街地にある宅地の相続税評価額は，その実勢価格の4割ないし5割程度であったといわれる。この格差は昭和60年ころの地価高騰期において，さらに拡大した。」「こうした状況を背景として，税制調査会『土地税制のあり方についての基本答申（平成2年10月）』は，……土地の評価割合の引き上げを提言」したことに続き，「税制調査会『平成4年度の税制改正に関する答申（平成3年12月）』は，土地の評価割合を地価公示価格水準の80%程度に引上げることを提言した。この評価割合引上げと，1990年代からの地価下落により，相続税評価額と実勢価格との格差は，大幅に縮小した。」と指摘されている（金子宏ほか編著『ケースブック租税法〔第4版〕』（弘文堂・2013年）〔渋谷雅弘執筆〕661頁。）

(4)　この部分の記述は，基本的に，高野幸大「相続財産の評価と納税」租税法研究23号（1995年）25－38頁に記述したことによる。

(5)　新井隆一「青色申告の法的性格」日税研論集20号（1992年）23－24頁。新井隆一『租税法の基礎理論〔第3版〕』（日本評論社・1997年）105－112頁（以下，「新井・前掲注（5）基礎理論」と表記する。）。なお，納税義務の「成立」と「確定」とを峻別するという理解は，国税通則法が採用するものでもあり（15条・16条），その意味で，租税要件（理）論と国税通則法の構造とは，必要十分条件の関係にある。

(6)　印紙税におけるように，税率には「金額」をもって定められるものもある。この点について，新井・前掲注（5）基礎理論・50頁参照。

(7)　新井・前掲注（5）日税研論集20号27頁。

(8)　新井・前掲注（5）日税研論集20号28頁。

(9)　新井・前掲注（5）日税研論集20号28，30頁。

(10)　碓井光明「相続財産の評価と租税法律主義」税経通信45巻15号（1990年）11頁は，「複数の評価方法のなかからいずれの方法を選択するかということは，一種の政策決定である。相続税法22条が『時価』と定めているときに，そこから唯一絶対の評価方法が導かれるとは限らない」とする。

(11)　金子・前掲注（1）・618頁。

(12)　碓井光明「相続税・贈与税における資産評価」日税研論集7号（1988年）34頁。

(13)　北野弘久「相続税制論」『税法学の実践論的展開』（勁草書房・1993年）

所収・330 頁。

(14)　『昭和 58 年版　改正税法のすべて』（大蔵財務協会・1983 年）177 頁。

(15)　北野・前掲注（13）・330 頁。

(16)　この制度の趣旨・制度の内容について，岩下忠吾『総説　相続税贈与税〔第 4 版〕』（財経詳報社・2016 年）287 頁以下参照。

(17)　金子宏「財産評価基本通達の合理性――同族会社の取得した取引相場のない株式の評価に関する二件の裁判例の検討」『租税法理論の形成と解明（下）』（有斐閣・2010 年）368 頁も，「相続財産の評価は，その財産の交換価値がいくらであるかの『事実の認定』の作用である。」とする。

(18)　野口悠紀雄『ストック経済を考える』（中公新書・1991 年）26－30 頁参照。

(19)　碓井・前掲注（12）・日税研論集 7 号 36 頁。

(20)　碓井・前掲注（12）・日税研論集 7 号 36 頁。

(21)　森田義男『不動産・税金のプロが指摘する　新間違いだらけの土地評価』（週間住宅新聞社・2005 年）189 頁。

(22)　評価基本通達 23（余剰容積率の移転がある場合の宅地の評価）に係る評価の問題について，水野忠恒「連担建築物設計制度にかかる地益権の設定と対価の在り方」税務事例研究 111 号（2009 年）47－66 頁等参照。

(23)　国税庁が，平成 4 年 8 月 27 日付けで発遣した通達（課評 2－11・課資 1－16）によると，一画地の宅地が容積率の異なる 2 以上の地域にわたる場合の土地の評価方法について，容積率の下落割合に容積率が価額に及ぼす影響度として，0.7 を乗じた割合を控除割合とする算式を用いることとされていた（国土庁土地局監修『逐条解説土地基本法』（ぎょうせい・1990 年）109 頁。）。

(24)　金子・前掲注（1）・621－622 頁。

(25)　金子・前掲注（1）・661 頁。

(26)　評価の水準について，金子・前掲注（1）・621－622 頁。

(27)　金子・前掲注（1）・622 頁。

(28)　金子・前掲注（1）・622 頁。

(29)　宇賀克也『行政法概説Ⅰ　行政法総論〔第 3 版〕』（有斐閣・2009 年）275 頁。

(30)　宇賀・前掲注（29）・277 頁。

(31)　新井・前掲注（5）基礎理論 103 頁。

(32)　宇賀克也「不公平な課税と処分の適否――スコッチライト事件」水野忠恒ほか編『租税判例百選〔第 5 版〕』（有斐閣・2011 年）24 頁参照。

(33)　金子・前掲注（1）・75頁。
(34)　占部裕典「評釈」『租税判例百選〔第5版〕』151頁。
(35)　金子・前掲注（1）・138頁。
(36)　小林穂積『広大地　評価・判定の実務』（ファーストプレス・2014年）23頁。
(37)　小林・前掲注（36）4頁。
(38)　小林・前掲注（36）18頁。
(39)　谷口裕之編『平成25年版 財産評価基本通達逐条解説』（大蔵財務協会・2013年）136頁。
(40)　森田義男『怒りの「路線価」物語』（ダイヤモンド社・1992年）125頁。
(41)　森田・前掲注（21）89頁。
(42)　谷口編・前掲注（39）・139－140頁。
(43)　谷口編・前掲注（39）・137頁。
(44)　平成15年12月31日まで適用されていた旧評価基本通達24－4では，「次の算式により計算した数値を15《奥行価格補正》に定める補正率として，15から20－5《容積率の異なる2以上の地域にわたる宅地の評価》までの定めによって計算した金額」とされていたので，奥行価格補正以外補正率を適用することは可能であった。この点について，渡邉正則『広大地評価の実務』（大蔵財務協会・2012年）5頁参照。
(45)　本事例およびそれもとにして広大地の評価の問題について検討したものとして，高野幸大「広大地の評価に係る問題」税務事例研究112号（2009年）69－93頁参照。
(46)　新井・前掲注（5）基礎理論・116－117頁。
(47)　森田・前掲注（40）書・95頁以下は，そのような評価方法をつとに批判する。
(48)　鎌倉靖二『20の厳選事例から判定スキルを身につける　広大地評価ケーススタディ』（中央経済社・2014年）32－33頁。
(49)　小林・前掲注（36）・14－15頁。同書は，広大地と認められた理由が分からないことを指摘し，「かなり黒に近いグレーゾーン」に当たる事例であるとしている。
(50)　鎌倉・前掲注（48）・36－37頁。

第５章　相続税における財産評価の今日的問題－事業承継と種類株式

関西学院大学教授　一高　龍司

Ⅰ　はじめに

本稿は，取引相場のない株式に焦点を絞り，相続税と贈与税の課税標準（課税価格）となる相続等により取得した財産の「取得の時における時価」（相税 22 条）を巡る今日的な問題を検討するものである。具体的には，事業承継の文脈における取引相場のない株式（種類株式を含む）の時価評価のあり方について，米国の連邦遺産税・贈与税に関する制度と議論も参考にしつつ，論じる。

近時，判例（以下，平成 22 年最判）は，持分のある医療法人の出資の評価に関連し，「時価とは当該財産の客観的な交換価値をいう(1)」と一般的に解釈した。昭和 39 年 4 月制定の財産評価基本通達（以下，評価通達又は評基通）は，「時価とは，課税時期……において，それぞれの財産の現況に応じ，不特定多数の当事者間で自由な取引が行われる場合に通常成立すると認められる価額をいい，その価額は，この通達の定めによって評価した価額による」（評基通 1 項(2)）とする。「財産の価額に影響を及ぼすべきすべての事情を考

(1)　最判平成 22 年 7 月 16 日（裁判所ウェブサイト）。

慮する」(同(3)) ところ，一般に，評価通達に従った評価は，画一的執行と納税者の便宜に資するものであり，これに基づく評価には一応の合理性が認められ，平等取扱いの要請から，原則として財産評価は評価通達によるべきとしつつも，これによる課税価格の算定が公平を損なう等不合理な結果となる場合には，他の方法が用いられるべきと考えられてきた（例，大阪高判平10・4・14訟月45巻6号1112頁)。

こうして，例えば「著しく不適当」(評基通6項) となる特別の事情等 (特に，課税逃れスキームを用いた状況等) のない限り，実務は，取引ないし事案の個性を捨象し，問題の財産の時価を，評価通達に従って機械的に算出する傾向があると考えられる。平成22年最判も，定款で法人の財産の一部につき持分の払戻しと残余財産の分配を制限しても，後に当事者限りで定款の変更が可能であるから，かかる制限のみでは類似業種比準方式に準じた方式 (評基通180・194-2) の適用は排除されない旨判示した。もっとも，このような法人の出資と，払戻し等に制約のない仮想上の同じ法人の出資とでは，後者により魅力を感じる人の方が恐らく多いので，前者の出資の時価と後者のそれとに違いがないこととなる帰結には疑問を感じる向きもあろう (参照，平成22年最判の古田佑紀裁判官の補足意見)。仮に前者の出資の時価評価に際し減額 (ディスカウント) が認められ，又は，後者の場合に増額 (プレミアム) が認められれば，このような疑問は解消されうる。禁反言や平等取扱い原則による制限のない納税者が，もしかかる減額を考慮した時価を立証することができれば，その時価評価をなお排除するべき法律上の根拠は存しない。むろん減額の定量的な実証には困難を伴うが，元来，時価の測定は厳密な科学 (exact science) ではないから，減額の評価についても，相応の合理性ある考慮を反映する帰結である限り尊重されるべきであって，このような個別の事情を斟酌した紛争解決こそが，裁判所 (の意を先取りする課税実務) の役割ではないか，という疑問も生じる。

そうであれば，平成22年最判が上記の一般的解釈において，「不特定多数の当事者間」なる基準に言及しなかったことには，相応の意味があると読むべきなのかもしれない。この点に関連して，例えば，取引相場のない株式の評価を争点とするある下級審の判決が，かつて以下のように述べていた(2)。

「『時価』とは，相続開始時における当該財産の客観的交換価値をいうものと解すべきである。一般に，市場を通じて不特定多数の当事者間における自由な取引により市場価格が形成されている場合には，これを時価とするのが相当であるが，……取引相場のない株式にあっては，市場価格が形成されていないから，その時価を容易に把握することは困難であり，したがって，合理的と考えられる評価方法によってその時価を評価するほかなく，右評価方法が合理性を有する限り，それによって得られた評価額をもって『時価』と推定することに妨げはない」。

ここでは，第一に，市場価格の形成に繋がる「不特定多数の当事者間」なる基準は，取引相場のない株式の評価には必ずしも適合せず，むしろ，納税者によるより合理性の高い評価方法に基づく時価の主張・立証があれば，評価通達に従った時価の推定を覆しうることに加え，第二に，時価は課税要件の一部であって法的評価を要する事柄であるものの，その前にかように推定の客体であって，事実認定の問題でもあることが，それぞれ暗示されている。後者の点は，かつて学説が以下の如く指摘していた点と整合する。

「相続財産の評価は，その財産の交換価値がいくらであるかの『事実の認定』の作用である。従って，評価通達は，解釈通達ではなくて，『適用通達』ないし『認定通達』の性質をもっている。事実の認定は，事案ごとに個別に行われるべき作用であるから，一括的処理にはもともとなじまない。しかし，[予測可能性，執行の一貫性・公平性，評価事務の迅速性の理由から]評価通

(2)　東京地判平成８年12月13日税資221号879頁（株式保有特定会社に対し，納税者の申告に係る配当還元方式ではなく，S1＋S2方式の適用を肯定した。東京高判平成10年３月30日税資240号856頁で控訴棄却。）。

達を設けることの必要性は，承認されなければならない。[(3)]」

但し，取引相場のない株式は，しばしば譲渡制限もあり，売買実例には拠りがたい事情がある。別の下級審判決がこの点を以下のように指摘する[(4)]。

「取引相場のない株式については，……上場株式のように，大量かつ反復継続的な取引は予定されておらず，また，取引事例が存在するとしても，その数がわずかにとどまるにすぎない場合には，当事者間の主観的事情に影響されたものでないことをうかがわせる特段の事情がない限り，当該実例価格は，売買当事者間の主観的事情を離れた当該株式の客観的交換価値を反映したものとは評価できないというべきである。それゆえ，評価通達は，上場株式及び気配相場等のある株式……についてのみ取引価格によって評価することとしているものと解される」。

こうして，取引相場のない株式に関しては，売買実例として自由な第三者間での取引価格を参照できる事案は例外的となり，発行会社の規模と当該株主による支配の程度に係る線引きに依拠した評価方法の画一化・規格化がとりわけ定着している。

そのような中で，課税処分には，評価通達を理由とする禁反言や平等取扱

(3)　金子宏「財産評価基本通達の合理性－同族株主の取得した取引相場のない株式の評価に関する二件の裁判例の検討」同『租税法理論の形成と解明 下巻』351頁（有斐閣・2010年（初出2000年））。なお，取引相場のない株式に関しては，「株式取得者と同様の状況にある」という用語を補って不特定多数の当事者間の基準を理解すべきとする見解（渋谷雅弘「取引相場のない株式の評価と低額譲渡の認定」税務事例研究56号51頁（2000年）57頁）もある。

(4)　東京地判平成10年5月29日判タ102号144頁。土地保有特定会社の株式に関し，相続及び相続税の申告後に当該会社に対し売却した際の価格に基づく更正の請求を行っていた事案で，当該売却の取引には当事者の主観的事情・個人的事情の要素の影響が強いとして，納税者の主張は排斥された（上訴においても維持)。なお，本文同様の言及は，大阪高判昭和62年6月16日訟月34巻1号160頁にもある。

い原則に基づく制約等が働くが，同通達に基づく時価（相続税評価額）が真の時価（客観的交換価値）を超える場合は違法な税額確定となることから(5)，真の時価は常に暗黙の比較対象として機能している。真の時価以下で通例算出される相続税評価額による申告が，一般に適法なものとして通用している現状は，遍く真の時価を一点に決めることの困難又は限界を認めた上で，違法な課税を避けるための保守的評価でも時価に該当することを解釈論上肯定していることによるものであるが，この現象を機能の面から見ると，課税庁が評価通達を通じて示す条件を納税者が受け入れたため，両者の間に時価という事実又は法適用を巡る争いがなく，従って合意が成立している状況と大差ない。反対に，納税者が評価通達の示す条件に承服せず，相続税評価額と異なる時価で申告を行う場合には，かかる合意は存せず，最終的には裁判所が双方の主張する評価方法のいずれが当該事案に関しより合理性を有するかを審査し，納税者の主張する時価が，評価通達に従って推定されるところの時価を覆すか否かを比較検討するべきであろう。このように解しても，評価通達の方式が大部分の納税者が依拠するに足りる合理性を備えている限り，画一性や執行の便宜性の利点を損なうことはなく，なお裁判所（及び判決を見越した処分庁）の個別救済の機能を維持しうるのであって，かかる考慮を超えて，時価以下である限り評価通達の計算を一般に優先させるべき根拠は見出せない。異なる事情にある納税義務者や課税標準を異なって扱うことは，本来望ましいことである。むろんこのように考えても，評価通達上の算式の

(5)　株式ではないが，東京地判平成9年9月30日訟月47巻6号1636頁では，地価下落時に路線価方式による土地の評価が客観的交換価値を上回る場合は，同方式を用いることはできず（国税庁長官の指示がなくとも，評基通6項の適用がある），路線価を0.8で割り戻し，近隣地の価格の変動から算出される時点修正率を用いた時点修正後の修正単価を路線価に変えて用いる方法が合理性を有するものとして採用された。この場合，路線価による評価の安全を見た通例2割の客観的交換価値からの減額は消滅するが，かかる減額は法律上保護された利益ではない。控訴審・東京高判平成11年8月30日訟月47巻6号1616頁。なお，相続後に財産の価額が著しく下落しても，評価は相続時でなすほかない（東京地判平成14年1月22日税資252号順号9047）。

合理性は絶えず検討されねばならない。

本稿の中心的な関心は，最近取り上げられることの多い中小企業の事業承継の文脈で生じる株式評価の問題である。取引相場のない株式の承継は，当該中小企業の事業経営に係る支配の承継を意味する。特に，株式の相続・贈与に係る納税猶予・免除の制度との関連で問題となる遺留分減殺請求に係る固定合意，組織再編を通じた時価評価引き下げの試み，円滑な事業承継の手段となる種類株式と信託受益権の評価の問題を，今日的なそれとして取り上げる。最後に，米国の連邦遺産税・贈与税の紹介を踏まえて，示唆を述べたい。

Ⅱ　事業承継に係る株式評価の問題

1　納税猶予・免除制度

我が国では，中小企業たる同族会社の割合が高く，そのような会社が，様々な技術を生みつつ地域経済を支え，雇用を生み出してきた。これらを維持する政策目的から，同族会社の円滑な事業承継のための相続税法上の措置が講じられてきた。例えば，事業用宅地に係る特例（昭和58年度），同族会社の株式に係る10％減額措置（平成14年度）などである[6]。近時，少子高齢化が進み，事業承継の問題による廃業と雇用の喪失がいっそう懸念されるようになり，「中小企業における経営の承継の円滑化に関する法律」（平成20年5月成立・10月施行，以下「円滑化法」）を受け，平成21年度改正で，特例非上場株式等についての贈与税・相続税の納税猶予（及び免除）が導入された（租特70条の7，70条の7の2，70条の7の3）[7]。これにより，経済産業大臣の認定を受けた認定（贈与）承継会社の代表権を有していた被相続人又は贈与者から，その親族が後継者として，相続若しくは遺贈又は贈与により同社の

(6)　歴史的経緯の略述について，事業承継協議会「事業承継税制検討員会中間報告」（2007年）3頁。

(7)　これに伴い，特定同族株式等の贈与に係る相続時精算課税の特例（旧租特70条の3の3）が廃止された。

株式等を取得してその経営を継続する場合には，所定の担保[(8)]を提供して，当該株式（議決権株式等の2/3が上限）に係る課税価格の80%に対応する相続税額の納税が猶予され，さらに，次の相続又は後継者への生前贈与により，当該猶予税額が免除されることになった。制度開始後3年の適用件数（相続税・贈与税）が500件程度とさほど制度の活用が進まなかったことなどから，平成25年度改正で，その活用を促進し，制度を適正化する観点から，後継者を親族に限定する要件の廃止，雇用継続要件を緩和，猶予打ち切りに係る事業5年継続期間分の利子税の排除，株券不発行会社に係る担保提供手続の簡素化等の見直しがなされ，その適用が始まったところである[(9)]。

事業承継における主たる関心事は，後継者が安定的に経営を行うための支配の確保と，承継者が取得する株式に対する相続税・贈与税負担の低減である[(10)]。前者に関し，円滑化法は，遺留分制度の特例を設けた。すなわち，他の相続人から遺留分減殺請求を受けると，後継者による株式の承継が効力を失う可能性があり，また，遺留分算定の基礎となる財産の評価は相続開始時となることから（民1029条），後継者の貢献による相続後の株価の上昇分は評価において無視されてしまう（つまり他の遺留分権利者のただ乗りを許すことになる）。そこで，円滑化法は，「特例中小企業者[(11)]」に該当する会社の株式に関し，推定相続人全員の合意を条件として，二つの特例を用意した（円滑化法4条1項）。

---

(8)　特例非上場株式等の全部を担保として提供するときは，猶予された相続税額に満たなくとも可（租特70条の7の2第6項）。この場合は，譲渡制限株式でも可（租特通70の7の2-33）。

(9)　改正の概要については，財務省ウェブサイト「平成25年度 税制改正の解説」（高橋達也・峪和生・石井隆太郎執筆）595頁以下参照。

(10)　以下の遺留分に係る民法特例の記述に際し，税理士法人プライスウォーターハウスクーパース（以下，PWC）『完全ガイド事業承継・相続対策の法律と税務』（税務研究会出版局・2013年）第三章を参考にした

(11)　業種毎に資本金と従業員数に基づいて判定する（円滑化法2条・3条1項・同法施行令）。例えば，製造業・運輸業，建設業等は，資本金3億円以下，従業員数300人以下である。3年以上の事業継続も要件となる（同法施行規則2条）。

第一は，旧代表者から，推定相続人である後継者（議決権株式の過半数を所有し代表者である者）が贈与を受けた株式等の全部又は一部の価額を遺留分算定の財産の価額に算入しないこと（除外合意と通称される），第二は，このような株式等を遺留分算定の財産の価額に算入すべき価額を，弁護士・会計士・税理士等（以下，専門家という）が相当な価額として証明した合意時の価額とすること（固定合意と通称される）である。

2　固定合意に係る中小企業庁ガイドライン

固定合意に係る株式評価について，中小企業庁は「経営承継法における非上場株式等評価ガイドライン」（平成21年2月，以下，ガイドラインという）(12)を公表した。非上場株式の価額の評価方式には様々なものがあり「唯一絶対の価額があるわけではない」（5頁）。そこで，「固定合意を行うに当たっては，対象株式の発行会社の業種，規模，資産，収益状況や株主構成を勘案して価額を算定すること」になり，「価額にはある程度幅が生じ得ることを前提として」，一般的には，独立した当事者間が交渉を経て「合意した価額であれば，『相当な』価額と言うことができる」ものの，後継者に偏在しがちな情報の格差を是正し，各評価方式の説明を後継者と専門家が行った上で，利害調整を図りつつ，合意形成を行う必要がある。こうして，合意時の価額（時価）でありかつ相当な価額として証明された価額が算定されることを要する（6-7頁）。ガイドラインは，株式評価の算定方式を，(1)収益方式，(2)純資産方式，(3)比準方式，に大別し，図表1にまとめる各算定方式を提示するほか，国税庁通達（評基通，所基通，法基通）方式にも触れ，現実の裁判例（譲渡制限株式に係る買取請求の事案や，新株発行価額，自己株式取得価額の決定に係る株主代表訴訟の事案等）では，これらの併用方式も多いと述べている（9-24頁）。

---

(12)　http://www.chusho.meti.go.jp/zaimu/shoukei/2009/090209HyoukaGuidelines.htm（2015年7月23日確認）なお，「特集Ⅰ民法特例施行！ 固定合意における株式評価とその対応」税理52巻5号（2009年）所収の各論考が参照できる。

＜図表1　ガイドラインの各算定方式＞

株式評価方式			内　容	特徴，留意事項等
区分	具体的方式			
収益	事業価値	収益還元	過去3～5年の税引後営業利益を，WACC（株主資本コストはCAPMで計算）で割引計算	・株主価値＝事業価値＋非事業資産－有利子負債－少数株主持分 ・先代の貢献分の切り分けが狙いなので過去の平均を利用。先代の事業計画が将来に影響するときは将来計画ベースも可。
		DCF	過去3～5年のフリーキャッシュフロー（FCF）※ 平均又は将来計画上のFCFを，同様に割引計算	
	配当還元		1）配当期待値÷株主資本コスト 2）配当期待値÷（株主資本コスト－配当成長率）（ゴードンモデル法） 3）評基通方式	少数株主に適合的。従って固定合意（議決権過半数株式）で妥当する事例は少ない。併用はありうる。
純資産	簿価純資産		帳簿価額で純資産（＝総資産－総負債）を算定	時価と乖離することも多く，妥当する事例は少ない。
	時価純資産		資産を時価評価して純資産を算定 法人税額等相当額の控除又は非控除再調達時価又は清算処分時価	継続が前提なので再調達時価ベースが基本。非上場株はガイドラインベースで。 法人税額等相当額控除の適否は専門家の判断で。
比準	類似会社比準		類似上場会社の株価に，財務数値を比較して算出した倍率を乗じる	・類似性の判断は，事業，規模，収益性等で。複数の上場会社との比準と按分が望ましい。 ・東証の株式公開時に使用されている。
	類似業種比準		評基通の方式が代表例	評基通の一部修正も可。
	取引事例		過去の（直近の）適正な売買事例を用いる方式。所基通・法基通に含まれる。	取引事例に関し，その取引時，買主の特性，対象株式数÷株式総数，価額の合理性等を検討。

※　FCF＝営業利益－法人税額等相当額＋減価償却費－資本的支出±運転資本の増減額。ガイドライン13頁。

（出所）一高作成。

なお，実際上は，当事者は国税庁通達の方式に配慮することが多いところ，上場同族会社（東証マザース，JASDAQ等）の株価に関する調査では，国税庁方式の結果は，同方式以外の各方式の株価の範囲内に収まることが多く，「国税庁方式に基づく評価で合意するのであれば，その価額には，一定の客観性・合理性があると考えられる」（23頁）と述べている。

以下，国税庁方式の基本的な内容を確認する。

Ⅲ　財産評価基本通達上の株式の評価方式

1　評価方式の選定過程と要点

まず，株式評価に関するルールの要点を確認しておく。評基通は，会社に対する株主の支配の程度（所有割合，株主間の親疎を考慮）に応じて，株主を区分した上で，1）原則的評価方式と，2）特例方式（＝配当還元方式）の適用を決める。1)に関しては，所属する業種毎の判定基準において，取引金額，総資産価額及び従業員数に照らして，大会社，中会社及び小会社に区分して（評基通178，図表2），各評価方式を当てはめることとしている。

＜図表2　業種に応じた会社規模判定（評基通178）＞

規模	判断基準	業種****	以下を充足(A)			直前期末以前1年の取引金額***が以下を充足(B)
			総資産簿価*		従業員数**	
大	①従業員100人以上，又は ②(A)若しくは(B)に該当	卸売	20億円以上	且つ	50人超	80億円以上
		その他	10億円以上	且つ	50人超	20億円以上
中	①従業員100人未満 ②(A)又は(B)に該当，かつ ③大会社に該当しない	卸売	7000万円以上	且つ	5人超	2億円以上80億円未満
		小売・サービス	4000万円以上	且つ	5人超	6000万円以上20億円未満
		その他	5000万円以上	且つ	5人超	8000万円以上20億円未満
小	①従業員100人未満，かつ ②(A)かつ(B)に該当	卸売	7000万円未満	又は	5人以下	2億円未満
		小売・サービス	4000万円未満	又は	5人以下	6000万円未満
		その他	5000万円未満	又は	5人以下	8000万円未満

*　課税時期の直前終了の事業年度末日の各資産の帳簿価額合計額

**　継続勤務従業員（週30時間未満労働時間の者を除く）数＋直前期末以前1年間で勤務していた従業員（継続勤務従業員を除く）の労働時間合計÷1人当たり年平均労働時間数（＝1800時間）。従業員から社長等の役員（法税令71条1項1号・2号・4号）は除外。

***　評価会社の目的とする事業に係る収入金額（金融業・証券業は収入利息及び収入手数料）

****　取引金額（***参照）に基づいて判断。2以上の業種に係る取引金額が含まれているときは最も多い取引金額に係る業種で判断。

(出所）評基通178（一高が表記を若干変更）

よく知られた以下の図表3が，評価方式の選定過程を示す。

＜図表３　評価方式とその選定過程＞

<table>
<tr><td colspan="5">株　主　区　分</td><td colspan="3">評　価　方　式（評基通 179）</td></tr>
<tr><td rowspan="6">同族株主有り</td><td rowspan="5">同族株主*</td><td colspan="3">取得後議決権 5% 以上</td><td rowspan="4">原則</td><td>大会社</td><td>類似業種比準（純資産価額の選択可）</td></tr>
<tr><td rowspan="4">取得後議決権 5% 未満</td><td colspan="2">中心的な同族株主**不在</td><td rowspan="2">中会社</td><td rowspan="2">類似業種比準と純資産価額の併用（L＝0.90, 0.75, 0.60）（純資産価額の選択可）</td></tr>
<tr><td rowspan="3">中心的な同族株主有り</td><td>中心的な同族株主</td></tr>
<tr><td>役員兼務株主</td><td>小会社</td><td>純資産価額（上記併用方式（L＝0.5）の選択可）</td></tr>
<tr><td>その他株主</td><td rowspan="2">特例</td><td colspan="2" rowspan="2">配当還元****</td></tr>
<tr><td colspan="4">同族株主以外の株主</td></tr>
<tr><td rowspan="5">同族株主不在</td><td rowspan="4">議決権 15% 以上グループ株主</td><td colspan="3">取得後議決権 5% 以上</td><td rowspan="3">原則</td><td colspan="2" rowspan="3">上記同族株主の場合と同じ</td></tr>
<tr><td rowspan="3">取得後議決権 5% 未満</td><td colspan="2">中心的な株主***不在</td></tr>
<tr><td rowspan="2">中心的な株主有り</td><td>役員兼務株主</td></tr>
<tr><td>その他株主</td><td rowspan="2">特例</td><td colspan="2" rowspan="2">配当還元****</td></tr>
<tr><td colspan="4">議決権割合 15% 未満グループ株主</td></tr>
</table>

*　同族株主＝議決権割合 30% 以上（株主と同族関係者）。50% 以上株主グループがあれば同グループの株主のみ。

**　中心的な同族株主＝議決権割合 25% 以上（同族株主の１人＋配偶者・直系血族・兄弟姉妹・１親等姻族・特殊関係会社）

***　中心的な株主＝議決権割合 15% 以上グループ（株主と同族関係者）所属株主（但し，単独で 10% 以上の議決権）

****　配当還元方式による評価が各原則方式による評価を超える場合は，原則方式により評価される（評基通 188-2）。

（出所）緑川正博『非公開株式の評価－商法・税法における理論と実務－』（ぎょうせい・2004 年）89 頁に基づき若干修正・変更。

各評価方式の要点は図表４のとおりである。

＜図表４　各評価方式の要点＞

名称(評基通)	算 式	詳 細 説 明
類似業種比準 (180〜184)	A×{(b/B＋(c/C)×3＋d/D)÷5}×0.7 (中会社併用は0.6，小会社併用は0.5)	A：類似業種株価（過去３月最低平均月額・評基通182) B(当社 b)：類似業種１株当たり配当金額 C(当社 c)：類似業種１株当たり年利益金額 D(当社 d)：類似業種１株当たり純資産価額（帳簿価額） ＊A, B, C, Dの値（日本標準産業分類による）は「平成［各］年分の類似業種比準価額計算上の業種目及び業種目別株価等について（法令解釈通達)」参照
純資産価額 (185〜186-3)	総資産(相続税評価)－負債合計－評価差額に対する法人税額等相当額（38%）	引当金・準備金は負債から除外。当該年度の法人税額は負債に含む。評基通186。
併用(179(2))	類似業種比準価額×L＋１株当たり純資産価額(相続税評価)×(1－L)	類似業種比準価額は0.6で計算。中会社の場合，Lは総資産・従業員数又は取引金額が小さくなるにつれて，0.90，0.75又は0.60になる（図表５参照)
配当還元 (188〜186-6)	(年配当金額÷0.1)×(1株当たり資本金等の額÷50円)	年配当金額は，１株当たり資本金等の額を50円とした場合の金額。直近過去２年の平均額（特別配当，記念配当等継続性の予測し得ない金額を除く）

(出所）一高作成。

中会社の発行する株式の評価に関する併用方式におけるＬの値の決まり方を図表５に整理する。規模が大会社に近いほど類似業種比準方式に近づき，逆に小会社に近づくほど純資産価額方式のウェートが増す（最大で４割分の重みを持つ）関係となる。

＜図表５　併用方式におけるＬの値の判定＞

判断基準	L	業種	以下をいずれも充足(A)		直前期末以前１年の取引金額が以下を充足(B)
			総資産簿価	従業員数	
(A)又は(B)に該当（但し、最も大きなＬとする）	0.90	卸売	14億円以上	50人超	50億円以上80億円未満
		小売・サービス	7億円以上	50人超	12億円以上20億円未満
		その他	7億円以上	50人超	14億円以上20億円未満
	0.75	卸売	7億円以上	30人超	25億円以上50億円未満
		小売・サービス	4億円以上	30人超	6億円以上12億円未満
		その他	4億円以上	30人超	7億円以上14億円未満
	0.60	卸売	7000万円以上	5人超	2億円以上25億円未満
		小売・サービス	4000万円以上	5人超	6000万円以上6億円未満
		その他	5000万円以上	5人超	8000万円以上7億円未満

（出所）評基通179（一高が表示形式を変更）

さらに，特定の評価会社に係る適用方式は図表６のとおりである。

＜図表６　特定の評価会社＞

区分（評基通189）	要　件	評　価　方　式
比準要素数１の会社(189-2)	類似業種比準方式の３要素中２要素がゼロ	純資産価額（選択で併用方式(L＝0.25)）
株式保有特定会社(189-3)	資産評価額合計の50%以上が株式等	純資産価額（選択でS1（原則的評価）＋S2（保有株式評価益相当額－法人税額等相当額））
土地保有特定会社又は開業後３年未満等(189-4)	資産評価額合計の70%以上（大会社等）又は90%以上（中会社等）が土地等	純資産価額比準要素ゼロの会社も含む（評基通189⑷ロ）
開業前・休業中の会社（189-5）		純資産価額
清算中の会社（189-6）		清算分配見込額の複利現価（基準年利率）

（出所）一高作成。

なお，実際の申告書式として「取引相場のない株式（出資）の評価明細書」があり，当該明細書の記載方法等（以下，記載方法等）の説明が実務上の疑問の幾つかに指針を与えている[13]。

2　各評価方式を巡る若干の論点

(1)　純資産価額方式

純資産価額方式は，主に小会社に適用があり，実態の近い個人企業の場合の評価と均衡が図られる[14]。加えて，会社資産に対する持分（割合的持分ないし支配権）を表象するものとしての株式の性質に鑑み，会社の規模にかかわらず，取引相場のない株式の理論的・客観的な価値を示しており，従って評価に関する基本的方式であって，業績良好企業でもその最低限の株価を提供するとする見方がある一方で，他の株価決定要素（収益及び配当）への配慮を欠き，処分価額による評価であって継続企業には適当でない等の批判もある（参照，名古屋地判平成1年3月22日判タ714号98頁，東京地判平成10年5月29日判タ1002号144頁）。

申告実務上，課税時期に仮決算を行うことが想定されているが，直前期末から著しい増減がなければ直前期末の資産・負債の相続税評価とすることもできる（「記載方法等」12頁）。評価通達は，法人税額等相当額の控除に関する論点[15]を措けば，資産・負債の範囲と評価に関する論点が中心であった。相続税法上の財産は，金銭に見積可能な経済的価値のあるもの（法律上の根拠を有しない営業権のようなものを含む）であって（相基通11の2-1），分離・独立して財産を構成し，取引の対象となる（譲渡可能である）ものと解される[16]。また例えば，自己創設営業権が要求される（個人の技能などは除く）点（評基通165・166）で所得課税と不整合が指摘される[17]。他方で，債務から

(13)　「『相続税及び贈与税における取引相場のない株式等の評価明細書の様式及び記載方法等について』の一部改正について（法令解釈通達）」（課評2-11等，平成26年4月3日）。

(14)　谷口裕之編『財産評価基本通達逐条解説』（大蔵財務協会・2013年）577頁。

(15)　一高龍司「相続税と租税回避」日税研論集61号33頁（2011年），61-64頁でこの点を簡単に検討した。

は引当金が除かれて確実性を要求されるという非対称性(18)などの問題が指摘されてきた。

平成2年の評価通達の改正により特定の評価会社にも純資産価額法が適用されるところ，東京高判平成25年2月28日（裁判所ウエブサイト）は，株式保有特定会社に関する通達基準（本判決を踏まえた平成25年改正前は総資産に占める株式の割合が25%以上）は，立案担当者説明によると，平成2年当時の法人企業統計等に示された資本金10億円以上の会社の株式保有割合の平均値が7.8%であり，その3倍乃至4倍を基準とするべく定められたところ，平成16年（問題の相続時）に近い平成15年の同様のデータでは，資本金10億円以上の全業種営利法人の株式保有割合は16.31%に登っており，独禁法改正（平成9年）を経て，会社の株式保有の状況は大きく変化しており，一律25%基準は，相続時において既に合理性を有しているとは言えず，株式保有割合に加えて，企業規模，事業実態，租税回避行為の弊害の有無等を総合考慮して判断するのが相当と判示し，評価会社は類似業種比準方式の標本会社（上場会社）との比較において，上場の大企業と同様の実体を有し，従って，原則である同方式を適用して，保有株式の評価をすべき旨判示されている。

---

(16)　大阪高判平成8年1月26日税資215号148頁（賃借人である納税者が付加した建物内部の模様替えと電気工事等は，評基通92(1)にかかわらず，評価通達に定めのない財産であり，一般の動産に準じて評価すべきとされた（評基通5・129)。

(17)　首藤重幸「相続税法における営業権」税務事例研究49号95頁（1999年）参照。営業権は，超過利益金額（＝平均利益金額×0.5－標準企業者報酬額－総資産価額×0.05）×複利年金現価率（持続年数（原則10年）に応ずる基準年利率による）で評価する。超過利益金額の算式では，「総資産価額×0.05」を標準利益として現実利益（×0.5）との差額から，超過利益金額を計算しようとしている。東京高判平成1年5月30日税資170号536頁。詳細は評基通165・166参照。

(18)　高橋靖「非上場株式の純資産価額方式による評価」税務事例研究55号59頁(2000年）参照。なお，例えば，死亡退職金を負債に計上する以上，未納法人税の計算上は当該退職金を損金として考慮しなければならない（名古屋高判昭和60年12月23日行集36巻11・12号2011頁)。

本件は，比較的最近に，現在と相当異なる経済状況の下で定められた例外的ルールが問題であり，それについて，立法時の狙いとの関係で，今なお合理性を有すると言えるかどうかがかなり厳格に問われるアプローチになっている点が目を引く。原則的方式一般にも同様の審査が及ぶべきとまでは言えないにしても，時価評価は事実認定の問題であり，合理性を失った評価方法になお形式的に従う理由は当然なく，算定方法の相対的な合理性の判断を，導入当時の意図にまで遡って，より立ち入って行うべきことを暗示する審査には，なおより広い応用可能性を秘めているようにも思われる。

(2)　類似業種比準方式及び併用方式

まず，類似業種比準方式は，主に大会社の株式に関し，同業種に属する上場会社の平均的な株価との比準によって評価するものである。上場会社に係る株価形成要因（利益や純資産に限定されない）を反映し，上場会社との評価上のバランスを図るものであって，日本の証券業界が採用する評価方式とも共通する考え方に拠ると言われる(19)。株価決定の基本要素を斟酌しつつも課税実務になじむ利点がある一方で，標本となる上場会社との相違，基本三要素の比重や減額割合の機械的な決定等に係る限界の指摘も可能である。一律の減額（大会社で30%）は，同業種上場会社株価との比準に伴う測定の精密性の欠如を補うものである(20)。

主に中会社に適用のある併用方式は，類似業種比準方式（大会社向き）と純資産価額方式（小会社向き）を接続する中間的な方式で，多くの要因を株価に反映し，各方式の難点を減殺することが期待できる利点と，併用自体，Lの値，及び減額割合の決定に関する根拠の限界が指摘できる（名古屋地判平成1年3月22日判タ714号98頁）。なお，類似業種比準方式の3要素中，年利益要素に3/5の重みを与える（他の要素は1/5ずつ）こととされたのは平成12年の改正以降である（同改正前は各要素を1/3ずつ斟酌）。

平成28年度に向けた改正要望として経済産業省・中小企業庁は，上場企

(19)　谷口・前掲注（14），581頁。
(20)　名古屋地判平成1年3月22日判タ714号98頁。

業の株価の上昇に伴い，また平成27年から適用開始の相続税の課税強化もあって，中小企業の中には，業績に大きな変化がないにもかかわらず，想定外に高い株式評価を受けることで，円滑な事業承継に影響を来す可能性が生じているとして，上記平成12年の改正を踏まえてもなお，類似業種比準方式の見直しを求めている[21]。

⑶ 配当還元方式（特例方式）

配当以外の株価の影響因を無視した収益方式の一つだが，これは，支配的株主が経営上の重要な意思決定を牛耳る会社において，他の零細な株主は，せいぜい配当を通じて利益を受けるしかなく，従ってかかる実態に応じた控えめな評価が適当であるとの考えを反映した評価方式である。資本還元率（割引率）は10％と高く，また年配当金も，本来は将来の問題だが，直近過去2年の実績の平均とすることで，評価の安全を図っている[22]。相続税法上は，配当還元方式の適用自体が狙いに含まれる人為的な取引を経て，なお，同方式の適用が，例えば，みなし贈与の対象となるか，より高額の売買実例があってもなお認められるか，過去2年の配当率が異常に高率で将来の継続が予測しえないと言えるか[23]といった点が問題となることが多い[24]。もっとも，この算式の構成要素を巡っての租税法からの議論や検討は，少なくとも近時は中心的なものではなかったと思われる。

会社法（旧商法）上，例えば，株主総会決議に反対した株主が株式（ここでも取引相場のないもの）の買取請求を行った場合に価格の合意に至らず，非訟事件として裁判所で株式の価格の決定がなされることがある。かつて江頭論文は，そこでの裁判実務において，評基通に従った評価に依拠されることが

---

(21) 財務省ウェブサイト掲載の平成28年度税制改正要望に係る経済産業省からの要望事項による。http://www.mof.go.jp/tax_policy/tax_reform/outline/fy2016/request/index.htm（2015年1月4日確認）

(22) 谷口・前掲注（14），674頁。

(23) 東京高判平成2年9月27日税資180号705号（異常に高率な配当とは言えない旨判示）。

(24) 関係する裁判例も含め，首藤重幸「配当還元方式の適用の限界」税務事例研究92号53頁（2006年）53-65頁参照。

少なくないのであるが，株式売買は，本質的には将来の配当と残余財産分配に対する期待の売買であって，理論上は配当還元方式が最も適合するものの，評基通は「腰ダメ」的基準であって，例えば，配当還元方式において過去2年の平均配当，一律10%の資本還元率の根拠は不明であり，株主の地位の相違はむしろ資本還元率に反映されるべき等として，他の算定方法における画一性も含めて，その商法への安易な持込みの傾向に，厳しく批判を加えた(25)。例えば，土地保有特定会社の株式が問題の事案(26)で，原告が「取引相場のない非上場株式の評価は，適切な取引事例のない場合にはすべて配当還元方式によるべき」とし，同方式が，「理論的観点からみる限りは，……株式の価格の算定方法として，最も適合するもの」と主張するのは，この学説からの影響を想像させるものである。

これに対しては，配当還元方式では，その算式上，会社と配当の永続を想定している結果，残余財産の現在価値が無の評価になっており，この仮定が現実に合わず評価が実際には過少になっている旨の批判も別の商法学者（柴田論文）からなされている(27)。

思うに，原則的評価とこの特例方式とで評価額に大きな差が生じることも多く，株価への影響因が配当に限定されるものでもなく，また過去の配当実績を低く抑える操作の余地を考えると，相続税法上はこの方式を原則的な評価法と見るのは困難である。また，例えば，持分のある医療法人の出資（剰余金の配当が禁止される）は，主として潜在的な残余財産の収受可能性と出資の譲渡可能性から，純資産価額方式の適用が正当化されうる(28)が，特例方式的の適用がある株式からは，譲渡可能性や潜在的に残余財産を受ける権利

(25)　江頭憲治郎「取引相場のない株式の評価」同『会社法の基本問題』131頁（有斐閣・2011年（初出1983））。

(26)　東京地判平成10年5月29日判タ1002号144頁。

(27)　柴田和史「配当還元法に関する一考察」黒沼悦郎・藤田友敬編『江頭憲治郎先生還暦記念　企業法の理論（上巻）』197頁（商事法務・2007年）。なお柴田論文は，「大量の事務を処理せざるをえない税務実務において簡略版配当還元方式が採用されていることはやむを得ないことである」としている（230-231頁）。

が残るものが特に排除されておらず，一貫しない。

3 小　　括

各算定方法のうち，納税者はより有利なものの適用を受けるべく外形を整え，また特定の算式の要素の数値を，他の要素への影響を考慮しつつ極小化し又は極大化するべく工夫するかもしれない(29)。但し各算定方式の趣旨や前提から乖離する形式に至れば，特別の事情があるとして評価通達第６項の適用を受けるなどのリスクも高まることになる(30)。

この文脈で注目されるのは，適格組織再編を通じて法人税負担を繰延べつつ，有利な相続税評価を得る試みである。次章では，専らPWC（2013年）の文献に依拠して，具体的な仕組みを確認する。

Ⅳ　適格組織再編成を通じた相続税対策

1　有利な株主区分の構築

図表3から分かるとおり，評価方式は，1）株主区分と，2）会社区分（大・中・小）の二つのフィルターを経て，形式的に決まる。1)では，配当還元方式の適用をダイレクトに目指す組織再編成がありうる。

単純化された例（図表7参照）を見ると，いま仮に，X社（同族株主あり）がY社（同族株主あり）を吸収合併し，従前の両社の発効済株式数が同数であったとして，合併比率1対1で，消滅するY社の同族株主にX社株式を交付すれば，X社の発効済株式は倍増するから，X社同族株主と旧Y社同

(28)　東京地判昭和53年4月17日行集29巻4号538頁（東京高判昭和54年4月17日行集30巻4号762頁で維持）。

(29)　例えば，類似業種比準方式では，有利なA乃至Dを得るための業種の変更，「特別配当，記念配当等の名称による配当金額のうち，将来毎期継続することが予想できない金額」（評基通183(2)）の活用等によるbの減額，退職金支払い等によるc及びdの引き下げ等がなされうる。PWC・前掲注（10），354-361頁。

(30)　一高・前掲注（15）文献でこの点を検討した。

族株主のX社株式保有割合が半減し，結果，もしこれら同族株主の一部がもはや同族株主ではなくなれば，配当還元方式が利用できるかもしれない。同様の効果は，分社型分割や株式交換（図表8）でも生じうる。

＜図表7　合併による株主構成の変更[31]＞

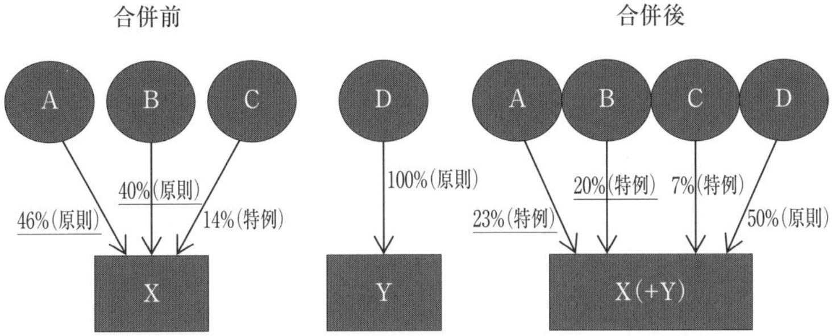

ここでは，株主A乃至Dが同族関係にない（A乃至CとDは別人である）仮定であるところ，Xが，現にYとDのような対象を確保できるかが検討の第一歩となろう。但し，合併後Xの資産構成次第では，特定の評価会社に当たるような状況も生じうる[32]。

＜図表8　株式交換による株主構成の変更[33]＞

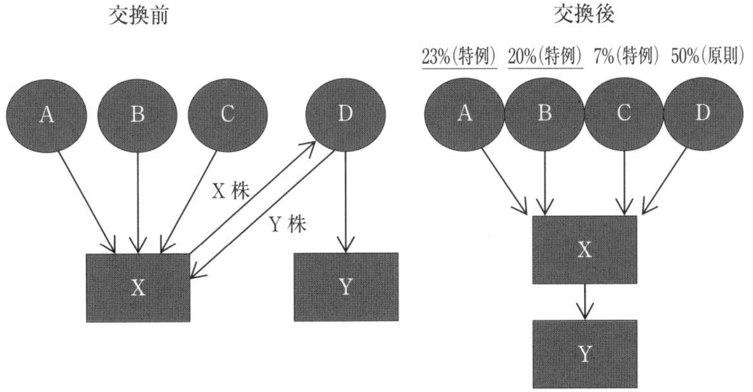

(31)　PWC・前掲注（10），409頁の例による。
(32)　同上，410頁。
(33)　同上，410頁の例による。

2　会社規模の変更[34]

組織再編成は，従業員数，取引金額及び総資産価額で決まる会社の大・中・小の区分に直接作用しうる。例えば，規模が大きくなれば，類似業種比準方式の比重が高まり納税者に有利に働きうる一方，比準三要素（配当，利益金額，純資産価額）にも影響がある。また，例えば，分社型分割では，分割承継法人の株式を受け入れることで分割法人の株式保有割合が増すから，株式保有特定会社に該当するかもしれない。

3　特定の評価会社の認定回避[35]

例えば，株式保有特定会社又は土地保有特定会社に該当する法人がある場合，そうでない法人との合併で判定上の分母（総資産価額）が増し，これら特定の評価会社でなくなりうる。また，分割型又は分社型の吸収分割において，分割法人（特定の評価会社）が土地・株式等を含む事業を切り出し，総資産が十分にある分割承継法人に移転することで，いずれも一般の評価会社となることも考えられる。この場合，当該分割承継法人の側で受け入れた株式に関し配当還元方式の適用に繋がる可能性もある。

4　よりアグレッシブな計画

グループ内の赤字法人や債務超過法人との合併・分割等で，合併法人・分割承継法人側の利益要素又は純資産要素の引き下げを行う，あるいは逆に，好業績部門を（赤字の分割承継法人に）移転する分割で分割法人側に同様の効果をもたらす企ても考えられうる[36]。もっとも，かような組織再編成に至れば，会社法上の効力も問題となりえよう。

---

(34)　同上，412-413頁。
(35)　同上，414-419頁。
(36)　同上，420-422頁。

5　租税回避への対抗立法

他にも，例えば，適格現物出資となるDESの実行で，未だ貸付金債権の元本価額の切り下げ（評基通205）には至らないような債権が，状況の悪い会社の株式に取り替えられ，有利な評価に繋げられるかもしれない[37]。いずれにしても，有利な株主区分のみを狙う組織再編成であれば，相続税法64条（同族会社の行為計算の否認）又は，特に，同条3項の適用が現実味を帯びてくる。以下に同項の定めを引用する

「合併，分割，現物出資若しくは法人税法第二条第十二号の六に規定する現物分配又は株式交換若しくは株式移転（以下この項において「合併等」という。）をした法人又は合併等により資産及び負債の移転を受けた法人（当該合併等により交付された株式又は出資を発行した法人を含む。以下この項において同じ。）の行為又は計算で，これを容認した場合においては当該合併等をした法人若しくは当該合併等により資産及び負債の移転を受けた法人の株主若しくは社員又はこれらの者と政令で定める特別の関係がある者の相続税又は贈与税の負担を不当に減少させる結果となると認められるものがあるときは，税務署長は，相続税又は贈与税についての更正又は決定に際し，その行為又は計算にかかわらず，その認めるところにより，課税価格を計算することができる。」

この組織再編成に係る否認規定は，その適用例の情報にも接しえず，従来さほど存在感がなかったかもしれないが，その適用がどのような状況において正当化されうるのか，法税132条の2や評基通6項等との関わりを含めて，興味深い検討課題を提供する。

（37）　同上，440-442頁。

V　種類株式又は信託の活用による事業承継

事業承継との関わりで注目するべき比較的最近の論点として，種類株式の評価の問題があり，既に実務と理論の両面から研究の蓄積が進んでいる(38)。円滑な事業承継の手法としては，株式を信託財産とする信託の仕組みの活用も期待されている。

1　種類株式を活用する事業承継

(1)　基本設計

株式会社は，所定の事項を定款で定め，剰余金の配当，残余財産の分配等9事項に関し，内容の異なる二以上の種類の株式を発行することができる(会社108条)。そこでこの制度を活用して，1）後継者が安定的な支配を維持しつつ経営を行うこと，2）後継者以外の潜在的相続人との摩擦を未然に防ぐこと，3）親族以外の者を経営者としつつも遺族の生活を維持すること，4）後継者の育成中は先代が会社の重要な意思決定を必要に応じ拒絶しうるようにすること，などが可能となりうる(39)。

例えば，後継者の意に即した株主総会決議を可能とするべく，後継者以外の潜在的相続人には議決権制限株式（会社108条1項3号）を発行し，これに

---

(38)　例えば，岩下忠吾「会社法における種類株式と財産評価」税務事例研究93号65頁（2006年），後 宏治「相続税法における種類株式の評価」第29回「日税研究賞」入選論文集1頁（2006年），「特集 種類株式発行による中小企業経営への活用」税理49巻11号（2006年）所収の各論考，「特集 種類株式の活用を巡って」税研23巻1号（2007年）所収の各論文，渋谷雅弘「無議決権株式を用いた事業承継のプランニング」税務事例研究96号69頁（2007年a），同「種類株式の評価」金子宏編著『租税法の基本問題』674頁（2007年b），PWC・前掲注（10），563頁以下，等参照。

(39)　吉田良夫「中小企業による種類株式導入の視点」税理49巻11号26頁（2006年）。なお，同族会社においては，「譲渡による当該種類の株式の取得について当該株式会社の承認を要する」（同条1項3号）株式（いわゆる譲渡制限株式）を発行することが多いと考えられる。

は剰余金の配当を優先的に行う（同1号）ことでバランスをとることができる。第三者を後継者とする場合に身近な候補は，会社の経営陣の中にいることも多い。いわゆるMBO（現経営陣による株式の買い取り）を実施するのであれば，新たな経営者に安定的な数の議決権株式を移転する一方で，剰余金の分配は制限的に行うことも可能である。株主総会で決議すべき事項のうち，当該決議に加え，種類株主総会の決議を必要とする株式（拒否権付株式，いわゆる黄金株）（同8号）も発行できる。これを先代が当面維持すれば，未熟な後継者の独断専行を排することが可能となる。特定の種類の株式のみに譲渡制限を付けることも可能である（同4号）。取締役又は監査役の選任に係る議決権を集中するべく種類株式が利用されうる（同9号）。

他にも，株主総会の特別決議に基づき会社が全て取得できる種類株式（全部取得条項付種類株式）（同7号）により，例えば，敵対的な買収者の出現時に会社が既存株式を全部取得し，その対価として当該敵対的な者には不利な条件を付した新株予約権を発行することで，当該敵対的買収者から会社を守ることもできる。少数株主保護のため，既存株式に全部取得条項を付する定款変更に反対の既存株主には，株式買取請求権が認められ（会社116条1項2号），また，取得の対価に不服のある既存株主は，裁判所に価格決定の申立をなしうる（会社172条）(40)。他にも，既存株主から会社に株式の買い取りを請求しうるもの（取得請求権付株式，会社108条1項5号），一定の事由が生じたことを条件に会社が取得しうるもの（取得条項付株式，同6号）もある。

さらに，譲渡制限のある株式の発行会社は，株主ごとに，剰余金・残余財産の受ける権利，株主総会における議決権に関し，異なる定めを定款に置くことができる（会社109条2項）。かかる定め（特殊決議を要する，会社309条4項）に従い発行される株式は属人的株式としばしば称され，事業承継上は，後継者に多くの議決権を与えるべく利用されうるが，定款の記載内容等を含め会社法上は不明な点が残ると指摘されている(41)。

---

(40)　福崎剛志「種類株式の形態と設計－その新しい利用法について」税理49巻11号34頁（2006年）37頁。

⑵ 種類株式の評価に係る文書回答

種類株式の相続税法上の評価に関しては，財産評価基本通達に特に定めはなく，ただ配当還元方式の適用に係わる議決権数の判定に際しては，無議決権株式の議決権数はゼロとする（評基通188-4）一方で，種類株式のうち株主総会の一部の事項について議決権を行使できない株式に係る議決権の数を含める旨の定めがあるのみである（評基通188-5）。

むしろ，中小企業庁事業環境部長名の照会に対する国税庁課税部長名の回答（平成19年2月26日）が手掛かりを与えている。そこでは，以下が確認されている。

1) 配当優先株式に関し，類似業種比準方式の比準要素である1株当たり配当金額を株式の種類毎に計算して評価し，他方，純資産価額方式の適用上は，配当優先の有無を考慮しない。

2) 無議決権株式については原則として議決権の有無を考慮せずに評価するが，所定の条件を満たせば(42)，1)の評価額又は原則的評価方式による評価額からその5%相当額を控除する一方，議決権株式の評価は同額分だけ加算して評価する（＝調整計算）ことを選択できる。

3) 所定の要件を満たす社債類似株式は，利付公社債の評価（発行価額＋源泉税引後未払利子（既経過分）相当額，評基通197-2⑶）に準じて，発行価額により評価する。発行側では，社債類似株式以外の株式の評価に際しては，社債類以株式を社債として扱う。

4) 拒否権付株式は，拒否権を考慮せずに評価する。

⑶ 学説等の評価

種類株式に関する渋谷雅弘教授の主張の要点は以下のとおりである。

まず，累積的かつ非参加的(43)な無議決権配当優先株式（以下，配当優先株

(41) PWC・前掲注（10），573-575頁。

(42) 5%調整の選択は，a)当該会社の株式について法定申告期限までに遺産分割協議が確定している，b)所定の届出書を税務署長に提出している，c)取引相場のない株式（出資）の上述「評価明細書」に，無議決権株式と議決権株式の評価額の算定根拠を，適宜の様式に記載して添付すること，が条件となる。

式）で，所定の期日に償還されるものは，優先配当額が過度に高額又は低額なものを用いた租税計画を誘発する懸念があり，優先配当額と償還額を資本還元する方式（債務扱いに近い）がより適当であり，これに，議決権，拒否権，選解任権等があれば増加要素とするなどの調整を加える(44)。同じ会社の株式を純資産価額方式で評価する際は，配当優先株式を債務扱いとする(45)。同様に類似業種比準方式を適用する場合は，同方式算式中のｃ（当社の一株当たり利益金額）から優先配当額を控除し，かつｄ（純資産額）から配当優先株式の価額を控除する（債務扱いに近い＝第1案）。ただこれが配当優先株式の発行に抑制的に働き，また相続税回避策に利用される恐れがあるため，第2案は，1）配当優先株式がないものと仮定して普通株式の類似業種比準価額を求めて普通株式の発行済株式数を乗じる，2）1)で得られた価額から，配当優先株式の価額の合計額を控除する，3）2)で得られた残額を，普通株式の発効済株式数で除する(46)。次に，無議決権株式については，1）議決権株式と同様の評価（従来の実務），2）1)から一定の減額，3）1)からの減額の有無と程度を取得者により変える，4）上述文書回答の調整計算（選択制）と同様の上下調整を（上下幅を若干広げて）行う，という4案のうち，最後の案が最も適当である(47)。取得請求権付株式は，同請求権（現に行使可能なもの）の行使の対価を評価の下限とし，逆に取得条項付株式は，取得の対価の額が当該株式の評価額の上限になる(48)。他に，議決権制限は株価の減額要素に，他方，拒否権又は選解任権はその増額要素になるが，定型的な扱いは困難で

---

(43)　優先株主に対する剰余金の配当が定款所定の額又は割合に満たない場合に次年度以降の剰余金で補填されるものを累積的優先株式，補填されないものを非累積的優先株式という。優先配当充足後の残余の利益に係る剰余金の配当を普通株式とともに受けるものを参加的優先株式，受けないものを非参加的優先株式という。当該日本公認会計士協会・経営調査会研究報告53号「種類株式の評価事例」（平成25年11月6日）6頁。

(44)　渋谷・前掲注（38）（2007b）683-685頁。

(45)　同上，685頁。

(46)　同上，685-686頁。

(47)　同上，687-688頁。

(48)　同上，688-670頁。

柔軟な扱いを要する。譲渡制限による価格への影響は小さい（譲渡非承認でも買取り義務，会社140条）。属人的種類株式についても，種類株式と同様に評価するべきである(49)。総じて，種類株式については，従来の評価通達上の画一的な評価は困難となり，「通達の定めは典型的なもの，又は評価が容易であるものについてのみ当てはまるのであって，そうでない種類株式については，せいぜい評価の目安にとどまるものと考えるべき」である(50)。

他には，日本公認会計士協会の二つの報告書がある。これらは，主に法人税実務や企業の資金調達手段としての活用・普及に資するべく，事例を踏まえて種類株式の評価方法を検討している。

まず2007年報告書(51)は，有価証券報告書（但し会社法施行前(52)）に記載された種類株式（殆どが取得請求権又は（及び）取得条項を伴う）の分析を踏まえて，非上場の場合も想定した類型化と評価方法の検討を行う。そこからは，例えば，取得請求権（株主のプットオプション）付株式と言っても，取得条項（株主のコールオプションの売り）も伴うか，取得の対価は金銭又は普通株式若しくは新株予約権か，一定額で決まるか所定の転換比率に従うか，種類株式と他の普通株式は上場か非上場かなど多様であり，一律の評価が困難であることが分かるが（14-18頁），金銭や社債等への転換可能性が高い（負債に類似する）ものは当該金銭又は社債等の評価額で評価すべきとする（29頁）。配当優先株式についても，累積型か否か，参加型か否かで組合せがあり，それに応じた配当と償還の収入に係る現在価値評価（DCF法）を要する（18-27頁）。議決権割合に応じた価値増加の数値化は困難で，評価上は議決権を無視するか又は無議決権株式には一定の減額を行う，譲渡制限付株式には一定の割合の減額を行う，拒否権付株式における拒否権は無視するか又は拒否権なしの株式に一定の減額を行う，役員選任権は無視するか一定の増額を行う，など

(49) 同上，690-691頁。
(50) 同上，691頁。
(51) 日本公認会計士協会・租税調査会研究資料第1号「種類株式の時価評価に関する検討」（平成19年10月22日）。
(52) 平成17年4月1日から同18年3月31日の間に終了する事業年度。

の評価の方向性を示す（27-29頁）。2013年報告書[53]も，2007年報告書を基本的に踏襲しつつ，「株主価値総額＝普通株式価値総額＋種類株式価値総額」という関係を基礎に[54]，普通株式の評価から加減する方法とDCF法とに大別して検討する（21頁）。実在のＩ社の上場優先配当株式（無議決権）の価格は，同社の上場普通株式に比してある年を通し概ね15％乃至20％程度安価であった（配当優先性の増額を上回る無議決権の減額を暗示）とされる（22頁）。他には，譲渡制限は解除可能であり常に減額要素となるとは言えない（例，中小企業のＭ＆Ａ），現金が対価の取得請求権又は取得条項は，発行会社に資金がなければ実際には行使しえないことなどの指摘（23-24頁）が興味深い。

2　信託を活用する事業承継

⑴　基本設計

信託によっても，株式に係る共益権（議決権）と自益権（収益権）を実質的に分けて，円滑な事業承継を図りうる[55]。そのための仕組みとして，中小企業庁財務課長の私的研究会報告書（中間整理）は，以下に要約する⑴遺言代用信託，⑵他益信託，⑶後継ぎ遺贈型受益者連続信託，を例示する[56]。

（1a）現経営者Ａ（委託者・当初受益者）が自社株式（信託財産）を受託者Ｂに移転し，Ａの指図に従いＢが議決権を行使するが，Ａの死亡時に後継者Ｃが受益者となり，以後Ｂは議決権行使に関しＣの指図に従う。あるいは，同様であるが，（1b）遺留分に配意して，Ａ死亡時に別の非後継者Ｄにも受益権を付与しつつ，後継者Ｃ（受益者）を指図者とする。この仕組み（1b）が事業承継信託の基本形と言えそうである[57]。

---

(53)　日本公認会計士協会・前掲注（43）文献。

(54)　同旨の仮説は，既に渋谷・前掲注（38）（2007b）678頁にある。

(55)　中田直茂「事業承継と信託」ジュリ1450号21頁（2013年）23頁。

(56)　信託を活用した中小企業の事業承継円滑化に関する研究会（岩﨑政明座長）「中間整理～信託を活用した中小企業の事業承継の円滑化に向けて～」（平成20年9月，以下「中間整理」）。

(2) 現経営者A（委託者）が自社株式を受託者Bに移転し，直ちに事業承継者Cを受益者とするが，信託契約上Aの生存中はAが指図者となり，信託終了時（所定の期間経過時，A死亡時等）にCが当該株式の交付を受ける。

(3) (1b) と同じくA（委託者・当初受益者）の死亡時に後継者C（指図者）と非後継者Dを受益者としつつ，さらにCの死亡時には，Cの受益権は消滅し，Dの相続人Eが受益者兼指図者（次の後継者）となる。これで孫の世代までの事業承継をAは確保しうる。

議決権制限株式や拒否権付株式，属人的株式を使う仕組みでもこれらと同様の効果を期待しうる。だが，種類株式の発行には会社法上の手続的な煩雑さを伴うのに対し，信託なら当事者間の契約で足り，信託契約上の指図権なら拒否権付株式とは異なり積極的に意思決定に関与もできる(58)。

(2) 相続税法上の取扱い

(1) の遺言代用信託は，いわゆる受益者等課税信託に該当し，相続税法上，信託効力の発生時に受益者等（受益者として権利を現に有する受益者＋特定委託者(59)）は，当該信託に関する権利を贈与又は遺贈により委託者から取得したものとみなされ，信託財産に属する資産・負債を取得又は承継したものとみなされる（相税9条の2第1項・6項）(60)。上の (1) のいずれでも信託設定時の受益者はA自身であり，C（とD）は受益権を「現に有する者」には当

---

(57) 山田裕子「事業承継目的の株式信託について」信託法研究38号89頁（2013年）105頁，白井正和「信託を用いた株式の議決権と経済的な持分の分離」信託法研究39号77頁（2014年）78-79頁。

(58) 中間整理・前掲注（56），5-6頁。信託法上明文はないが，信託行為で，受託者以外の者が受託者に対して信託財産の管理処分や信託事務に関する具体的方法を指図する権限を定めることができる。山田・前掲注（57），103頁。もし受託者が取締役を兼ねるならば信託法上の忠実義務（受益者利益の最大化）と取締役に対する会社法上の義務との優劣関係（板挟み）が問題となるかもしれない（星光「閉鎖的会社における事業承継のための信託スキーム」比較法雑誌43巻2号153頁（2009年））。

(59) 信託の変更をする権限（信託の目的に反しないことが明らかである場合に限り信託の変更をすることができる権限を除く）を現に有し，かつ，当該信託の信託財産の給付を受けることができるとされている者（受益者を除く）をいう（相税9条の2第5項，相税令1条の7第1項）。相基通9の2-2も参照。

たらない（相基通9の2-1）。A死亡時にC（とD）は現に受益権を取得し（信託90条1項1号参照），遺贈による取得とみなされて相続税の課税を受けうる。受益権の評価は，（1a）では当該株式（信託財産）の価額による（評基通202(1)）。指図権を有するCに配当還元方式の適用はないと解される(61)。（1b）では当該株式価額の受益割合に応じるか，あるいは収益の受益者と元本の受益者が異なる（通達上の「受益権が複層化された信託」(62)の）場合は，収益受益権を評価（推算した将来利益毎に基準年利率（評基通4-4）による複利現価率(63)を乗じて計算した金額を積算）した上で，これを株式の評価額から差し引いて元本受益権を評価する（評基通202項）。よって将来利益の推算次第で評価が大きく動く。「中間整理」は，Cの指図権は受益権とは別個の権利だとし，種類株式の評価（議決権は原則ゼロ評価）を踏まえて検討すべきという(64)（つまりゼロ評価と5%増減の選択を暗示）。もっとも，Dは受益権の譲渡も制限されうる（信託93条2項・94条）ところ，配当も支配しうるCの指図権が無価値の如く評価されるのでは実態を反映し難い。収益受益権の評価の客観性・信頼性には元来限界があり，多様化・複層化する受益権の評価は，平成19年度改正で解決が図られなかった問題として残る(65)。なお，他益信託（2）の

---

(60)　所得税法上も当該資産・負債を有するものとみなされ，当該信託財産に帰せられる収益・費用は当該受益者等の収益・費用とみなされる（所税13条1項・2項）。信託の私法上の性質との関係は，渕圭吾「民事信託と課税」信託法研究37号73頁（2012年）74-77頁参照。

(61)　（1B）におけるDもCの同族関係者であれば同様であろう。PWC・前掲注(10)，588頁参照。

(62)　収益受益権は信託財産の管理及び運営によって生ずる利益を受ける権利を指し，元本受益権は信託財産自体を受ける権利を指す。相基通9-13。

(63)　各月の基準年利率（「平成27年分の基準年利率表について法令解釈通達）」課評2-13平成27年5月12日（最終改正平成28年1月12日　課評2-3））が，短期（1~2年）・中期（3~6年）・長期（7年以上）の区分で定められ，各年数ごとの複利現価率と共に国税庁ウェブサイトで公表されている（https://www.nta.go.jp/shiraberu/zeiho-kaishaku/tsutatsu/kobetsu/hyoka/150512/01.htm（2016年2月14日確認））。受益権評価の経緯と趣旨（贈与税軽減策防止等）について，首藤重幸「新信託法と贈与税・相続税」税務事例研究98号55頁（2007年）参照。

(64)　中間整理・前掲注(56)，13頁。

仕組みは，信託設定時に直ちにCに贈与税が課されうるため，一般に納税者は選択しにくいであろう。

上記仕組み（3）は，Cの死亡によりEが新たな受益権を取得するので（信託91条[66]），受益者連続型信託に該当する（相税9条の3）。まず，A死亡時にCとDに相続税が課されうる（相税9条の2第1項）。Eは，C死亡時の受益権の取得に際し適正対価を負担しないので，Cから遺贈により受益権を取得したと擬制されて相続税を課されうる（相税9条の2第2項）。ここでも，C，D及びEが取得する受益権（及び指図権）の評価の信頼性・客観性には限界がある。特に，受益者としての権利を現に有するCの受益権の評価に際し，当該信託の「利益を受ける期間の制限その他の当該受益者連続型信託に関する権利の価値に作用する要因としての制約…は，付されていないものとみなす」（相税9条の3第1項・2項）ので，Eに係る受益権の相続税評価分が控除されず，両者を通じ課税が重複する問題がある[67]。課税実務は，相続税法9条の3第1項の定めに鑑み，「受益権が複層化された受益者連続型信託については，原則として，収益受益者が受益権のすべて有しているものとみなされる」と解し[68]，現に元本受益権をゼロ評価として，収益受益権についてのみ専ら信託財産の価額でフルに評価することを要求する（相基通9の3-1）。元本受益者が信託の清算時に残余財産を取得する（信託182条1項参照）ときは，収益受益者から贈与又は遺贈により当該残余財産を取得したものとみなされる（相基通9-3-1（注），相税9条の2第4項）[69]。元本受益権のゼロ評価は，収益受益権を法人（人格のない社団等を含む）が取得した場合には適用がなく（相基通9-3-1（3），相税9条の3第1項ただし書），評基通202項

(65) 佐藤英明「新信託法の制定と19年信託税制改正の意義」日税研論集62号37頁（2011年）64頁。

(66) 仕組み（3）のような信託が効力を有する期間は，信託がされた時から30年を経過した時以降に現に存する第2次受益者（例，E）以降の受益者が当該信託の定めに従い受益権を取得した場合で当該受益者が死亡するまで又は当該受益権が消滅するまでの間に限られる。

(67) 渋谷雅弘「受益者連続型信託等について」日税研論集62号199頁（2011年）205-206頁。

どおりに評価される[70]。

3　若干の考察

原則として議決権の有無を考慮しない上記文書回答は，配当還元方式の適用の可否を議決権に基づく株主属性で決める評価通達と一貫しない[71]。元より文書回答は種類株式の一部しか扱っておらず，他の種類株式については基本的に普通株式と同様に扱われる可能性もあるが，曖昧さを残して事案毎に合理的な評価と調整を認める方向を示唆しているとも言える。

経済的効果が同様の仕組みには同様の税負担となるのが理想である。信託による各仕組みに関し，例えば（1a）は，Aが会社の普通株式をCに遺贈すれば単純である（信託の場合と相続税上の帰結に差はない)。（1b）なら無議決権株式をDに遺贈すれば近いし（普通株式と同じ評価だが5％増減の選択可)，

(68)　野原誠編『平成27年版 相続税法基本通達逐条解説』（大蔵財務協会，2015年）187頁。課税実務の相税9条の3第1項の読み方は以下の如くであろう。受益者連続型信託に関する権利（例えばCとDの受益権）に関し，「異なる受益者が性質の異なる受益者連続型信託に関する権利…をそれぞれ有している場合」，つまり受益権が複層化されている（収益受益権と元本受益権が異なる者に帰属する）とき「にあっては，収益に関する権利が含まれるものに限[り]」，当該収益受益権の「価値に作用する要因として制約が付されているもの」について，つまり例えば他に元本受益権者も居るという制約が存するが，「当該制約は，付されていないものとみなす」，つまり，元本受益権を無視して（ゼロ評価で）収益受益権を評価する。

(69)　相基通9-3-1に対しては，むしろ信託財産の価額から非連続的な受益権を差し引いた受益権（連続的な受益権）部分にのみ相続税法9条の3の適用があると解すべきである旨，また，同法9条の2第4項第一括弧書きの受益者等に元本受益者が含まれないと解する点にも根拠がない旨の批判（渋谷・前掲注（67)，209頁）がある。

(70)　野原・前掲注（68)，186頁。なお，被相続人が収益受益権を有し，当該被相続人が株主である会社が元本受益権を有する場合は，相続税に関し，当該会社の株式を純資産価額方式（評基通185）で評価する際には，当該元本受益権はゼロ評価となる（相基通9の3-2)。被相続人の収益受益権が信託財産のフル価額で評価されることに対応して，評価と課税の重複を排除するためである。野原・前掲注（68)，187-188頁。問題点につき，渋谷・前掲注（67)，210頁参照。

(71)　後宏治「種類株式の評価方法」税研134号39頁（2007年）45頁。

仮にDの受益割合を高めるとすれば，Dへの優先配当がこれに対応する（後者の評価次第で両者の相続税上の帰結は一致しない）。(2) なら，Aが普通株式を維持しBに無議決権株式を贈与する（あるいはAが拒否権付株式を維持してCに普通株式を贈与する）のと同様と言える（贈与税だが上の（1b）の課税に類似する）。

(3) は，信託を使わず，(1b) に加えて，C（第1後継者）からE（第2後継者）が普通株式を承継するための附款（条件，期限又は負担）付のAからC又はEへの遺贈（後継ぎ遺贈）等として構成しうる。そこでの課税は当該構成に影響を受け(72)，大別すれば，(I) CとEの各承継を別個の財産の取得とみて相続税を各々課する，(II) 一旦Cにフルに相続税を課した上でその死亡時にEに対する相続税に係る税額についてCの更正の請求を許す，そして，(III) Cが承継する時にC受益部分とE受益部分に分けて相続税を重複なく直ちに課税する，という帰結を導く。(I) は現行の受益者連続型信託に係る課税（相税9条の3）に近く，(II) はCの生涯に亘り潜在的に瑕疵ある課税を認め，しかもその返還時にはもはやCはいない（返還は相続人が受ける）という不自然さを伴う。(III) の帰結は比較的受け入れ易くAの遺志との矛盾も少ないと思われるが，最大の問題は各受益権ないし負担の時価評価である。どれも一長一短だが，現行の受益者連続型信託に対する擬制と元本受益権の無視は，世代跳躍を通じた課税逃れへの過剰な対応と難解な条文の割り切った読み方という意味で疑問視されていて，納税者に新たな信託の活用ではなく従前の不安定な後継ぎ遺贈の利用を促し，無用の紛争を招きかねない。立法論又は解釈論の有力な代替案の一つは，第一次受益者の権利を生涯権（収益権），第二次受益者の権利を残余権（元本受益権）とみて，評基通202項を応用して評価し各々相続税を課することであろう。(III) は後継ぎ遺贈の形式でかかる帰結を導く。

権利・利益の束から成る財産の制約ある又は部分的な移転に際して，当該権利・利益や制約をどう評価するか（そしていつ誰に課税するか）は，相続税法上の重要な今日的問題である。通達ベースの画一性・執行の容易性の重視をあくまで貫くのか，個別事案毎の最適な時価評価をより柔軟に求めるべきなのかという，財産評価に対する基本姿勢も問われる。以下に見る，米国の連邦遺産税・贈与税等における制度と議論に示唆を求めたい。

---

(72)　以下の法律構成と課税関係については，香取稔「条件・期限・負担付の遺贈についての相続税課税上の問題～後継ぎ遺贈を中心として」税務大学校論叢28号307頁（1997年），水野忠恒「後継ぎ遺贈の効力と課税関係」税務事例研究51号69頁（1999年），占部裕典「信託による後継ぎ遺贈の課税関係－民法，信託法，相続税法の視点から」総合税制研究9号22頁（2001年）等を参照。(3）の法律構成としては，例えば，(a）Cへの遺贈＋後のE承継というAの希望の表明，(b）C死亡を解除条件又は終期とするCへの遺贈＋C死亡を停止条件又は始期とするEへの遺贈，(c）C死亡までCによる株式の無償使用収益を認める負担付のEへの遺贈，(d）C死亡まで株式を処分せずその死亡時にEへ移転する負担付のCへの遺贈，さらに，(e）EがCより長生きすることを解除条件とするCへの遺贈＋同様の停止条件付Eへの遺贈，などがありうる（香取論文・321-326頁参照）。課税上の扱いは各々以下が考えられる（同・332-338，352-355頁参照）。(a）の構成は判例（最判昭58・3・18判時1075号115頁）と整合的でない（課税上は全く別の二段階の取得となろう）。(b）では，Cへの遺贈は直ちにCに株式の全額に係る相続税をもたらす一方，EはC死亡時にAから遺贈により当該株式を取得した（相基通1の3・1の4共-9）ものとされる。但し通達上，E取得の財産の評価時はAの死亡時となる（相基通27-4（9）・（注））。停止条件成就前に法定相続分に従い相続人が課税価格を計算して申告することが想定され（相基通11の2-8），当該相続人は後の条件成就時（C死亡時）には更正の請求が可能である（相税32条1項6号・相税令8条2項3号）。相続人にCを含めて読めば，CとEとの課税の重複は解消されるが，Cが納付した相続税がC死亡時に減額更正される状況は不自然と思われる。(c）であれば，負担につき直ちにCに相続税，Eに株式の時価（当該負担を控除）に係る相続税をもたらす（相基通9-11）ところ，負担さえ評価できれば，課税の重複も不自然な減額更正もなくて済む。負担をCの生涯権と見て信託に係る収益権と同様に評価（評基通202項（3）ロ）しうる事案もあろう。E（元本受益者）への早期の課税となる（相税9条の2第4項参照）懸念は残る。(d）は，負担につき直ちにEに相続税が課され，Cに株式価額（負担を控除）に係る相続税を生じるほか，(c）同様の帰結になると解される。(e）は（b）と同様であろう。

Ⅵ 米国法

1 連邦遺産税・贈与税の経緯と現状

米国の遺産税は1916年に第一次世界大戦の戦費調達目的で導入され，1924年には生前贈与による遺産税回避へ対処するべく贈与税が立法化された（翌年に廃止され1932年に復活した）。加えて，子世代を飛ばして孫に財産を直接移転することによる課税逃れに対抗する世代跳躍税（generation skipping tax，GST）が1976年に一旦取り入れられ，その実施前の86年に新たなGSTが制定されて今日に至っている(73)。

米国連邦所得税上は，相続又は遺贈時において，取得者の側での資産の取得費は原則として公正市場価値とされる（つまり取得費のステップアップがある）(74)。贈与に関しては，贈与者の取得費の引継ぎ（つまり含み益に係る所得税の課税繰延べ）がなされるが，贈与者の取得費が贈与時の公正市場価値を超える場合は，受贈者の譲渡損失の計算に際しての取得費は，当該公正市場価値となる（つまり含み損の承継は排除される）(75)。

ブッシュ政権時代の2001年に制定された経済成長と減税調整法（EGTRRA）に基づき，内国歳入法典上の連邦遺産税，GST及び取得費ステップアップの定めは，2009年12月31日より後の故人の死亡又は移転からは適用されないこととされた(76)。もっとも，かかる廃止規定はサンセット条項で

---

(73) *See* generally, Bitiker, Boris I. and Lowrence Lokken, Federal Taxation of Income, Estates and Gifts, Vol. 7 (2d. ed. 1993), with 2014 Cumulative Supplement No. 3, ¶120.11. 米国の連邦遺産税，贈与税及びGSTに関する包括的な先行研究として，株式評価の問題を中心とする渋谷雅弘「資産移転課税（遺産税，相続税，贈与税）と資産評価－アメリカ連邦遺産贈与税上の株式評価を素材として（1）～（5・完）」法学協会雑誌110巻9号1323頁，110巻10号1504頁（以上1993年），111巻1号69頁，111巻4号476頁，111巻6号769頁（以上1994年）がある。また最近の，佐古麻理「米国における富の移転課税（1）（2・完）」同志社法学66巻5号1840頁，同6号2200頁（以上2015年）も参照。

(74) IRC § 1014.

あり，その1年後（2010年12月31日）より後の故人の死亡又は移転には適用されない(77)こととされていた。よって，2010年のみ遺産税とGSTが完全に消滅し，代わりに取得費の引継ぎを通じた含み益の承継（つまり所得税の課税繰延べ）がなされることとなり，別に連邦議会が立法措置を講じない限り，2011年以降は，従前の遺産税，GST及び取得費ステップアップが復活することになっていた(78)。

オバマ政権が2009年段階の遺産税とGSTを維持（共に最高税率45%，課税除外額350万ドル）する提案を行っていたが，連邦議会は年末まで約2週間となった2010年12月17日の立法（以下，2010年法）(79)で，2011年と2012年に関しては，当該提案に減税的な修正（両税の最高税率35%，課税除外額500万ドルとする）を加えた上で，両税が復活した（なお，贈与税の最高税率35%，課税除外額100万ドル）。実は2010年に関しても遺産税とGSTが，年末近くの立法の故にやや遡及的に復活したが，同年死亡の被相続人に関しては，遺言執行者（executor）(80)はこの復活を排除する選択ができることとされた(81)。

---

(75)　IRC§1015(a). 贈与者段階での取得費を決めるための事実が受贈者には不明の場合は，財務長官がこれを入手する。もし入手できなければ，入手可能な最善の情報に従って財務長官が見出す贈与者の取得時における公正市場価値が，かかる取得費とされる。Id. 以上の贈与に係る取得費の準則は，1920年12月31日より後の贈与から適用される（1920年以前の贈与の場合は贈与時の公正市場価値が受贈者の取得費となる（つまり取得費のステップアップがある）。IRC§1015(c).

(76)　Economic Growth and Tax Relief Reconciliation Act of 2001, Pub. L. No. 107-16, 115 Stat. 38, secs. 501 and 541.

(77)　*Id*. sec. 901.

(78)　2009年段階での各連邦税に係る最高税率と課税除外額は，贈与税（45%，100万ドル），遺産税（45%，350万ドル），及び，GST（45%，350万ドル）であったとされる。McGoogan, E. Graham, Jr. and Adam M. Damerow, *Estate Planning in Uncertain Times: The Impact of the Repeal of the Estate Tax*, 13 J. Retirement Plan. 27, 27 (2010).

(79)　Tax Relief, Unemployment Insurance Reauthorization, and Job Creation Act of 2010, Pub. L. No. 111-312, 124 Stat. 3296.

(80)　IRC§2203.

(81)　*Id*. sec. 301(c).

よって，2010 年中の死亡の事案に関する限り，当該遺言執行者において，実際上は，遺産税と GST に関する内国歳入法典の規定の適用を受けて所得税はステップアップとするか，上記選択を行って予定どおり遺産税と GST の適用を排除して所得税を課税繰延べとするかを選ぶことになった。遺産税の課税最低限に満たない遺産（含み益あり）であれば，概して前者が却って有利になるであろうが，現に遺産税の納税義務を負う遺産の場合は，当該遺言執行者は，含み益の額並びに受遺者による譲渡及びその時期等の予定に基づいて，遺産税と将来所得税のどちらが有利であるかの判断を求められたのである(82)。その後，2013 年に制定された法律(83)に従い，2013 年以降，2010 年法による改正を反映する遺産税，GST 及び贈与税の扱い（2011 年以降分）が，最高税率の 40% への引き上げ等を含めて恒久化されて現在に至っている。

2　連邦遺産税と財産評価一般

連邦遺産税は，死亡時の財産移転に係る特権に対する取引税（excise tax）と言われる(84)。米国の市民又は居住者に関して言えば，その「課税遺産の移転（the transfer of the taxable estate）」が課税物件（IRC § 2001(a)）であり，課税遺産は，「総遺産の価額（the value of the gross estate）」から所定の控除項目（葬式費用等所定の費用，公益的寄附，夫婦控除，州相続税等(85)）を差し引いて算定される（IRC § 2051）。この課税遺産に，過去（但し 1976 年より後）の全ての課税贈与（IRC § 2503）を加えて「仮定的課税遺産（tentative taxable gifts）」を求め，税率表（IRC § 2001(c)）を当てはめて「仮定的税額（tentative tax）」を算定し，そこから，過去に納付済みの贈与税額（及び他の税額控除）

---

(82)　Hoffman, Michael J. R. and Maureen P. Dougherty, *Estate Planning After "The Great Compromise of 2010"*, 90 Taxes 37, 40-41 (2012).

(83)　American Tax Relief Act of 2012, Pub. L. 112-240, 126 Stat. 2313.

(84)　以下の遺産税の要点整理は，Miller, John A. and Jeffrey A. Maine, *Wealth Transfer Tax Planning for* 2013 *and Beyond*, 2013 Byu L. Rev. 879, 883-917 (2013) を参照した記述である。

を差し引いて，納付すべき実際の遺産税額が決まる（IRC§2001(b)）。ここで過去に納付済みの贈与税額の計算は，死亡時の当該税率表を用いて計算することになっており（IRC§2001(g)），よって仮定的課税遺産の把握は，専ら遺産税の適用税率（18%乃至40%で計12刻みある）の決定に係わっている（いわゆる取得税型(86)である）。遺産税の納付義務は故人の遺言執行者が負う（IRC§2002）。

総遺産の価額は，全ての財産の死亡時における価額（つまり時価）によって決まる（IRC§2301(a)）。財務省規則によれば，ここでの時価は，死亡時の公正市場価値（fair market value）であり，それは，取引を強制されない状況で，関係する事実に係る合理的知識を有する買手と売手の間で，当該財産に係る帰属が移転することとなる価格を指す。それは，当該財産が最も一般的に公衆向けに売却される（most commonly sold to the public）市場以外の市場における売買価格ではない（Treas. Reg. §20. 2031-1(b)）(87)。かかる理解を基本としつつ，内国歳入法典には，評価時や評価方法に関する幾つかの例外がある（IRC§§2031-2046）。重要な例外の一つとして，故人の死亡後6月以内に売却その他処分のなされた財産に関しては，当該処分時の価額で評価することを遺言執行者が選択しうるという制度がある。かかる処分がない場合も，死亡後6月の日現在での価額で評価することを選択できる（IRC§2032(a)）。

(85)　総遺産の価額のうち生存配偶者に移転する財産に係る権利の価額は，総遺産の価額から控除して，課税遺産の価額を算定する（IRC§2056(a)）。但し，期限の到来や条件の成就により後に当該配偶者に移転した権利が消滅する場合は控除が認められない（IRC§2056(b)）。州相続税は，かつて遺産税からの税額控除であったが，2012年法（上記 American Tax Relief Act of 2012）によって税額控除は恒久的に廃止された。控除項目の具体的内容は，Miller and Maine, *supra* note 84, at 904-911.

(86)　一高龍司「カナダ及びオーストラリアにおける遺産・相続税の廃止と死亡時譲渡所得課税制度」日税研論集56号45頁（2004年）54頁。

(87)　よって，例えば，故人の自動車（通例誰でも小売市場で購入可能）であれば，同種自動車を公衆が購入することのできる価格が公正市場価格となり，故人の当該自動車の中古車販売業者による購入価格ではない。Treas. Reg. §20. 2031-1(b).

総遺産として考慮される財産は，当該故人が死亡時において当該財産に係る利益（interest）を有する部分に限られる（IRC§2033）。このような利益は，当該故人が死亡時において「受益者として保有（beneficially owned）」することを指すと考えられている（Treas. Reg. §20. 2033-1(a)）[(88)]。よって，例えば，故人が死亡日以前に株主名簿に記載されていたことから生じる未収配当金も，総遺産に含まれる（Treas. Reg. §20. 2033-1(b)）。他方で，故人の死亡時に消滅する利益は，総遺産に含まれないことになる。

3　連邦贈与税と財産評価一般

連邦贈与税は，個人による財産の移転を課税物件とし，暦年単位で税額の計算が行われる（IRC§2501(a)(1)）。贈与者が納税義務者であり（IRC§2502(c)），受贈者又はその富の増加が確認できなくとも問題にならない。贈与税も財産の移転という行為に対する取引税（excise）とされる（Treas. Reg. §25. 2511-2(a)）。財産の移転は，単なる法律上の権原の移転（例，信託の受託者への移転）のみでは足りず，財産に係る受益権（beneficial interest）の移転であることを要する（Treas. Reg. §25. 2511-1(g)(1)）。なお，受託者が信託財産に受益権を有し，当該受託者が受託者の権限に従い信託財産を移転するときは，信託証書に定めのある合理的に固定され又は確定可能な基準（reasonably fixed or ascertainable standard）により，受託者の権限の行使又は不行使が限定されているならば，課税されるべき移転とはされない（Treas. Reg. §25. 2511-1(g)(2)）[(89)]。

上述の如く遺産税における税率決定に際し過去の生前贈与を考慮するのと同様に，専ら適用される贈与税率を決める目的で，過去の課税贈与も考慮する（IRC§2502(a)）。税率表（IRC§2001(c)）は遺産税と共通のものである。「課

(88)　従って，例えば信託の受託者として単に形式的に財産権が帰属する場合や，当該故人の死亡時に消滅する生涯権（life interest）や不確定残余権（contingent remainders）は，総遺産に含まれない。Miller and Maine, *supra* note 84, at 887.

税贈与（taxable gift）」は，当該年の贈与の総額から所定の控除項目を差し引いて求められる（IRC § 2503(a)）。現物による贈与の場合，贈与時のその価額（つまり時価）が贈与の額とされ，低額譲渡における時価との差額部分も贈与とみなされる（IRC § 2512(a),(b)）。時価は公正市場価値であるとされ，その一般的な意味は，遺産税における前述の説明が基本的に当てはまる（Treas. Reg. § 25.2512-1）ので繰り返さない。夫婦の場合，その一方が行う贈与については，夫婦の同意を条件として（連帯納付義務が生じる），贈与の半分は一方の配偶者，他の半分は他方の配偶者が行ったものとして扱われる（IRC § 2513(a),(d)）。なお，課税贈与の計算に際し，財産に係る利益の夫婦間での贈与があっても，当該贈与の価額と同額の控除が認められる（IRC § 2523(a)）。

財務省規則によれば，財産に係る利益の一部のみ移転されるときは，贈与税は当該移転される一部の利益に対して適用される。例えば，財産に係る不可分の半分の利益の移転や，生涯権の移転（その残余権は委託者が維持）又は残余権の移転（生涯権は委託者が維持）に対しても，贈与税が適用される。もっとも，贈与者が維持する利益は，一般に認められた評価原則に基づいて測定しえないならば，贈与される財産の全ての価額に対して贈与税が適用される（Treas. Reg. § 25.2511-1(e)）(90)。移転される利益が将来権（残余権，復帰権，生涯権等）であるときは，保険数理を使った現在価値評価がなされる（Treas. Reg. § 25.2512-5(d)）が，そのような評価がなしえない場合は，内国歳入法典2512条の下での財務省規則が定める原則に従うことになる

(89)　例えば，受益者の教育，支援，維持又は健康のため，受益者の合理的な支援と慰安のため，又は従来の生活水準の維持のために，元本を分配する権限であれば，確定可能な基準とされる（つまり贈与税なし）が，受益者の娯楽，要望又は幸福のために元本を分配する権限であれば，このような基準には当たらないとされる。Treas. Reg. § 25.2511-1(g)(2). 遺産税に係る一般的受益者指名権に関する本文（前述）の議論と類似する考慮と考えられる。

(90)　よって，例えば，贈与者（65歳）が財産に係る生涯権をA（25歳）に移転し，その残余権はAの子に移転されるが，Aの子がなければ贈与者に復帰するときでも，一般に，財産の全ての価額に対し贈与税が課される。Treas. Reg. § 25.2511-1(e).

(Treas. Reg. §25.2511-1(f))。

財務省規則はまた，贈与が完全である（complete）か不完全である（incomplete）かについても例を挙げて詳しく説明する（Treas. Reg. §25.2511-2）。同規則上はやや不明瞭だが，贈与が完全でなければ贈与税はその時点では課されないと考えられている(91)。贈与者が当該財産に係る支配（dominion and control）から切り離されれば，贈与は完全とされるが，財産を移転した者がその処分に係る権限を留保するときは，当該事案の全ての事実に照らして権限の条件と範囲を検討しなければならない。その結果，贈与の一部又は全部が不完全であると判断されることもありうる（Treas. Reg. §25.2511-2(b))。例えば，贈与者が自分に受益者たる権原を復帰させる権限を留保する場合や，留保する権限により贈与者が新たな受益者を指名し又は受益者間の権利を変更することが可能となる場合（当該権限が確定可能な基準に従い限定される受託者の権限である場合を除く）も，贈与は不完全とされる（Treas. Reg. §25.2511-2(c))。この場合，贈与者が受益者を変更する権限を失った時点で，贈与は完全となる（よって贈与税の課税がなされる）(Treas. Reg. §25.2511-2(f))。なお，享受の態様又は時期を変更する権限の留保のみで贈与は不完全とは考えられない（Treas. Reg. §25.2511-2(d))。

4　取引相場のない株式に係る評価の通則

(1)　内国歳入法典及び財務省規則の定め

非上場の株式・有価証券の評価に関しては，遺産税の文脈で内国歳入法典2031条(b)が以下の如く定めている。

「法人に係る株式及び有価証券の場合で，取引市場に上場されておらず，かつそこでの売買を欠いているが故に，その価額が，付け値や指し値又は売

---

(91)　Miller and Maine, *supra* note 84, at 919. *See* Treas. Reg. §25.2511-2(f), (j). なお，後述の遺産凍結対抗立法である内国歳入法典2702条は，明文上，不完全贈与（incomplete gift）には適用されない（IRC §2702(a)(3))。

買価格を参照して決められないときは，その価額は，同様の又は類似の事業を行いかつ取引市場に上場している法人に係る株式又は有価証券の価額を，他のあらゆる要因と共に考慮に入れて，決められるものとする」

このように，明示的には類似の上場会社の株価を考慮に入れて決める方法（市場アプローチ）を要求しているように読めるが，他のアプローチも特に排除されていない。この規定の下での財務省規則は，取引相場のない株式に適用可能な評価方法の中で，会社の純資産，収益力の見込み，配当支払能力，その他関係する要因を考慮に入れて，公正市場価値を決定すべきという（Treas. Reg. §20.2031-2(f)）。ここで「その他関係する要因」には，事業に係る営業権，当該産業分野における経済情勢，当該産業における当該会社の地位とその経営陣，評価対象株式の持株数が示す当該事業の支配の程度，同様若しくは類似の事業を行う上場会社の株価などが含まれる。加えて，稼働資産以外の，未収の生命保険金等の資産（かかる資産が純資産の計算上考慮されていない場合），収益力見込み，配当稼得能力等にも考慮がなされるべきとし，評価の基礎と財務等の完全なデータを，申告書の添付書類として提出することが要求されている（Treas. Reg. §20.2031-2(f)）[92]。

贈与税に関しても，同様の考慮に基づく評価によることが要求される（IRC§2512; Treas. Reg. §25.2512-2(f)）。

(2) 歳入規則 59-60

上記の内国歳入法典2031条における非上場株式の評価については，詳細な評価の指針を含む歳入規則59-60[93]が頻繁に参照される。以下がその要旨である。

---

(92) *See* also JONI LARSON, VALUATION HANDBOOK, 2-11 to 2-12 (RELEASE No. 4 Nov. 2014). 2-11 to 2-12.

(93) Rev. Rul. 59-60, 1959-1 C.B. 237, as modified by Rev. Rul. 65-193, 1965-2 C.B. 370. 後にこの規則は，Rev. Rul. 68-609, 1968-2 C.B. 327で，所得税その他の税目的の評価にも適用が拡張されている。LARSON, *supra* note 92, at 2-49.

公正市場価値の決定は，事実の問題であり[94]，個々の事案の状況に依拠し，一般に適用可能な算式は開発しえない。評価は厳密な科学ではなく，健全な評価はあらゆる関係する事実に基づいてなされるが，関係する事実を見比べてその全体的な重要性を判断する際には，常識，情報に基づく判断，及び合理性の要素が欠かせない（Sec. 3.01）。評価は一般的な経済環境に影響を受け，当該事業に係わるリスクについての判断も求められる（Sec. 3.02）。有価証券の評価は，本質的に，将来に関する予言であり，評価日現在で利用可能な事実に基づかねばならない。活発な取引市場における株価は，当該法人とその業種の未来に関する投資者全体の合意を最もよく反映するが，これが利用できないならば，多くの場合に，次善の策は，同様又は類似の事業を行う法人の株式が公開市場で売却される価格に見出しうる（Sec. 3.03）。

閉鎖的法人（closely held corporations）の株式の評価に際しては，とりわけ以下の事項が根源的であり，これらには慎重な分析を要する。すなわち，a）事業の性質及び当該企業の設立当初からの歴史（安定性，成長性，事業の分散の程度，リスクの程度を図る他の要因で，可能なら最近のデータ等を検討），b）一般的な経済観測及び当該特定業種における環境と観測（今後の競争環境，ワンマン経営者の喪失と経営承継の可能性等），c）当該株式の簿価と当該事業の財政状況（過去2年以上に亘る貸借対照表，種類株式の発行の状況等），d）当該企業の利益獲得能力（できれば過去5年以上の損益計算書の各項目の検討，特に最近の利益を重視して過去の利益から将来利益を見込むこと），e）配当支払能力（過去の現実の配当支払ではなく配当能力に着目するのであるが，閉鎖的法人は配当を報酬・給与等に転換することが容易であり，配当要素の信頼性は他の要素に比して低い），f）営業権その他の無形資産価値の有無，g）当該株式の販売高及び評価対象となる株式の単位の大きさ（少数株は売却が難しく，支配的株式は増価要因となる[95]），h）公開市場における同様又は類似業種の法人に係る株式の市場価格（上述の歳入法典2031条(b)の要求する方式だが，例えば普通株のみ発行する法人

(94)　株式の時価は事実の問題だが，評価方法の選択問題は，事実の問題とする見解と法律問題とする見解とがあるという。*Id.* at 2-62 to 2-63.

と種類株式，或いは，衰退傾向にある企業と成長企業とは，単純に比較できない点に留意），である（Sec. 4.01）。

一般に，製品やサービスを売る会社であれば，第一に考慮すべきは稼得利益（earnings）であるが，投資会社・持株会社なら，資産に最大の比重を置いた評価がなされうる（Sec. 5）。

配当や利益の資本還元に用いる適正な割引率（capitalization rates）は，評価上の最も困難な問題の一つである。同業種でも会社毎に異なりうるし，経済条件に応じて毎年変化しうるから，標準の割引率表のようなものを提供することはできず，ただ，割引率の決定に際しては，とりわけ事業の性質，リスク，及び，稼得利益の安定性又は不規則性を考慮に入れなければならない（Sec. 6）。

予め決められた公式に従った評価はなしえず，よって，様々な要因（帳簿価額，稼得利益の資本還元額，配当の資本還元額等）に計算上の比重を割り当てて公正市場価値を算出する手段は存しない。そのような手法の帰結は，単なる偶然の一致を除けば，重要な事実の現実的な適用からは支持されえない（Sec. 7）。

発行法人にとっての再取得価格が予め決まっている購入選択権（オプション）に服する閉鎖的法人株式（つまり取得条項付株式）であれば，当該購入価格（行使価格）が，遺産税上の公正市場価値として受け入れられることが通例であるが，贈与税に関してはそのような行使価格が公正市場価値の決定因とはされない。オプション又は売買・再売買合意が，当該株主の自発的行為の帰結でありその死亡に至るまで拘束するものであれば，当該合意が遺産税上の価額を固定する場合も（しない場合も）あるが，考慮されるべき要因ではある（Sec. 8）。

---

(95)　取引市場がある場合，売却単位が大きいと，却って既存の取引市場では，株価下落を回避しつつ売却するのが困難となり，通常の市場以外の市場での売却可能価額こそが公正市場価値（いわゆる blockage discount による減額）であるがことを遺言執行者が証明する余地も認められる。Treas. Reg. § 20.2031-2(b)(e). *See* LARSON, *supra* note 92, at 2-13 to 2-22.

(3) 学説に依拠した整理

以上のように，取引相場のない株式に関する一定の算式に従った評価は，制定法も行政規則も採用しておらず，米国の制度と実務は，日本の評価通達に依拠する状況とは大きく相違する。米国では，租税行政上も裁判上も，税務当局と納税者との交渉と合意を通じた紛争解決が広く行われており(96)，かかる株式評価の問題が，事案毎の事情に即して，合意を通じて解決するのに適したものであることが想像できる。従って，以上述べた財務省規則や歳入規則における基準が，そのような合意のための指針としても少なからず機能していると考えられる。

むろん合意に至らなければ裁判所の判決を通じて決着がつけられる。取引相場のない株式の評価を巡っては，現に数多くの事例判決が蓄積されており，それらの包括的で帰納的な分析については，既にわが国でも詳細な先行研究があり(97)，また本稿の射程を超える。実態に迫るためにはより立ち入った検討を要するものの，以下で，裁判例の傾向を踏まえて記述された比較的最近の米国の書物に専ら依拠して，評価の現状とそこでの主な論点の概要を整理するのみに留めることとする。

一般的には，評価手法は，やはり市場アプローチ（類似法人株式（上場又は非上場）の独立当事者間の売買価格と比較），収益アプローチ（将来収益の現在価値評価），及び，純資産価額アプローチ（主に時価ベース）に大別される(98)。市場アプローチでは，比較対象（指標となる会社）の選択が重要となるところ，米国でも標準的な産業分類から比較対象を選択する実務が見られる(99)。ここでは比較可能性の論点，差異の調整等が問題となる。純資産価

(96) この点は，一高龍司「米国における納税者とIRSとの交渉と和解」日税研論集65号77頁（2014年）で整理した。

(97) 渋谷・前掲注（73）連載論文。

(98) Larson, *supra* note 92, at 2-62 to 2-84.

(99) 北米産業分類システム（North American Industrial Classification System）や米国標準産業分類（Standard Industrial Classification）システムがある。*Id.* at 2-65.

額アプローチは，理論上，買手が株式発行会社の原資産の取得に関心がある状況に適し，また上述の歳入規則59-60が示唆するように，言わば受動的な資産保有会社の株式によく当てはまり，逆に能動的に事業を行う会社の場合には収益アプローチが適しているとされるが，実際上は両者の組合せも用いられ，純資産アプローチと他のアプローチ（収益アプローチ等）に与えられるべき相対的な比重は，当該法人の活動や資産の種類に応じて決められるべきとも言われる(100)。収益アプローチにはDCF法以外に配当還元方式もあり，後者は，日本の特例方式と同様，配当が投資に対する最善の見返りの機会となる少数株主に関して，最も有用という(101)。割引率としての加重平均資本コスト（WACC）の採用は裁判所で否定されており，他方，いわゆるCAPM（資本資産価格モデル）は，個別リスクは分散投資で回避可能であるが故に無視して市場全体のリスクのみ考慮するところ，市場性のない株式にこのモデルを利用することを否定した裁判例もあるとされる(102)。

各アプローチに基づく結果には，各種のプレミアム（増額）とディスカウント（減額）を考慮した調整が加えられる。例えば，評価対象の株式数（議決権数）が当該法人の現実の支配を可能にするもの（過半数）であれば，増額要素（支配プレミアム）となりうるし，少数株主となる株式には，逆に減額要素（マイノリティ・ディスカウント(103)）が認められうる。ただ増額要素として加味するとしても，増額の基点は当該少数株主の株価とする裁判例もあるとされるなど，不明確さが残る(104)。なお，支配の有無（持株比率）の検討に際

(100)　*Id*. at 2-70, 2-74.

(101)　*Id*. at 2-74.

(102)　*Id*. at 2-78 to 2-80.

(103)　法人の行動（資産売却，分配，経営陣の任命，清算による持分に応じた純資産の実現等）を支配しえないことを反映する減価である。*Id*. at 2-93.

(104)　*Id*. at 2-86 to 2-87. 他に，私法（判例法）上，支配株主が，少数株主の利益を害して自ら利益を得る行動を法人にとらせること（self-dealing）が禁じられ，また法人の意思決定を少数株主が好まず不法妨害（nuisance）として争ってくる脅威もあり，これらがどのように増額・減額に影響があるかも不明とされる。*Id*. at 2-90 to 2-91.

し，家族内の他の者の所有割合は必ずしも考慮されていない(105)。他に特権（例，一定数の取締役の地位の支配）の付与された株式も，やはり増額要因となる(106)。

他方，主な減額要素としては，上述の少数株主（マイノリティ）であることに加え，市場性の欠如，無議決権株，キーパーソンの喪失（ワンマン経営者），分散の欠如がある。閉鎖的法人株式は，一般に市場性を欠き，容易に売却しえないことが通例であり，現に30％減額を認めた裁判例もある(107)。同様に譲渡制限のある株式も減額が考慮されうるが，減額割合は事案毎にまちまちである(108)。無議決権株式に係る減額として5％減額を認める例もあるが，議決権株式が少数株主（減額要素）だったことから無議決権株式（減額要素）と同等とした例，無議決権に係る減額を理由無く一切認めない例などばらつきがあるとされる(109)。キーパーソン減額として10％を認める裁判例や，他の事業では使えない事業や資産，保有株式の売却の困難に配慮した減額の例が挙げられる(110)。他に，純資産価額アプローチにおいては，清算予定のない法人であっても含み益に係る課税分を控除することを認める裁判例もあると言われる(111)。S法人（所定のパススルー扱い）に収益アプローチを使う際には，構成員に係る税額だけ差し引いた収益を割引現在価値にするべきとは考えない裁判例が目立つ(112)。

---

(105) *Id*. at 2-87 to 2-88.

(106) *Id*. at 2-91.

(107) *Id*. at 2-93 to 2-96.

(108) *Id*. at 2-105 to 2-110（裁判例では60％減額，33％減額，25％減額，15％減額するものが紹介されている）. Rev. Rul. 77-287, 1977-2 C.B. 319も，画一的な減額の算式を提供しないが，減額の判断に際し検討すべき要因を挙げる。

(109) Larson, *supra* note 92, at 2-97.

(110) *Id*. at 2-98 to 2-99.

(111) *Id*. at 2-99.

(112) *Id*. at 2-100 to 2-111.

5　将来権に係る現在価値評価

内国歳入法典に共通する定めである7520条に基づき，生涯権，残余権，復帰権，年金等を含む将来権の価額は，財務長官の定める表に基づき，評価日の属する月における連邦中期利率（IRC§1274(d)(1)）の120％の利率を用いた複利計算で評価することが要求される（20％増しの割引率を使う分だけ控え目の現在価値評価になる）。これを受け，財務省規則上，遺産税（Treas. Reg. §20.2031-7(d)）及び贈与税（Treas. Reg. §25.2512-5(d)）の文脈で，現在価値のかなり画一的な計算方法が確立している。以下で，遺産税の場合を念頭にこの計算方法を確認するが，贈与税の場合も基本的に同様である。

まず残余権と復帰権は，第一次的な権利者の死亡，期限の到来等による権利の消滅があって初めて第一次的な権利者以外の者に帰属する後発的な権利である。以下がこれらの現在価値の算式である。

財産の価額　×　残余権の乗数（B表又はS表を参照）

B表（Treas. Reg. §20.2031-7(d)(6)）は，7520条における上記複利計算用の利率（4.2％～14％）と，年数（1年～60年）から決まる乗数（保険数理要因）が示されており，これを当該財産の価額に乗じるだけで簡単に求められる。

もし残余権又は復帰権（以下，残余権等）の期間が決まればB表が使えるが，生涯権に続く残余権や復帰権の評価に関しては，生涯権の年数自体が不確定であるから，後続する残余権等の年数も不確定となる。そこでS表は，生涯権者の年齢と7520条利率から，一律に乗数を定めている。むろん生涯権の権利者の年齢が低いほど，乗数が小さくなり，それだけ残余権等の評価が小さく（逆に生涯権の価値が高く）なる関係になる。

生涯権の現在価値に関する同様の乗数は，以下の算式で計算して良いことになっている（Treas. Reg. §20.2031-7(d)(2)(iii)）。

生涯権に係る乗数　＝　1　－　残余権等の乗数（B表又はS表）

従って生涯権の現在価値は以下の算式で求められることになる。

財産の価額　×　(1　−　残余権等の乗数（B 表又は S 表）)

規則の例説を見よう(113)。いま仮に，A の親 P が，ある財産（時価 50,000 ドル）の収益権を A（31 歳）に生涯権として遺贈し，その残余権を B に移転させる場合を考える。P 死亡時の 7520 条利率が 6.2% とすると，S 表から残余権等の乗数は一律に 0.08697 に決まり，同時に A の生涯権の乗数が 0.91303（＝1−0.08697）に決まる。よって，P 死亡時の A の生涯権の価額は 45,651.50 ドル（＝50,000×0.91303）と求められる。規則にはないが，同時に B の残余権の価額も 4,348.50 ドル（＝50,000×0.08697）になる。

収益権の期間を合意又は平均余命から計算し，金利（割引率）を所定の代替的市場金利として計算することが適当な財産には，この種の計算を事前に明記することによって，より客観的に時価の把握が可能となるであろう。もっとも，この種の計算が適当な権利や財産の確定と，そもそも財産の価額自体をどう測定するかという問題が残る。我が国で言えば，財産評価基本通達 202 項 (3) の評価方法の応用範囲という問題である。

6　財産の部分的な移転と遺産凍結

(1)　後の遺産への算入

株式の評価を考える際にも参考になりうる法律，規則等に現れる特例的な定めが幾つか存する。特に，以下の如く部分的な又は制約の付された財産移転があった場合に，財産の一部が後に総遺産に含められる場合が関係する(114)。

第一に，総遺産には，故人が生前に移転（完全な対価を受けた真正な売買の場合を除く）した（信託によるものを含む）財産に係る利益のうち，故人が生涯に亘り維持してきた当該財産の占有若しくは享受（possession or enjoyment）

(113)　Treas. Reg. § 20. 2031-7(d)(5)Ex. 2.

(114)　詳細な先行研究として，岡村忠生「不完全移転と課税（序説）」法学論叢 164 巻 1〜6 号 147 頁（2009 年）を参照。

若しくは当該財産から生じる収益に対する権利に係る部分又は当該財産若しくは当該財産から生じる収益を占有若しくは享受する者を指定する権利に係る部分が含められる（IRC§2036(a)）。この定めの下で総遺産に含められる権利・利益の価額は，移転財産全体の価額から，将来収益に係る利益（故人の権利・利益の影響を受けず，かつ，故人の死亡時において現に第三者が享受するもの）の価額を差し引いた価額である（Treas. Reg. §20. 2036-1(c)(1)(i)）。

いま仮に，Ａが財産を撤回不能信託として移転しつつも自分が死ぬまで当該財産の収益を享受するが，Ａの死亡後は子Ｂが当該財産の受益者となるとする。2036条がなければ，Ａが維持する収益に対する権利＝生涯権（life estate）は死亡の瞬間には存しないから，上記2033条によれば当該生涯権（Ｂにとっての残余権（remainder））は総遺産には含まれない。Ｂの残余権[115]は当該移転時（信託時）の贈与税の対象とはなりうる（Treas. Reg. §25. 2511-1(e)）が，特にＡが若いほど，公正市場価値評価として要求されるその保険数理上の現在価値（Treas. Reg. §20. 2031-7(d)(2)(ii)）は，低くなりがちである。2036条は，このような問題状況に対処するべく，当該残余権を死亡時における公正市場価値で評価して総遺産に含めるのである[116]。

注目すべきは，被支配法人（議決権の20％以上所有）の株式に係る直接又は間接の議決権の維持は，ここでの移転財産の享受の維持に当たるものとされている（IRC§2036(b)）点である。従って，例えば，生前贈与した被支配法人株式のうち故人が死亡時まで維持していた議決権部分は，総遺産に含まれると考えられる。株式移転時に議決権部分の評価が不能であれば，不完全移転とされない限り，株式の全額に関し贈与があったとされる点は上述した。なお，後述の如く，現にこの規定は最近の事業承継絡みの課税逃れ事案の対抗規定としても用いられている。

第二に，故人が生前に移転（完全な対価を受けた真正な売買の場合を除く）した（信託によるものを含む）財産に係る利益で，(1)当該財産の占有又は享受は，

(115)　ある権利の消滅時に当該権利を取得する権利を指す用語である。
(116)　Miller and Maine, *supra* note 84, at 893.

当該利益の帰属を通じて，当該故人より長生きして初めて取得しうるものであり，かつ，⑵当該故人が，当該財産に係る復帰権（reversionary interest）[117]（死亡直前の当該権利の価額が当該財産の価額の5％を超える場合に限る[118]）を有していたときは，当該利益の価額が総遺産の価額に含まれる（IRC§2037(a)）。

例えば，故人Aが，妻Bを受益者として信託を設定し，B死亡時にAが生存する場合はAが受益者となり（Aの復帰権），もしAも死亡していれば，Aの娘Cが受益者となる（Cの残余権）とする。ここでAの死亡直前における復帰権の価値が，当該信託財産の5％を超えるならば，2037条に従い，当該信託財産の価額から，Bの生涯権（未収部分）の価額を差し引いた額が，Aの総遺産に算入されることになる（Treas. Reg. §20. 2037-1(e)Ex.(3)）[119]。

第三に，総遺産には，故人が生前に移転（完全な対価を受けた真正な売買の場合を除く）した（信託によるものを含む）財産に係る利益で，その享受が，当該故人が単独で又は他の者と共同して変更，修正，撤回又は終了する権限を行使することを通じて，その死亡の日において改められうる（又はそのような権限が当該故人の死亡の日以前3年の間に手放される）ものの価額が含まれる

(117) 復帰権には，故人が移転した財産が，⑴当該故人又はその遺産に復帰しうる，又は，⑵当該故人による処分権に服しうる，という可能性を含む。但し，当該財産から生じる収益のみが，当該故人に復帰しうる又は当該故人の処分権に復しうるという可能性は含まれない。IRC§2037(b).

(118) 故人の死亡の直前における復帰権の価額は，財務長官の定める規則に従い，通常の評価方法（死亡率表，保険数理の利用を含む）によって決められる。なお，財産が故人の処分権に服しうる可能性の価額を決める際には，そのような可能性は，当該故人又はその遺産に復帰しうる可能性であるかの如く評価される。もっとも，当該財産の占有又は享受が，一般的受益者指名権（general power of appointment）（当該故人の死亡の直前に現に行使可能であったもの）の行使を通じて，当該故人の生前に，いかなる受益者によっても取得可能であったならば，移転された権利は，当該故人に総遺産には含まれない。IRC§2037(b).

(119) 他方で，もしB死亡後は，Aの存否にかかわらずCが受益者となるならば，2037条が，Aの総遺産に当該信託財産に係る権利の価額を算入することはない。Treas. Reg. §20. 2037-1(e)Ex.(1). *See* Miller and Maine, *supra* note 84, at 894.

(IRC§2038(a)(1))。ここで総遺産に含まれるのは，当該財産のうちこのような権限に服する利益の価額のみである（Treas. Reg. §20.2038-1(a))。

そして第四に，以上述べた3規定（2036条・2037条・2038条）と2042条（故人に係る所定の死亡保険金に係る財産の価額を総遺産の価額に含める）に基づき故人の総遺産に含まれることとなる財産に係る利益を，死亡の日以前3年の間に当該故人が（信託その他の方法で）移転し又は当該財産に係る権限を手放したときは，当該財産（又はこれに係る利益）の価額が（納付済み贈与税があればその額も）総遺産の価額に含まれる（IRC§2035(a)，(b))。これにより，例えばAが子Bに財産を移転したが，当該財産に係る収益はAの生存中はAが享受する生涯権（＝Bにとっての残余権）を維持する場合に，このままAが死亡すれば，上記2036条に従い当該生涯権も総遺産に含まれるのであるが，死亡前にAが当該生涯権を例えばBに贈与すれば，2036条のみによれば当該生涯権が総遺産に算入されることはない。しかし，この2035条に基づき，死亡日以前3年以内の生涯権の贈与である限り，当該生涯権も総遺産に含まれて，遺産税が課される。むろん当該生涯権の生前贈与に関しAに贈与税が課されうるが，生涯権（残余権，復帰権等も）に係る公正市場価値に関する財務省規則上の評価（Treas. Reg. §20.2031-7(d)(2)(ii)）は保険数理を用いた現在価値とされていて，死亡時の評価より低くなりがちであることが，2035条が必要とされる所以である(120)。

最後に，故人が死亡時に「一般的受益者指名権（general power of appointment)(121)」を有する財産の価額は，当該故人の総遺産の価額に含まれる(IRC§2041(a)(2))。当該指名権は，故人，その遺産，故人の債権者，又は故人

(120)　*Id*. at 890.

(121)　「受益者指名権」は，英米法上，信託財産の管理に関する権限（administrative power）とは区別されるところの信託財産の分配（dispositive power, distributive power）に関する権限の一つであるとされる。訳語を含め，木村仁「指図権者等が関与する信託の法的諸問題」法と政治64巻3号67頁（2013年）88頁参照。かかる指名権を維持した生前贈与は不完全（よって贈与税なし）と評価される場合もあろう（Treas. Reg. §25.2511-2(c))。

の遺産に係る債権者のために行使可能な権限を意味するが，当該故人のために財産を消費し，侵害し又は割り当てる権限のうち被相続人の健康，教育，支援，又は維持に関連して確定可能な基準（ascertainable standard）に従い限定されるものや，所定の他の者と共同してのみ被相続人が行使可能なものなどは除かれる（IRC § 2041(b)(1)）。「確定可能な基準」の判断基準を含め，財務省規則に詳細な定めがあるが省略する。

(2) 遺産凍結対抗

最後に，遺産凍結（estates freeze）に係る対抗立法について，簡単に紹介する(122)。これは，財産の生前贈与に際し，当該財産に係る権利・利益の一部を贈与者が維持し，贈与される残余の権利・利益の評価額を低減させて贈与税額を減らす手法である。贈与者が維持している権利・利益は，その死亡時に総遺産の価額に含まれうるが，移転済みの権利・利益の価値が後にいくら上昇しても，贈与者死亡時の遺産の額に影響せず（凍結効果），受贈者に追加の相続税・贈与税が課されることはない。贈与者の贈与後の貢献を通じて受贈者が受領した権利・利益をさらに高めつつ，贈与者の維持した権利・利益が低減していけば両当事者（納税者）にとって課税上は有利になる。

遺産凍結スキームを，法人，パートナーシップ及び信託に係る利益の家族間での承継に利用する仕組みに対処するために 1990 年に制定されたのが，内国歳入法典の 2701 条乃至 2704 条（IRC, Subtitle B, Chapter 14）である。連邦議会は，基本的に，贈与者が維持する利益の価額をゼロとし又は無視し，生前贈与時に贈与の目的となった財産の価額の全てを贈与税の対象に取り込むことでこの手の仕組みに対処する途を選択している。

家族で支配する閉鎖的法人株式の価値の移転の場合を念頭において言えば，それぞれ，(1)贈与者が株式に係る利益を移転し，その直後に所定の権利(123)

---

(122) 詳細は，渋谷・前掲注（73）論文（特に，(3)～(5・完)）を参照。

(123) 分配権（移転した者又はその家族が当該主体の支配（50% 以上の資本所有等）を有していた場合に限る），又は，清算，売却，購入若しくは転換の権利を指す（IRC § 2701(b)）。

を維持する場合（2701条），(2)贈与者が信託に係る利益を移転するがその一部は維持する場合（2702条），(3)移転された株式に関し，選択権，合意，その他権利で，当該株式をその全部の公正市場価値に満たない価格で取得し若しくは使用しうる場合，又は，移転した株式を売却し若しくは使用する権利を制限する場合（2703条），(4)移転者が株式に係る議決権又は清算権その他規則で定めうる類似の権利を維持し，これらの権利が消滅する場合（2704条）に，これらの各条の適用がありうる[124]。

これらの規定には詳細な適用（除外）要件や財務省規則（Treas. Reg. §§ 25.2701-0 through 25.2704-3）もあり，具体的な事案への当てはめには慎重な検討を要し，納税者の遺産計画上の更なる抜け道に対する検討も深められている[125]。株式価値の部分的な移転は，合意によるのみならず，信託や種類株式の活用によっても可能であり，同様の効果を得る選択肢が広がりつつある。生前贈与に係る部分的な利益の維持を使ったスキームがこれで完全に封じられたという訳ではない。なお，ここでは，（種類）株式の移転に係る個別の合意と，信託の活用とが，財産（株式）に係る利益の部分的承継のスキームとして想定され，これらに包括的に対応しようとしている点は参考になるように思われる。本来，いかなるルートを通っても帰結が同じであれば，同様の課税に服する制度の開発が望ましい。

株式に係る権利・利益の部分的な移転に対し，2701条乃至2704条が万全に対応しうるものではないことは，以下で述べる，遺産計画者にはよく知られた家族リミティッド・パートナーシップ（FLP）又はLLC（パススルー扱いが前提）を介したスキームへの対応からも分かる[126]。閉鎖的法人株式を念頭に置くと，典型的には，(1)資産家Aが含み益ある株式等（甲）をLLC等に所得課税なしの交換取引で移転し，見返りに，若干数のLLC等の議決権持分等と多数の無議決権持分等を受け，(2)Aは，議決権持分等を維持し，

(124)　Larson, *supra* note 92, at 10-20 to 10-55.
(125)　Miller and Maine, *supra* note 84, at 923.
(126)　*Id*. at 914-943.

無議決権持分等を全部子らに贈与する。こうして，Aは甲とその将来の増価・収益を，若干の贈与税（課税最低限等も使用）を負担して，子らに移転できる。贈与税は，マイノリティ・ディスカウント，市場性欠如のディスカウントの可能性があり，これを受ければ当該無議決権持分等の評価は下がる。こうして当初移転した甲に対する支配はAが維持したまま，若干の贈与税を（もしあれば）負担し，遺産凍結は完了する。

IRSは，主に，これに上述の内国歳入法典2036条でもって対抗し，上記のディスカウント（減額）を否定し，大半は当局が勝利しているとされる(127)。租税回避に対する米国の一般的な判例法理の適用可能性が絡む問題でもある。

Ⅶ　終わりに

時価評価は事実認定の問題であるとして，画一的な評基通の精緻さを今後とも追い求めるべきであるのか，それとも，米国法を参考に，柔軟性を増し，個別の納税者の実態に即した評価を受け入れる方向に徐々に舵を切るべきなのか，その岐路に立ちつつあるように思われる。種類株式の浸透や，信託の活用の拡大が，取引相場のない株式の評価の画一性を揺るがしている。租税回避に目配りしつつ，異なるルートを経た同様の帰結に，同じ課税上の帰結を維持するのが困難になり，あるいは，画一化した評価方法が単純に応用しがたい状況が広がっているからである。

元来，相続税の適用対象はある程度の規模を超える資産承継を受ける者に限定されており，取引相場のない株式評価に関しても，画一性を失うコストを負担し，それなりに具体的に個々の状況を踏まえた時価評価を要求することが，非現実的あるいは酷となるとは言えないのではないか。一定程度の画一性ないし簡素さの喪失を受け入れつつ，当該納税者の事情に応じた評価を

(127)　*Id.* at 942.

行う柔軟性を広げるという利点にも着目すべきである。ただ，米国法は，裁判内外での，納税者と当局との広範な合意の実務を基礎としている点は見逃せない。わが国でこの点の法的統制を伴った進展を欠けば，柔軟な時価評価を広げることには副作用も大きい。課税逃れへの具体的な対処も問われよう。

第6章　固定資産税における時価の諸問題

―固定資産評価行政の問題も含めて

金沢大学准教授　平川　英子

Ⅰ　はじめに

本稿は，固定資産税における固定資産の「適正な時価」の評価行政をめぐる今日的課題について検討することを目的とする。

本稿ではまず，固定資産税の課税の仕組みと評価方法を概観し，法制度上，固定資産の「適正な時価」がどのように評価され，算出されるかを確認する（Ⅱ）。次に，「適正な時価」の意義をめぐって議論されてきた取引価格説と収益還元価格説の対立について，それらが主張された実践的意味や社会的背景をふまえ，「適正な時価」の評価において今日いかなる意味をもつかを検討する。ところで「適正な時価」の意義については，判例上，「正常な条件の下に成立する取引価格，すなわち客観的な交換価値」をいうことが明らかにされている。一方，地方税法は，市町村長は固定資産の価格を固定資産評価基準（以下，評価基準という）によって決定しなければならないとしていることから，評価基準によって決定された価格と「適正な時価」との関係が問題になる。本来，固定資産の価格が「適正な時価」といえるか否かは，「客観的な交換価値」との多寡の問題にかかっていると考えられる。ところが，判例は「適正な時価」の判断枠組みにおいて，中心的な争点を「適正な時価」をどのように評価したのかという評価過程の適正さにおいているように思われる。そうだとすれば，そのような判断方法をとることの意味を，固定資産税の課税標準を「適正な時価」=「客観的な交換価値」とする法の趣旨から改めて検討する必要がある（Ⅲ）。

最後に，固定資産の評価行政の問題として，違法の評価に起因する国家賠償請求について取り上げる。固定資産税は賦課課税方式の租税であるところ，課税庁は限られた人員と時間の中で，多数の固定資産の「適正な時価」を評価し，税額を算出し，課税処分を行わなければならない。納税義務者としては，賦課決定処分の内容を信頼するのが通常であろうし，専門的・技術的な要素の多い固定資産の評価についてはなおさらである。さらに固定資産の評価に対する争訟方法が制限されていることから，納税義務者が固定資産の評価に疑義を抱いたときにはすでに価格の決定を争うことができないということがありうる。その反面，実務上，固定資産税の過誤納金を行政上の措置として要綱に基づいて返還に応じる例がみられるなど，違法な評価の救済において透明性と公平性に欠ける事態も生じている。これらの事情に鑑みれば，裁判所が違法な評価に対する救済方法として国家賠償請求の途を認めたことは，違法な評価に対する救済としてだけでなく，評価行政に反省を促すという点でも大きな意義があると考えられる。以上のような観点から，違法な評価に起因する国家賠償請求を認めることの意義と，違法な評価による損害の範囲について検討する（Ⅳ）。

Ⅱ　固定資産税の課税の仕組みと評価方法

1　固定資産税の概要

固定資産税は，固定資産に対して，当該固定資産が所在する市町村において課される地方税の一つである（地方税法342条）。固定資産とは，土地，家屋および償却資産（事業用）をいう（同法341条）。固定資産税は固定資産の所有者に課される（同法343条1号）。所有者とは，土地または家屋については登記簿または土地補充課税台帳もしくは家屋補充課税台帳に所有者として登記または登録されている者を，償却資産については償却資産課税台帳に所有者として登録されている者をいう（同2号，3号）。また，固定資産税の賦課期日は当該年度の初日の属する年の1月1日である（同法359条）。したがって，賦課期日において土地または家屋が登記簿等に登記または登録されている場合には，賦課期日において所有者として登記または登録されている者が固定資産税の納税義務者となる(1)。なお，賦課期日において登記簿等に登記または登録されていない家屋について，賦課期日後に登記または登録された場合には，賦課期日現在の所有者として登記または登録された者が，その年度の固定資産税の納税義務者とされる(2)。土地および家屋に対して課される固定資産税の課税標準は，基準年度に係る賦課期日における価格で，土地課税台帳や家屋課税台帳に登録されたものをいい（地方税法349条），償却資産に対して課される固定資産税の課税標準は，賦課期日における当該償却資産の価格で償却資産課税台帳に登録されたものをいう（同法349条の2）(3)。そして，ここにいう価格とは適正な時価とされる（同法341条5号）。

2　固定資産の価格の評価および決定の方法

市町村長は，総務大臣の定める評価基準（同法388条）によって，固定資産の価格を決定しなければならない（同法403条）。評価にあたって市町村長の指揮を受けて固定資産を適正に評価し，かつ，市町村長が行う価格の決定を補助するため，固定資産の評価に関する知識および経験を有する者のうちから，固定資産評価員を市町村長が議会の同意を得て選任することとされている（同法404条）。固定資産評価員は，市町村長の補助機関であるが，その選任について議会の同意を要する職であり，地方公務員法上の特別職の職員に該当する（地公法3条3項1号）。固定資産評価員の定数については，法律に別段の定めはないが，評価の適正統一を期する上から1人とすべきものと

(1)　最大判昭和30年3月23日・民集9巻3号336頁，最判昭和47年1月25日・民集26巻1号1頁。

解されている(4)。ところで，1人の固定資産評価員に，短期間に多数の固定資産の評価をすべて行わせることは事実上，不可能であろう。この場合，市町村長は，必要があると認める場合においては，固定資産の評価に関する知識および経験を有する者のうちから，固定資産評価補助員を選任し，これに固定資産評価員の職務を補助させることができる（地方税法405条）。固定資産評価補助員については定数の定めがなく，必要に応じ何人であってもよいとされている(5)。固定資産評価員の実態についてみてみよう。財団法人資産

---

(2)　最判平成26年9月25日・民集68巻7号722頁。判旨は，地方税法において「登記又は登録されるべき時期につき特に定めを置いていないことからすれば，その登記又は登録は，賦課期日の時点において具備されていることを要するものではないと解され」，「土地又は家屋につき，賦課期日の時点において登記簿又は補充課税台帳に登記又は登録がされていない場合において，賦課決定処分時までに賦課期日現在の所有者として登記又は登録されている者は，当該賦課期日に係る年度における固定資産税の納税義務を負うものと解するのが相当」であるとする。判旨のように解さなければ，未登記の新築家屋について，賦課期日までに家屋補充課税台帳に登録しなければ，その年度の固定資産税を賦課することができないこととなる。これは賦課期日の直前に新築された場合などは特に，課税庁に困難を強いることになる。また，同様の状況にある家屋について，登録がなされたものとそうでないものとで固定資産税の課税の有無が生じ課税の公平上の問題があること，新築家屋については登記をしないほうが課税上有利であるとの観念を生じさせることになり不動産登記制度にとっても望ましくない結果を招来するなどの指摘がある（渋谷雅弘・判批・ジュリ1480号（2015年）10頁参照)。一方で，「抽象的納税義務の成立と具体的納税義務の確定に至る過程から租税法律関係における当事者双方の効果意思介入の可能性を排除し，納税義務の実体的内容を実定租税法規の法効果として確定させる，という理解にもとづいて現行租税法規は定立されている」ことからすれば，固定資産税においては賦課期日が到来したときに抽象的納税義務は成立し，普通徴収方式により納税義務が具体的に確定するのであり，判旨のように解することは，「抽象的納税義務が成立していない納税義務者に対して遡及的に具体的納税義務を確定させる結果を導くものであり」，租税法学における通説的見解と相容れるものではないとの批判がある（高野幸大・判批・平成26年度重要判例解説（ジュリ臨増1479号）(2015年）215頁参照)。このほか本件評釈として，松原有里・税研178号(2014年）247頁がある。

(3)　なお，土地および家屋については，基準年度の価格が原則として3年間据え置かれるのに対し，償却資産については毎年，評価され価格が決定される。

(4)　固定資産税務研究会編『要説固定資産税』（ぎょうせい，2014年）235頁。

(5)　固定資産税務研究会・前掲注（4）237頁。

評価システム研究センターの報告書によれば(6)，平成24年当時において固定資産評価員を設置している団体は，1719団体中1033団体であり全体の60.1％を占めている。また，固定資産評価員の経歴は，当該市町村の税務担当課長が兼務している場合が全体の38.9％，副市町村長が兼務している場合が30.7％，税務担当部局長が兼務している場合が13.0％，元市町村・都道府県職員が8.2％，上記以外の市町村職員が1.7％となっており，自治体職員等を選任している自治体が多いことがうかがわれる。固定資産評価補助員については，1719団体中1685団体において18280名が選任されている。

固定資産の評価の質の確保の観点からすると，まず，固定資産評価員を設置していない団体が約4割もあることは問題があるように思われる(7)。地方税法上は，「固定資産税を課される固定資産が少い場合においては，第一項の規定にかかわらず，固定資産評価員を設置しないで，この法律の規定による固定資産評価員の職務を市町村長に行わせることができる」（同法404条4項）とされてはいるが，固定資産評価の専門性・技術性，重要性に鑑みれば，固定資産評価員を設置することが望ましいように思われる。また，固定資産評価員に選任されるのは自治体職員が多いようであるが，専門性の観点から適切といえるのだろうか。後述のように，裁判所は固定資産の「適正な時価」の評価において，価格の決定が評価基準を適切に適用して算出されているかという点を重視しており，評価基準を熟知していると思われる自治体職員が固定資産評価員に選任されるのは妥当かもしれない。一方で，裁判所は「適正な時価」について取引価格説にたっていることからすれば，資産評価やその地域の土地取引等に精通した不動産鑑定士等の専門家のほうがより適切であるようにも思われる。不動産鑑定士等の専門家であれば，資格により一定の質が保証されるし，実際にその地域で鑑定評価にあたっていれば，土地取引の事情にも明るいと考えられるからである。固定資産評価員の法制度

(6)　資産評価システム研究センター『地方税における資産課税のあり方に関する調査研究－課税に対する信頼の確保等について－』（2013年）5頁を参照。

(7)　同旨，資産評価システム研究センター報告書・前掲注（6）18頁。

上の位置づけを考えれば，以上のように固定資産評価員の質の確保は重要な課題であると思われる。他方で，固定資産評価員制度の形骸化がいわれるように[8]，固定資産評価員の法制度上の位置づけと実際にはギャップもあるようである。膨大な数の固定資産の評価を適正に行っていくためには，固定資産評価員制度の実質化だけでなく，評価を実施する組織や執行体制を整備し，その質を向上させることが重要である[9]。

市町村長は，固定資産評価員等に当該市町村所在の固定資産の状況を毎年少なくとも1回実地に調査させなければならず（同法408条），固定資産評価員は，当該実地調査の結果に基づいて固定資産の評価を行い，評価調書を市町村長に提出する（同法409条）。市町村長は，評価調書に基づいて固定資産の価格等を毎年3月31日までに決定し（同法410条），直ちに当該固定資産の価格等を固定資産課税台帳に登録しなければならない（同法411条）。求められる実地調査の程度としては，賦課期日から価格の決定・登録までの短期間の間に市町村内に所在する固定資産のすべてについて，かつ，その細部にまでわたって綿密な調査を行うことは，極めて困難であることから，必ずしも全部の資産について細部のいちいちにわたってまで行われなくとも，その固定資産の状況（例えば，現況の変化）を知り得る程度に行われれば足りると実務上解されている[10]。資産評価システム研究センターが行った自治体アンケート（平成17年）によれば，2347団体中，実地調査を年1回実施して

---

(8)　資産評価システム研究センター『固定資産税制度に関する調査研究～資産評価のアウトソーシング（民間委託，共同化）を活用した今後の資産評価事務のあり方について～』（2007年）90頁および111頁を参照。

(9)　資産評価システム研究センター報告書・前掲注（8）86頁は，固定資産評価員制度の見直しの方向性として，外部有識者の任用促進や複数市町村での共同設置を提言するほか，評価事務の効率化・専門性の確保のための民間委託や評価事務の共同化の課題について分析している。このほか，前田高志「固定資産税における評価事務の民間委託について」経済学論究62巻4号（2009年）1頁，愛知県内における集団的鑑定評価体制の取り組みについて紹介する小川隆文「固定資産標準宅地の鑑定評価体制」税（2001年7月号）57頁が参考になる。

(10)　固定資産税務研究会・前掲注（4）237頁。

いるのは336団体（14.3%），3年に1回が47団体（2.0%），必要が生じた場合が1671団体（71.2%）とのデータがある(11)。これによれば，定期的に調査を実施している団体は全体の2割に満たず，多くの場合，航空写真等により現況の変化を確認し，変化がみられるところについて実地調査を行っているものと考えられる。ところで，名古屋冷凍倉庫事件では，控訴審(12)は，実地調査について「評価事務上の物理的，時間的な制約等を考慮すれば，必ずしもすべての固定資産について細部まで行う必要があるものではなく，特段の事情のない限り，外観上固定資産の利用状況等を確認し，変化があった場合にこれを認識する程度のもので足りる」（傍点は筆者）とし，上述のような実務を是認する立場をとるようである。これに対し，最高裁(13)は，「本件倉庫の設計図に『冷蔵室（－30℃）』との記載があることや本件各倉庫の外観からもクーリングタワー等の特徴的な設備の存在が容易に確認し得ることがうかがわれ」る等の事情に照らして，本件倉庫を一般用の倉庫等として評価してその価格を決定したことにつき過失が認められないということもできないとする。このように，違法な評価をめぐる国家賠償訴訟（詳しくはⅣで扱う）においては，課税庁の調査義務の存在が過失の認定において重視されており，課税実務上も注意が必要であろう。

固定資産の価格の評価において重要な意義をもつのは，評価基準である。評価基準は，土地，家屋，償却資産それぞれにつき，評価の基準，実施方法，手続を定めており，その概要は次の通りである。評価基準における各資産の評価方法は，土地については売買実例価額，家屋については再建築価格，償却資産については取得価格を基準として評価する方法によっている(14)。土地については，土地の地目（田，畑，宅地等）ごとに，現実の売買実例価格をもとに，正常と認められない条件があれば，それを修正し，正常売買価格を

(11)　資産評価システム研究センター報告書・前掲注(8)110頁。
(12)　名古屋高裁平成21年3月13日・民集64巻4号1097頁。
(13)　最判平成22年6月3日・民集64巻4号1010頁。
(14)　固定資産税務研究会・前掲注（4）225頁。

求める方法によっている（評価基準第１章各節参照）。家屋については，同一の家屋を評価時において新たに建築したものとする場合の建築価格（再建築価格）をもとに，経過年数や損耗の程度に応じた減価が行われる（評価基準第２章第１節二）。償却資産については，取得時における取得価額を基準に，耐用年数および経過年数に応じた減価が行われる（評価基準第３章第１節一）。

3　具体的な評価方法－宅地の場合

次に，評価基準による資産の評価方法を宅地の評価を例として具体的にみていくことにする。宅地の評価は，各筆の宅地について評点数を付設し，当該評点数を評点一点あたりの価額に乗じて各筆の宅地の価額を求める方法による（評価基準第１章第３節一）。評点数は，主として市街地的形態を形成する地域における宅地については「市街地宅地評価法」により，主として市街地形態を形成するに至らない地域における宅地については「その他の宅地評価法」によって付設される（評価基準第１章第３節二）。

⑴　各筆の宅地の評点数の付設

ア）市街地宅地評価法

宅地を商業地区，住宅地区，工業地区等に区分し，各地区について，その状況が相当に相違する地域ごとに，その主要な街路に沿接する宅地のうちから標準宅地を選定する。次に，標準宅地について，売買実例価額から評定する適正な時価を求め，これに基づき，標準宅地の沿接する主要な街路に路線価を付設し，これに比準して主要な街路以外の街路の路線価を付設する。各筆の宅地の評点数は，路線価を基礎とし，「画地計算法」を適用して付設する。

イ）その他の宅地評価法

状況類似地区(15)を区分し，その地区ごとに標準宅地を選定する。標準宅

(15)　状況類似地区は，宅地の沿接する道路の状況，公共施設等の接近の状況，家屋の疎密度その他宅地の利用上の便等を総合的に考慮し，おおむねその状況が類似していると認められる宅地の所在する地区ごとに区分される。

地について，売買実例価額から評定する適正な時価に基づいて評点数を付設し，標準宅地の評点数に比準して，状況類似地区内の各筆の宅地の評点数を付設する。

(2) 標準宅地の適正な時価

標準宅地の適正な時価は，宅地の売買実例価額から評定される（第1章第3節二（一）3（1），同（二）4）。その方法は，まず売買が行われた宅地（売買宅地）の売買実例価額について，その内容を検討し，正常と認められない条件がある場合には，これを修正し，売買宅地の正常売買価格を求める。次に，当該売買宅地と標準宅地の位置，利用上の便等の相違を考慮し，当該売買宅地の正常売買価格から標準宅地の適正な時価を評定する。この場合において，基準宅地(16)との評価の均衡および標準宅地間の評価の均衡が総合的に考慮される。また，標準宅地の適正な時価を算定するにあたっては，当分の間，基準年度の初日の属する年の前年の1月1日の地価公示価格および不動産鑑定士による鑑定評価から求められた価格等を活用することとし，これらの価格の7割を目途として評定するものとされる（評価基準第1章第12節一）。この7割評価は，平成6年度の評価替えにあたり，いわゆる平成4年1月22日付自治事務次官通知・自固第3号（いわゆる7割評価通達）(17)によって導入された。この7割評価は，土地基本法の制定を受け，固定資産税評価を地価公示価格の一定割合を目標に均衡化する方向性を示した総合土地政策推進要綱（平成3年1月25日閣議決定）のもとに，資産評価システム研究センターが行った「土地評価に関する調査研究－土地評価の均衡化・適正化等に関する調査研究－」に基づくものといわれるところ(18)，同報告書は地価公示価格の「7割」とする根拠を以下の点に求めている(19)。

---

(16) 標準宅地のうち，市街地宅地評価法を適用して評点数を付設している場合には最高の路線価を付設した街路に沿接する標準宅地が，その他の宅地評価法のみを適用して評点数を付設している場合には単位地積あたりの適正な時価が最高である標準宅地が，基準宅地として選定される。

(17) 平成4年1月22日自治固第3，平成4年11月26日自治評第28。なお，同通達の内容は平成9年度以降については，評価基準に取り込まれ，現在に至る。

・平成3年末において地価安定期にあることを前提として，平成3年中における地価公示価格に対する収益価格の割合が，平均的に7割程度の水準であること（同報告書16頁）。

・資産間における評価の均衡を考慮した場合に，家屋の再建築価額の取得価額に対する割合が6〜7割程度となっていること（同報告書17頁）。

・昭和50年代初頭から中頃にかけての地価安定期において，固定資産税における土地の評価が地価公示価格に対して7割程度の水準にあったこと（同報告書17頁）。

同報告書が，地価公示価格と固定資産の「適正な時価」に開差を認めるのは，前者が土地の最有効利用を前提にするのに対し，後者は通常の利用を前提とした価格であるとの理解にたつもので，3割の減額は収益価格を考慮したものとも考えられる。一方で，7割評価の理由は，そうした収益価格（後述の収益還元価格説）の影響を受けたものではなく，課税のための評価は「堅目」ないし「低目」に行うべきであり，当時，相続税の課税のための土地評価において公示価格の7割（のち8割）が目標とされたことから，7割程度とする方針が採用されたとの見方もある[20]。上記報告書を作成した研究会の部会長であった田中一行が後に述懐するところによれば，自治省（当時）からは相続税の8割評価に対して，「経常的な収益の中から払われる経常税

(18) 品川芳宣・緑川正博『相続税財産評価の理論と実践』（2005年，ぎょうせい）404頁，品川芳宣「固定資産税（土地・家屋）の評価－評価の仕組みと問題点」税研127号（2006年）51頁を参照。一方，同報告書が7割評価通達に直接の影響を及ぼしていることに懐疑的な見解として，金子宏『租税法理論の形成と解明（下）』（2010年，有斐閣）523頁以下を参照。

(19) 同報告書の提示する「7割」評価の根拠にしては，平成3年当時が地価安定期にあるとの前提が妥当ではない，昭和50年代に7割評価が行われたとの証拠はない，そもそもその当時の土地公示価格は取引価格に比して低い水準にあったなど，土地公示価格の「7割」を妥当とする同報告書に対して批判的な見解もある。品川芳宣「固定資産税における7割評価の虚構性」税弘45巻1号（1997年）132頁，品川・緑川・前掲注（18）406頁，品川・前掲注（18）51-52頁，中里昌弘「土地税制と土地評価－資産デフレ期における対応」税研108号（2003年）31頁を参照。

(20) 金子・前掲注（18）522頁参照。

としての固定資産税の場合には，同じ資産価値を課税標準とするとしても，一種の安全率，掛け目みたいなものが必要だということから，８割を下回る安全率の提案がありまして，甲論乙駁の結果，７割に落ち着いた。数合わせと根拠探しが我々の仕事になったということです。[21]」（傍点は筆者）とある。そうすると，７割評価については，「なぜ７割か」という点では積極的な意味はなく，相続税の８割評価とのバランスから，相続税と固定資産税との性質の違いを理由とした若干の差を設けたということになろう。以上によれば，３割減の理由は，そのすべてが収益価格に配慮からきているとまではいえないものの，まったくそれを考慮してないともいえないように思われる[22]。

4　固定資産の「適正な時価」の構成要素

以上によれば，固定資産税の課税標準は，基準年度に係る賦課期日（１月１日）における価格であり，それは固定資産の適正な時価のことであり，その適正な時価は，売買実例価額から評定される。その具体的な評価額は，基準年度の初日の属する年の前年の１月１日の地価公示価格の７割を目途として評価されるため，現行法制上，固定資産の「適正な時価」の内容がどのような要素によって構成されているかは，さらに地価公示価格の決定過程をみる必要がある。

地価公示は，地価公示法に基づき土地鑑定委員会[23]が毎年１月１日時点

(21)　田中一行・品川芳宣・福井康子「《座談会》固定資産税の適正な負担を考えるための提言～7割評価から収益方式へ～」税56巻7号（2001年）20頁。

(22)　平成６年の評価替えにより土地公示価格の７割評価が導入されることとなり，平成６年度の評価額は全国平均でおおむね平成５年度の評価額の4～5倍に引き上げられたといわれている。ただし，７割評価による税負担の急増を避けるため，負担調整措置が同時に採用されている。品川・緑川・前掲注（18）404頁参照。

(23)　国土交通省に設置され（地価公示法12条），不動産の鑑定評価に関する事項や土地に関する制度についての学識経験者から，両議院の同意を得て，国土交通大臣が任命する７人の委員によって組織される（同法14条，15条）。

における標準地[24]の正常な価格を３月に公示する制度である。地価公示の目的は，標準地の正常な価格を公示することにより，一般の土地の取引価格に対して指標を与え，公共事業の用に供する土地の適正な補償金の額の算定等に資し，もって適正な地価の形成に寄与することにある（土地公示法１条）。

地価公示価格は，土地鑑定委員会が，２人以上の不動産鑑定士の鑑定評価を求め，それに必要な調整を行い，標準地の１平方メートルあたりの正常な価格を判定する（同法２条１項）。ここにいう「正常な価格」とは，土地について自由な取引が行われるとした場合におけるその取引において通常成立すると認められる価格をいい（同法２条２項），鑑定評価にあたっては，不動産鑑定士は，近傍類地の取引価格から算定される推定の価格，近傍類地の地代等から算定される推定の価格および同等の効用を有する土地の造成に要する推定の費用の額を勘案して行わなければならないとされている（同法４条）。同条に基づく鑑定評価の基準として，標準地の鑑定評価の基準に関する省令（昭和44年12月９日建設省令第56号）が定められている。近傍類地の取引価格から算定される推定の価格は，近傍類地の取引価格から地域要因等を比較考慮して求められる（取引事例比較法。同令７条）。近傍類地の地代等から算定される推定の価格は，標準地にかかる総収益および総費用から求められた標準地の純収益（標準地の総収益および総費用を適切に求めることが困難な場合には，近傍類地の純収益と比較考量して得た標準地の純収益。なお，純収益は原則１年を単位とする）を還元利回りで元本に還元することにより求められる価格である（収益還元法。同令８条）。ここにいう還元利回りは，最も一般的と思われる投資の利回りを標準とし，その投資の対象および標準地の投資の対象としての流動性，管理の難易，資産としての安全度等を相互に比較考量して決定しなければならないとされている（同令８条４項）。同等の効用を有する土地の造

(24)　標準地は，土地鑑定委員会が，国土交通省令で定めるところにより，自然的および社会的条件からみて類似の利用価値を有すると認められる地域において，土地の利用状況，環境等が通常と認められる一団の土地について選定する（地価公示法３条）。

成に要する推定の費用の額は，標準地を価格判定の基準日において造成すると仮定したならばその造成に要すると認められる適正な費用（造成原価）の額をいう（原価法。同令9条）。標準地の鑑定評価は，これらの価格等が勘案され行われる。

ところで，このように地価公示価格は，法令上，取引事例比較法だけでなく，収益還元法によるアプローチをも含めて標準地の「正常な価格」を求めるものということができ，地価公示価格の7割を目途として評定される固定資産の「適正な時価」の内容は，その要素として，単に売買実例価額のみを基準にしているわけではなく，収益価格も考慮されているといえそうである。もっとも，上記の3つの方法は，土地の鑑定評価において同じウェイトをもっているわけではなく，収益還元法についても，商業地のオフィス・ビル等を除いては直接に適用される事例は少なく，主としてバブルの時期に，評価にあたって不正常な要素を排除するために取引事例価格が正常なものであるかどうかを検証するための手段として用いられるなど，例外的・補助的な役割を果たしているにとどまり，取引事例比較法が主として用いられているとの指摘がある(25)。以上によれば，固定資産の「適正な時価」は，主として売買実例価額（取引事例価格）から評定される，取引価格ないし市場価格によって構成されているといえる。

Ⅲ　固定資産の「適正な時価」の意義

1　適正な時価の意義をめぐる学説の対立とその背景

固定資産の適正な時価について，学説上，取引価格説（市場価格説）と収益還元価格説とが対立してきた。取引価格説は，適正な時価とは，客観的な交換価値，すなわち独立当事者間の自由な取引において成立すべき価格（正常な条件の下に成立する取引価格）であるとする(26)。これに対し，収益還元価

(25)　金子宏『租税法（第21版）』（弘文堂，2015年）659頁，金子・前掲注（18）524頁を参照。

格説は，適正な時価とは，資産が生み出す収益を基礎として，収益還元法によって求められる価格であるとする。そもそも「適正な時価」について，取引価格によるか，収益価格によるかは評価方法のアプローチの仕方の違いに過ぎず[27]，理論的にはいずれひとつの価格に収れんするものと考えられるのに，固定資産の「適正な時価」とは取引価格をいうとか，あるいは収益価格をいうとか，あたかも両者がまったく別もののように対立してきたということに違和感をおぼえるかもしれない。ところが，戦後の日本の経済の実態においては，キャピタル・ゲインを織り込んで地価が形成され，収益還元価格と取引価格とが大幅に乖離し，その結果として，収益還元価格説と取引価格説とが鋭く対立することになったという事情があり[28]，その点で両説の対立は，固定資産税の税負担の問題と密接に関連していたのである。したがって，これら両説の意義を考える場合には，「土地の取引価格には将来の値上がり期待が反映されること等により，その取引価格は収益価格を大きく上回るという認識があった[29]」こと，「近年は，土地取引において土地の収益性が最も重視されるようになっており，対立の前提が揺らいでいる[30]」と指摘されるように，両説の対立は経済的背景に大きく影響を受けていることを踏まえる必要がある。

以上を踏まえて，各説の内容とその主張の骨子を確認しておこう。

取引価格説は，「時価」という文言の通常の意味は，固定資産税に限らず「一般に，公開の市場で売手と買手の合意（取引）により形成される資産の価額つまり客観的交換価値として評価された価格（額）であると理解され[31]」ること，課税要件において用途が問題とされていないこと[32]，固定

(26)　金子・前掲注（25）659 頁参照。
(27)　石島弘『課税標準の研究』（信山社，2003 年）419 頁参照。
(28)　金子・前掲注（18）516 頁参照。
(29)　渋谷雅弘「固定資産税における適正な時価」『租税判例百選［第 5 版］』（有斐閣，2011 年）174 頁。
(30)　渋谷・前掲注（29）175 頁。
(31)　石島・前掲注（27）387 頁。
(32)　谷口勢津夫「固定資産税の法的課題」日税研論集 46 号（2001 年）191 頁。

資産税は「土地の資産価値に着目し，その所有という事実に担税力を認めて課する一種の財産税であって，個々の土地の収益性の有無にかかわらず，その所有者に課するもの」であることから，適正な時価とは「正常な条件の下に成立する当該土地の取引価格，すなわち，客観的な交換価値」であるとする(33)。以上の理由に加え，取引価格説にはより実践的な意味がある。それは「土地の市場価値の認定を客観的且つ合理的に行うことができるならば，……収益還元価格説の難点を克服……でき，……また，市場価値の決め方いかんによっては，評価の過程から恣意を排除し，土地相互間の公平と地域間の均衡を確保することができる(34)」ことである。

一方，収益還元価格説は，固定資産税は土地の保有を前提とした租税であり，「固定資産が生む収益が担税力となっているのであり，収益を上回るような課税は保有税として許されないという限界がある(35)」こと，「性格的には土地等が長期的にもたらす安定的な収益力を担税力として期待して課税するもの」であり，相続税などと異なり「取引価格を評価の尺度にもってくる必要性は乏しい」こと，地方税法の規定する3年毎の評価替えという仕組みでは「地価変動が大きいときには取引価額で評価すること自体が無理」であり，「固定資産税の場合には，必然的に収益還元価格を基準にして評価でなければならない」とし，その資産の評価は，資産が生み出す収益を基礎として行うべきであると主張する(36)。

収益還元価格説は，従来の課税実務(37)とも親和的であり，納税者にとっても「税負担を収益の範囲内におさえることができる，という安心感(38)」と結びついているように思われる。もっとも，収益還元価格を求めるには，

---

(33)　最判平成15年6月26日・民集57巻6号724頁。

(34)　金子・前掲注（18）518頁，525頁参照。

(35)　山田二郎「固定資産税の課税構造を改革するための考察」東海法学17号（1997年）2頁および7頁参照。

(36)　品川芳宣「土地評価と土地税制」租税研究553号（1995年）60頁参照，同「固定資産における7割評価の虚構性」税弘45巻1号（1997年）132頁を参照。

実際上，種々の困難が指摘されている。まず，収益還元法自体の問題として，収益還元法は資産が将来生み出す収益を現在価値に還元する方法であるが，将来の収益の正確な予測が困難であること，どのような還元率を用いるかによって資産の価値が変動することが挙げられる[39]。また，同じ地域の類似の土地であっても，地代にばらつきがあり，その場合に現実の地代を基礎に収益還元価格を算出すると評価が不公平になること，公平を維持するためには標準的収益額を想定する必要があるが，それを算出するにも困難があることなどである[40]。これらのことは，評価の恣意性を生み，評価の不公平や不均衡を生じさせるおそれがあるといえよう。

ところで，この対立の背景には，一見，固定資産税を財産税とみるか収益税とみるかの違いがあるように思われるが，固定資産税の性格論は，市場における取引価格よりも低い「適正な時価」を正当化するための（時価の低評価のための）理論として機能してきたといわれており[41]，「適正な時価」の評価方法にとって決定的な意味をもつものではないとも考えられる。以上のように，取引価格説と収益還元価格説との対立は，「取引価格」が「収益価格」を大幅に上回るという経済状況に規定されていたといえ，収益還元価格説がつねに納税者にとって「安心」（収益還元価格が取引価格よりもつねに低評

---

(37)　金子・前掲注（18）509 頁および谷口・前掲注（32）191 頁によれば，自治省関係者においては，固定資産税を収益税ないし収益税的財産税として性格づける傾向が強く，したがってその価格は収益還元価格であるべきとする見解が有力であったとされている。その背景としては，固定資産税の前身である地租が土地の賃貸価格を課税標準として課される収益税であったこと，シャウプ勧告が土地・家屋の価格の計算の基礎として賃貸価格の見積額を用いたこと，固定資産税の適用・執行において課税標準が時価を著しく下回る水準に据え置かれてきたこと，そのような低い評価水準を追認し，正当化するために，収益税説は好都合な理論であったことが指摘されている。金子・前掲注（18）510 頁を参照。

(38)　金子・前掲注（18）513 頁参照。

(39)　金子・前掲注（18）517 頁以下を参照。

(40)　金子・前掲注（18）517 頁以下を参照。

(41)　金子・前掲注（18）510 頁，石島・前掲注（27）418 頁，谷口・前掲注（32）192 頁，196 頁以下を参照。

価になる）ともいえないのである。収益還元価格は，収益の予測や還元利回りに左右されるのであり，バブル期のような景気の上昇局面では（利率が上昇），収益還元価格は取引価格よりも低い傾向をみせるが，景気の後退局面では（利率が下落），かえって取引価格よりも高くなることもありうる(42)。収益還元価格がつねに取引価格を下回るともいえない。結局のところ，「適正な時価」の評価方法としては，ひとつの方法に限定するのではなく，取引事例比較法（取引価格）や収益還元法（収益還元価格）など複数の評価方法を用いて客観的な交換価値に接近することが妥当であろうと思われる(43)。あるいは，取引価格をベースに評価された「適正な時価」が，客観的な交換価値として適正な水準にあるかを図るために収益還元価格を用いることが考えられてよい(44)。

2　「適正な時価」の意義をめぐる判例

次に，「適正な時価」を判例がどのようにとらえているかをみていく(45)。

---

(42)　石島・前掲注（27）420頁参照。

(43)　石島・前掲注（27）420頁参照。

(44)　不動産鑑定士である黒沢泰は，「商業施設でありながら，なぜ収益還元法による評価方式が固定資産税の評価に受け入れられないのかという素朴な疑問」に対して，鑑定評価と固定資産税の評価との相違点を分析し，「固定資産税の評価における収益還元法の有用性は，それが客観的な交換価値の水準をどれだけ検証し得るかにかかっている」と指摘する。そのうえで同論考は，賃貸用不動産の売買においては収益価格が最重要視されている現実などをふまえ，賃貸用不動産や商業施設については，固定資産の評価上も収益還元法の位置づけをもう少し積極的なものとしてとらえる必要があると主張する。黒沢泰「租税判決から見た不動産の時価－「適正な時価」を目指して－（59）」税務経理9338号（2014年）5頁以下を参照。

(45)　固定資産の適正な時価をめぐる判例のまとまった研究として，宮本十至子「固定資産税における適正な時価について」税法学563号（2010年）349頁，阿部雪子「固定資産の適正な時価」『固定資産税制度に関する調査研究』（財団法人資産評価システム研究センター，2010年），佐藤英明「近年の裁判例にみる固定資産税の性格づけと『適正な時価』の意義」『固定資産税の判例に関する調査研究』（財団法人資産評価システム研究センター，2003年）がある。

最判平成15年6月26日（民集57巻6号723頁）(46)は，東京都千代田区に所在する2つの宅地の平成6年度の登録価格について，前基準年度（平成3年度）の価格を超える部分の取り消しを求めた事案である。平成3年頃からバブルの崩壊によって都市部を中心に地価の下落が進んでいた中で，平成6年度には前述の7割評価通達に基づく評価替えが行われ，地価が下落しているにもかかわらず，評価額は上昇するという現象が生じ，全国的にも固定資産評価審査委員会に対する審査の申出が2万件を超すなどしていた(47)。本件宅地もまた，7割評価通達を受けた市街地宅地評価方法によって評価されており，各土地の平成6年度の価格は，本件土地1は12億5588万7640円，本件土地2は1268万8440円とされたところ（なお，審査申出を受け，10億9890万1690円および1103万3010円に減額），原告は本件土地1については1億3629万2820円，本件土地2については91万8500円を超える部分の取り消しを求めた。

本件各土地については，それぞれを一画地として評点数が付設されており，この画地が沿接する正面路線および側方路線の路線価を付設するうえで比準した標準宅地甲および標準宅地乙について，7割評価通達および時点修正通知(48)が適用されている。その結果，標準宅地甲については，価格調査基準日である平成4年7月1日における鑑定評価価格をもとに平成5年1月1日までの時点修正を行い，その7割程度である910万円を，標準宅地乙につい

---

(46) 本件評釈として，渋谷雅弘・前掲注（29）174頁，坂本勝・最高裁判所判例解説民事篇（平成15年度）361頁，佐々木潤子・判評544号（2004年）7頁，石島弘・民商129巻6号（2004年）133頁，増井良啓・法協122巻9号（2005年）145頁，藤原淳一郎・自治研究82巻1号（2006年）138頁などがある。

(47) 谷口・前掲注（32）188頁参照。

(48) 平成4年11月26日自治評第28号「平成6年度評価替え（土地）に伴う取り扱いについて」は，「平成6年度の評価替えは，平成4年7月1日を価格調査基準日として標準宅地について鑑定評価価格を求め，その価格の7割程度を目標に評価の均衡化・適正化を図ることとしているが，最近の地価の下落傾向に鑑み，平成5年1月1日時点における地価動向も勘案し，地価変動に伴う修正を行うこととする。」とした。

ては同日の地価公示価格の7割である560万円をもって，それぞれの1平方メートルあたりの適正な時価とされた。ところが，標準宅地甲については，平成5年1月1日から同6年1月1日までに32%の価格の下落があり，同日における1平方メートルあたりの客観的な交換価値は890万6028円であり，標準宅地乙については同様に33.75%の価格の下落があり，同日における1平方メートルあたりの客観的な交換価値は，同日の地価公示価格の530万円であった。これらの各標準宅地の客観的な交換価値に基づいて，本件土地1および2の価格を算定すると，それぞれ10億7447万9380円，1078万7810円となる。原審は，これらの価格を上回る部分を違法とした。

最高裁は，「土地に対する固定資産税は，土地の資産価値に着目し，その所有という事実に担税力を認めて課する一種の財産税であって，個々の土地の収益性の有無にかかわらず，その所有者に対して課するものであるから，上記の適正な価格とは，正常な条件の下に成立する当該土地の取引価格，すなわち，客観的な交換価値をいうと解される。したがって，土地課税台帳等に登録された価格が賦課期日における当該土地の客観的な交換価値を上回れば，当該価格の決定は違法となる」(傍点は筆者）とする。続けて，「他方，法は，固定資産の評価の基準並びに評価の実施の方法及び手続を自治大臣の告示である評価基準にゆだね，市町村長は，評価基準によって，固定資産の価格を決定しなければならないと定めている。これは，全国一律の統一的な評価基準による評価によって，各市町村全体の評価の均衡を図り，評価に関与する者の個人差に基づく評価の不均衡を解消するために，固定資産の価格は評価基準によって決定されることを要するものとする趣旨であるが，適正な時価の意義については，上記の通り解すべきであり，法もこれを算定するための技術的かつ細目的な基準の定めを自治大臣の告示に委任したものであって，賦課期日における客観的な交換価値を上回る価格を算定することまでもゆだねたものではない」とし，評価基準にそってさえいれば，それによって評価された価格は適正な時価であるとする課税庁側の主張を否定している。そのうえで，本件について，登録価格が賦課期日における客観的な交換価値を上回るか否かについて，どのように判断しているかといえば，「評価基準に定める市街地宅地評価法は，標準宅地の適正な時価に基づいて所定の方式に従って各他地区の評価をすべき旨を規定するところ，これにのっとって算定される当該宅地の価格が，賦課期日における客観的な交換価値を超えるものではないと推認することができるためには，標準宅地の適正な時価として評定された価格が，標準宅地の賦課期日における客観的な交換価値を上回っていないことが必要である」，「前記事実関係によれば，本件決定において7割評価通達及び時点修正通知を適用して評定された標準宅地甲及び標準宅地乙の価格は，各標準宅地の平成6年1月1日における客観的な交換価値を上回るところ，同日における各標準宅地の客観的な交換価値と認められる……価格に基づき，評価基準にのっとって，本件各土地の価格を算定すると，前記……の各価格になるというのである。そうすると，本件決定のうち，前記各価格を上回る部分には，賦課期日における適正な時価を超える違法があり，同部分を取り消すべきものであるとした原審の判断は，正当として是認することができる」（傍点は筆者）とした。

本件判決は「適正な時価」について取引価格を基準に考えているから，取引価格説にたつものといえよう。さらに，登録価格が賦課期日における客観的な交換価値を上回るか否かの判断方法についても，重要な判断を示している。この点については，後述することとして，ここでは，判例が「適正な時価」の意義について取引価格説にたっていることを明確にしておきたい。ところで，取引価格説にたつとしても，その「正常な条件のもとに成立する取引価格」をいかに算定するかには，一考の余地がある。実勢価格は個々の取引の個別性を反映しているところ，実勢価格に比準して標準宅地の価格を算定する場合，実勢価格そのものを標準宅地の価格にあてはめるのではなく，実勢価格から個々の事情を捨象した「正常な条件のもとに成立する取引価格」を求める必要がある。このとき，その価格が「正常な条件のもとに成立する取引価格」といえるかについて，収益還元価格からアプローチすることが考えられる。つまり，「正常な条件のもとに成立する取引価格」は一般に収益還元価格を超えない価格であって，実勢価格が収益還元価格を超える場合には，正常でない条件の下で形成された価格であるとする見解がそれである(49)。

これについては，最判平成 18 年 7 月 7 日（集民 220 号 621 頁）(50)が否定的見解を明らかにしている。事案の概要は次の通りである。本件各土地は，東京都渋谷区に所在し，市街地的形態を形成する地域における宅地として，市街地宅地評価法により評価されている。路線価の付設にあたっては標準宅地甲の適正な時価を 261 万円（平成 8 年 1 月 1 日時点の不動産鑑定価格 373 万円の 7 割程度），標準宅地乙の適正な時価を 65 万 3000 円（同時点の不動産鑑定価格 93 万 4000 円の 7 割程度）とし，平成 8 年 1 月 1 日から平成 8 年 7 月 1 日までの時点修正率（0.92）を適用して，本件土地 1 については 7 億 7706 万 5460 円，本件土地 2 については 1 億 994 万 3300 円と評価され，土地課税台帳に登録された（平成 9 年度の価格）。原告は，評価基準の適用の誤りのほか，各土地の鑑定評価をもって平成 8 年 7 月 1 日時点における本件各土地の時価は合計 4 億 7140 万円であり，賦課期日である平成 9 年 1 月 1 日時点ではさらに客観的時価が下落していたことは明らかであり，少なくとも上記価額を上回る限度で適正な時価を超えることは明らかであると主張した（当該鑑定評価は，取引事例比較法に基づく比準価格を求めたうえで，類似する地域にある地価公示地の地価公示価格を算出したうえで算出されている。なお，収益価格も算定しており，これによれば前記の鑑定評価額よりも低額になるが，参考に止めている。）。一審は，評価基準の適用の違法の主張については排斥したものの，鑑定評価による評価額を適正な時価であるとし，本件の価格の決定は違法であるとした。控訴審(51)は，「固定資産税の課税対象である土地の評価は，その制度本来の趣旨

(49)　山田二郎「固定資産税の評価をめぐる最高裁判決とその影響」税理 46 巻 14 号 16 頁。

(50)　評釈として，品川芳宣・税研 129 号（2006 年）81 頁，高野幸大・民商 136 巻 1 号（2007 年）77 頁，江原勲・税 62 巻 7 号（2007 年）31 頁，西野敞雄・ジュリ 1348 号（2008 年）253 頁，山田俊一・税研 148 号（2009 年）184 頁などがある。

からして，土地の収益力を資本還元した価格（収益還元価格）を上限とすべきものである」（傍点は筆者）として，前記鑑定評価における収益価格を基礎に，本件各土地の収益還元価格を3億8929万9728円（本件土地1）および5489万2532円（本件土地2）とし，それを超える部分について決定を取り消した。

これに対し，最高裁は，前記最判平成15年6月26日の判旨（前半部分）を引用したうえで，「適正な時価を，その年度において土地から得ることのできる収益を基準に資本還元して導き出される当該土地の価格をいうものと解すべき根拠はない。また，一般に，土地の取引価格は，上記の価格以下にとどまるものでなければ正常な条件の下に成立したものとはいえないと認めることもできない」として，原判決を破棄し，本件各土地の価格が賦課期日における客観的な交換価値および評価基準によって決定される価格を上回るものでないかどうかにつき審理させるために，原審に差し戻した(52)。

これらの判例に照らすと，「適正な時価」は，原則として取引価格を基準として判断されるといえる。それでは「適正な時価」の評価において，収益還元価格（収益還元法）は何の用もなさないのだろうか。前述の通り，不動産の鑑定評価基準においては，取引事例比較法や収益還元法など，複数の評価方法が時価の算定方法として挙げられており，多面的な角度から時価に接近する方法がとられている。そうであれば，固定資産の適正な時価を評価する場合にも，取引価格からだけでなく，上記の見解のように収益還元価格の面からもアプローチすることも十分に考えられるところである(53)。上記平

(51) 東京高判平成14年10月29日・判時1801号60頁。

(52) 差戻控訴審（東京高判平成19年6月7日・LEX／DB文献番号28141053）は，評価基準等による評価方法が一般的合理性を有する場合には，評価基準による評価が適正に行われれば，その評価方法によって算定された価格は，評価基準等自体が違法であるなど評価基準等によっては適正な時価を算定することができない特別の事情がない限り，その適正な時価を超えるものではないと推認されるとした。本件については，評価方法の一般的合理性を認め，また，鑑定評価による評価額が登録価格を下回ることをもって，特別な事情にあたるということはできないとした。

成18年最判以前の裁判例には，上記最判平成18年の原審判決のように，取引価格のみを指標とするのではなく，長期的な収益力を考慮した収益価格を重視ないし加味するものもあったようである[54]。ところが，次にみるように，登録価格が「適正な時価」といえるかどうかについての裁判所の判断枠組みをみていくと，例えば，納税者が不動産鑑定評価による収益還元価格をもち出したとしても，それとの対比において，「適正な時価」の多寡をいうことは困難であるといえる。

3 「適正な時価」の判断枠組み

前述の通り，固定資産の適正な時価とは，正常な条件の下に成立する当該土地の取引価格，すなわち，客観的な交換価値をいうとされる。一方で，地方税法は，市町村長は，総務大臣の定める評価基準によって，固定資産の価格を決定しなければならないとしている。評価基準は，適正な時価を算定するための「技術的かつ細目的な基準の定め」（前掲最判平成15年6月26日）とされ，通常，評価基準を適正に適用して求められた価格は，適正な時価に一致すると考えられる。ところが，評価時点と賦課期日との間にタイムラグがあり，この間に時価が騰落することがある。この場合，評価基準によって算定された価格であっても，地方税法は評価基準に「賦課期日における客観的な交換価値を上回る価格を算定することまでもゆだねたものではない」から，評価基準によって算定された価格が賦課期日における客観的な交換価値を上回る場合には，当該価格の決定は違法となる[55]。

それでは，評価基準によって算定された価格が，客観的な交換価値を上回

(53)　品川芳宣「固定資産評価基準の法的性格と問題点」税研112号（2003年）65頁，同「固定資産税における『適正な時価』の意義とその評価方法」税研129号（2006年）84頁を参照。

(54)　品川芳宣「固定資産税（土地・家屋）の評価－評価の仕組みと問題点」税研127号（2006年）84頁参照。

(55)　同判決は，登録価格のうち，賦課期日における客観的な交換価値を上回る部分については，適正な時価を超える違法があり，同部分を取り消すべきとする原審の判断を是認した。

っているかどうかをどのように判断しているかといえば，前掲最判平成15年6月26日は，評価時点と賦課期日の時点とを比較し，標準宅地の地価公示価格の下落を認定し，賦課期日における標準宅地の地価公示価格に照らして客観的な交換価値を上回る違法があるとしている。つまり，評価基準を無視して，別の評価方法としての鑑定評価による価格が直ちに許容されているのではなく，評価基準の合理性を肯定したうえで(56)，あくまで評価基準に則る形で結論が導かれているのである。このように固定資産の評価において，登録価格が適正な時価を上回るかどうかの判断において，直接，個別の鑑定評価による算出価格を適正な時価として主張することは困難である(57)。

このことは，建物の評価が問題となった最判平成15年7月18日（集民210号283頁）においてより明らかである。課税庁は，鉄骨造陸屋根3階建店舗につき，再建築費評点数（4715万2107点）を基礎に，家屋の損耗による減点補正率（経年減点補正率）を0.58（評価基準は，鉄骨造り（骨格材の肉厚が4mmを超えるもの）の店舗および病院用建物について，鉄骨造毎年2%ずつ減価して40年経過後の残価率を20%とする定額法に基づいて，経過年数21年の経年減点補正率を0.58と定める）とし，平成9年度の本件建物の価格を3008万3044円と決定した。これに対し，原告は，本件建物の鑑定評価額は1895万円であり，適正な時価を超えると主張した。原告提出の鑑定評価書は，本件建物の再調達原価を5082万8000円とし，本件建物の築後年数を19年，経済的残存耐用年数を20年，同耐用年数経過時の残価率を0とする定額法による減価として，前記再調達原価に残価率39分の20を乗じて2606万6000円を算出し，これに0.75（観察減価25%）を乗じて1955万円を算出し，補修費60万円を控除して鑑定評価額を求めている。当該鑑定評価と評価基準との最も大きな違いは，残価率の違い（評価基準は20%，鑑定評価は0）にあるといえる。原

(56) 宮本・前掲注（45）353頁参照。
(57) 鑑定評価による適正な時価の主張立証責任については，占部裕典「固定資産税の『適正な時価』と相続税法の『時価』の解釈」同志社法学64巻2号（2012年）1頁以下を参照。

審は，原告の提出した鑑定評価書に則って本件建物の「適正な時価」を認定するのが相当であるとし，本件建物の「適正な時価」は 2606 万円程度を超えるものではなく，これを超える登録価格の決定は「適正な時価」を超えるものであり，違法であるとした。

このように当該事案の原審は，評価基準によって決定された価格と，原告の提出した不動産鑑定士による鑑定評価額とを対比し，同鑑定書による評価に特に問題がないとして，同鑑定書に基づく評価額を適正な時価と認定し，その価格を超える課税庁の決定価格は違法であるとした。これに対し，最高裁は，評価基準に定める評価方法の一般的合理性を認定したうえで，課税庁が「本件建物について評価基準に従って決定した前記価格は，評価基準が定める評価の方法によっては再建築費を適切に算定することができない特別の事情又は評価基準が定める減点補正を超える減価を要する特別の事情の存しない限り，その適正な時価であると推認するのが相当である」とし，原審の採用した鑑定評価の再調達減価および残価率をもって，直ちに特別の事情にあたるということはできないとして，原判決を破棄，原審に差戻した(58)。

一般的には，個別の資産について行われる鑑定評価の方が，より当該資産の「適正な時価」として正確であるように思われる。ところが裁判所は，こうした個別の鑑定評価には非常に冷淡であるという指摘がある(59)。裁判所はむしろ「適正な時価」を超えるか否かの判断を，評価基準が適正に適用されているか否かの問題として処理しようとしているように考えられるのである。このように裁判所が評価基準を重視するのは，市町村長は評価基準によって価格を決定しなければならないとする法の趣旨，「全国一律の統一的な

(58)　差戻控訴審（札幌高判平成 16 年 4 月 27 日・LEX／DB 文献番号 25482809）は，中古建物である本件建物については残価率をゼロとすべきこと，本件建物について評価基準の定める減点補正を超える減価を要する特別の事情として，本件建物の老朽化が激しく，また，競売物件であったため管理が悪かったことを主張したが，いずれも特別の事情にあたらないとした。

(59)　物部康雄「税務争訟の現場から見る固定資産評価制度①」税 70 巻 4 号（2015 年）356 頁は，裁判官は原告側の提出する不動産鑑定書をほとんど「無視」すると述懐する。

評価基準による評価によって，各市町村全体の評価の均衡を図り，評価に関与する者の個人差に基づく評価の不均衡を解消するために，固定資産の価格は評価基準によって決定されることを要するものとする趣旨」（前掲最判平成15年6月26日）に鑑みたものであろう。

以上によれば，登録価格が客観的な交換価値を上回るといえるか否かは，まず，評価基準へのあてはめ（評価方法の選択や評価の基礎となる数値の適正さなど）に問題がないか，評価基準の定める評価方法に一般的合理性があるか，（一般的合理性が認められるとして）評価基準の定める方法では，適切に算定できない特別の事情の有無によって判断されることになる。

4　評価基準と「適正な時価」との関係

評価基準によって決定される価格（登録価格）が適正な時価を上回るか否かは，前掲最判平成15年6月26日のように，原則として評価基準のあてはめに問題がなかったかという観点から判断される。そこでは，適正な時価，すなわち客観的な交換価値そのものがいくらであるかというよりも，むしろ評価基準の内容やそのあてはめこそが問題とされているように思われる。このことは「評価基準によって決定される価格」と「適正な時価」との関係について判事した最判平成25年7月12日（民集67巻6号1255頁）(60)においてより明確にされていると考えられる。

本件の事案の概要は次の通りである。本件は，東京都府中市内の区分建物を共有し，その敷地権にかかる固定資産税の納税義務を負うXが，府中市

(60)　評釈として，吉村典久・ジュリ1461号（2013年）8頁，石島弘・民商149号3号（2013年）297頁，羽根一成・地方自治職員研修46巻13号（2013年）58頁，徳地淳・ジュリ1465号（2014年）92頁，宮本十至子・ジュリ1466号（2014年）222頁，田中治・判評665号（2014年）27頁，仲野武志・自治研究90巻5号（2014年）132頁，人見剛・ジュリ1466号（2014年）58頁，藤原孝洋＝古田隆・判例地方自治380号（2014年）4頁，橋本浩史・税通69巻2号（2014年）207頁，担当弁護士によるものとして沼井英明「固定資産の登録価格の決定の違法性判断基準」租税訴訟学会『租税訴訟8』（財経詳報社，2015年）301頁などがある。

長により決定された上記敷地権の目的である各土地の平成21年度の価格を不服として審査申出を行い，これを棄却する決定を受けたため，その取り消しを求めた事案である。本件各土地を含む一帯の土地は，共同住宅である車返団地の敷地等であり，府中市の都市計画において第1種中高層住居専用地域と定められており，当該地域の指定建ぺい率は60%，指定容積率は200%である。車返団地は，府中市都市計画に定められた「一団地の住宅施設」であり，本件各土地のうち，車返団地の敷地である土地1ないし3（本件敷地部分）については，建ぺい率が20%，容積率が80%に制限されている。府中市長は，本件敷地部分につき，各土地の価格を26億357万6166円（土地1），2億5557万4844円（土地2），25億9418万6372円（土地3）と決定し，土地課税台帳に登録した（平成21年度の価格）。Xは，本件各土地につき建ぺい率および容積率の制限が適切に考慮されておらず，評価基準を適正に適用しているとはいえず，本件登録価格は評価基準によって決定された価格とはいえないと主張した。

原審は，固定資産税の課税標準となる固定資産の価格は適正な時価をいうものとされているのであって，登録価格に関する審査の申出は，固定資産課税台帳に登録された価格が適正な時価を超えていないかどうかについてされるべきものであり，固定資産評価委員会の決定の取り消しの訴えにおいても，「原則として固定資産課税台帳に登録された価格が適正な時価を超えた違法があるかどうかが審理判断の対象となるべきものであり，例外的に固定資産評価審査委員会の審査決定の手続に固定資産の価格に係る不服審査制度の根幹にかかわり，結論に影響がなくても違法として取り消されなければ制度の趣旨を没却することとなるような重大な手続違反があった場合に限り，これを理由に固定資産評価審査委員会の決定を取り消すこととなると解するのが相当である」とし，本件については，登録価格が適正な時価を超えた違法があるかどうかを検討すれば必要かつ十分であるとした。そのうえで，本件の一団地の住宅施設は建ぺい率および容積率にかかる制限を受ける一方で，そのことが環境改善要因として土地の価格のプラス要因にもなることを考慮すると，本件各土地については，本件で提出された証拠において収集された取引事例の取引価格および公示価格について時点修正等の所要の補正を行ったうえで，その3割を減ずる減価要因として位置付けて標準宅地の適正な時価を算定し，本件各土地の客観的価格を算定することとするのが相当であるとし，本件各土地の客観的価格は1平方メートルあたり16万8000円ないし25万2000円の範囲内に収まるものであり，これとその他の事情を総合考慮して標準宅地の適正な時価を算定し，本件各土地の客観的な価格を算定すると，登録価格（1平方メートルあたり16万4560円）を上回ることとなるため，登録価格の決定が違法となることはないとした。

これに対し，上告審は，前掲最判平成15年6月26日を引用し，「固定資産税の課税においてこのような全国一律の統一的な評価基準に従って公平な評価を受ける利益は，適正な時価との多寡の問題とは別にそれ自体が地方税法上保護されるべき」（傍点は筆者）であるとし，「土地の基準年度に係る賦課期日における登録価格が評価基準によって決定される価格を上回る場合には，同期日における当該土地の客観的な交換価値を上回るか否かにかかわらず，その登録価格の決定は違法となる」とした。すなわち，地方税法403条1項を単なる手続規定としてとらえるのではなく，登録価格が評価基準によって決定される価格を上回る場合には，当該登録価格の決定は実体法上違法となるという考え方を明らかにしている(61)。続いて，前掲最判平成15年7月18日および前掲最判平成21年6月5日を引用し，「評価基準の定める評価方法が適正な時価を算定する方法として一般的な合理性を有するものであり，かつ，当該土地の基準年度に係る賦課期日における登録価格がその評価方法に従って決定された価格を上回るものでない場合には，その登録価格は，その評価方法によっては適正な時価を適切に算定することのできない特別の事情の存しない限り，同期日における当該土地の客観的な交換価値としての

(61) 徳地・前掲注（60）92頁参照。なお，この見解については，最判平成15年6月26日の調査官解説（阪本勝・最判解民事篇平成15年度（上）361頁）において示されていた。

適正な時価を上回るものではないと推認するのが相当」であるとする[62]。

したがって，判例によれば，固定資産の価格の決定が違法となる場合は，次の①から③の場合ということができる。

① 当該土地に適用される評価基準の定める方法に従って決定される価格を上回るとき[63]

② 評価基準の定める評価方法が適正な時価を算定する方法として一般的合理性を有するものではないとき[64]

③ その評価方法によっては適正な時価を適切に算定することができない特別の事情が存するとき[65]

このうち，①の場合は，その登録価格が客観的な交換価値を上回るか否かにかかわらず違法となり，②および③については，それらの条件が満たされる場合には，客観的な交換価値としての適正な時価を上回らないという「推認」が覆されることにより，違法が認定される。

以上のように整理すると，固定資産の登録価格が適正な時価であるか否かは，それが評価基準を適正に適用して求められた価格であるかどうか，評価基準が適用できない特別な事情があるか否かが問題であり，その分，客観的な交換価値がそれ自体としていくらであるか，という問題は背後に後退しているように思われる。あるいは，むしろ本来的な意味での客観的な交換価値

(62) 差戻審（東京高判平成26年3月27日・判自385号36頁）は，一団地の住宅施設に係る制限を減価要因として考慮せずになされた価格の決定は，評価基準に従って決定される価格を上回るかにつき，積極に解している。

(63) このようなケースに該当する事例として，福岡地裁昭和52年9月14日・行集28巻9号925頁，最判昭和61年12月11日・集民149号283頁，最判平成19年1月19日・集民223号35頁がある（いずれも消極）。福岡地判平成26年4月4日・判自387号38頁は積極に解する。

(64) 最判平成25年は，評価方法に一般的合理性が認められるとした最判平成15年7月18日・集民210号283頁（非木造家屋の評価方法），最判平成21年6月5日・集民231号57頁（市街化区域内農地の評価方法）を引用している。評価基準の一般的合理性に対して疑問を呈する見解として，山田二郎「固定資産税課税台帳の登録価格の判断枠組と最高裁判決の動向」租税訴訟学会『租税訴訟8』（財経詳報社，2015年）がある。

を算定するという難問を回避するために，評価基準によって「全国一律の統一的な評価基準に従って公平な評価を受ける利益」に重きを置いているとみることもできる。これは「手続法上の地位をそれ自体として保護する戦略により，行政過程・司法過程を通じた（市町村・市町村民全体にとっての）手続経済に反することなく，原告に簡易迅速な終局的救済を与えることが可能となっている(66)」という点で，一見すると大きなメリットがあるように思われる。まず，納税者にとっては，課税庁は評価基準によって決定される価格に拘束されるという点で予測可能性と法的安定性が保障され（評価基準の法的拘束力に関する議論については後述），また訴訟においても評価基準によって決定される価格の範囲で簡易迅速な救済を得ることができるだろう。課税庁にとっては，評価基準によって決定された価格である限りにおいて適正な時価と推認されることにより訴訟における課税庁側の立証の負担が軽減される。これは，固定資産税においては，大量の課税処分が行われるので，その点に対する考慮とみることができる(67)。裁判所にとっては，固定資産の客観的な交換価値の算定という難問を回避しつつ，客観的な基準により終局的な解決を図ることができる。以上のように，本判決の示した解決策は，納税者・

(65)　特別の事情の有無が問題となった事例として，前掲最判平成 15 年 7 月 18 日（家屋の評価につき評価基準の定める経年減価補正を超える減価を要する特別の事情の有無・消極），最判平成 19 年 3 月 22 日判自 289 号 51 頁（花崗岩規格材を用いた床仕上げの評価につき，評点基準表の定める標準評点数を用いることのできない特別の事情の有無・消極），最判平成 21 年 6 月 5 日・裁時 1485 号 5 頁（市街化区域農地につき，当該区域が市街化区域としての実態を伴わない場合の特別の事情の有無・消極）がある。特別の事情を積極に解したものとして，広島高判平成 16 年 2 月 13 日・判例集未登載（雑種地を宅地に比準して評価したことにつき，本件土地が接道義務を満たさず，また宅地造成のためにはがけ地補修をする必要があるが，補修を行っても宅地として利用できる面積は 30% に過ぎず，宅地化するにしても莫大な費用を要し，採算がとれないこと，現状の経済状況を勘案すると宅地化も著しく困難であり，特別の事情があるといえる）がある。家屋の評価につき，最判平成 19 年 3 月 22 日・判自 290 号 74 頁（実際の請負金額と評価基準による評価額の隔たりや物価水準の下落が特別な事情にあたるか・消極。なお，原審・東京高判平成 16 年 1 月 22 日は積極）がある。

(66)　仲野・前掲注（60）138 頁以下参照。

課税庁・裁判所それぞれについてメリットがあると評価できそうである。

その反面で，適正な時価すなわち客観的な交換価値がいくらか，というそもそもの問題を回避する結果となり，固定資産税の課税標準を「適正な時価」イコール「客観的な交換価値」とする法の趣旨とそぐわないとも考えられる。評価基準によって価格を決定することとした法の趣旨が，評価の均衡にあるとしても，その均衡は「適正な時価」での均衡であり，それ以上・以下での均衡ではないと考えられるからである(68)。納税者は，登録価格が「適正な時価」を上回ると考える場合には，個別の鑑定意見書等に基づいて「適正な時価」を立証するのではなく(69)，「適正な時価」の推認を覆すために，評価基準による方法では適正な時価を算定できない特別の事情を立証しなければならない。そして特別の事情が認められるケースが少ないことを考

(67)　最判平成25年7月12日・千葉勝美補足意見は，「特別の事情」を主張立証せずに，自ら算出した適正な時価（算出価格）を直接主張立証することができるかという点につき，算出価格が登録価格を下回る場合にそれだけで適正な時価の推認が否定されて登録価格の決定が違法となるのであれば，課税庁側としては，納税者から提出される鑑定意見書等が誤りであること，算出方法が不適当であることを逐一反論し，その点を主張立証しなければならなくなり，「評価基準に基づき画一的，統一的な評価方法を定めることにより，大量の全国規模の固定資産税の課税標準に係る評価について，各市町村全体の評価の均衡を確保し，評価人の個人差による不均衡を解消することにより公平かつ効率的に処理しようとした地方税法の趣旨に反する」と指摘する。

(68)　時価以下評価の違法が見逃される結果となり，「時価評価」の建前から乖離するおそれがないではない。時価以下評価に対する厳しい批判として，石島・前掲注（41）43，91，101頁等を参照。

(69)　この点，人見・前掲注（60）58頁以下の指摘にあるように，固定資産税における評価基準と相続税における財産基本通達とは，その性格が異なる。財産評価基本通達については，「この通達の定めによって評価することが著しく不適当と認められる財産の価額は，国税庁長官の指示を受けて評価する」（同第1章6）とあるように，通達に定められた評価方式を画一的に適用するという形式的平等を貫くことによって，「富の再分配機能を通じて経済的平等を実現するという相続税の目的に反し，かえって実質的な租税負担の公平を著しく害することが明らか」であるような場合には，通達によらずに他の合理的な時価の評価方式によることが許されると考えられているし，また，納税者は通達によらずに正当な時価を主張することができる（東京高判平成5年12月21日・税資199号1302頁，東京高判平成7年12月13日・行集46巻12号1143頁）。

慮すると[70]，納税者が特別の事情の立証について重い負担をおっているといえよう。

5　評価基準の法的拘束力

前掲最判平成25年7月12日については，評価基準の「法的拘束力を高める判断を示した点で大いなる意義がある[71]」と評される。そこにいう評価基準の法的拘束力の意味内容，そして法的拘束力が認められるとして，その根拠はどこに求められるだろうか。この点について，従来，評価基準の法的性質ないし法的拘束力が議論されてきたところである。

評価基準の法的拘束力を否定する説（以下，否定説とする）は，以下のようにいう。地方税法は，市町村長は評価基準によって固定資産の価格を決定しなければならないとする一方で，総務大臣は評価基準を告示し，評価に関して市町村長に対し技術的援助を与えること（388条），道府県知事の市町村長に対して評価基準について助言すること（401条），またこれらの規定については，総務大臣または道府県知事に，市町村の徴税吏員または固定資産評価員を指揮する権限を与えるものと解釈してはならない（402条）とされていることから，評価基準は「補充立法ではないどころか，……市町村長に対する関係でも，通達ないし訓令として拘束力の弱い技術的援助に過ぎないことが明らかにされており」，「このような実定規定の全体からみると，告示で示されている固定資産評価基準が委任命令ないし委任命令と同種の法的拘束力

(70)　阿部・前掲注（45）25頁によれば，同研究報告の時点においては「特別の事情」について最高裁判決で明示したものは示されていないとのことである。宮本・前掲注（45）361頁も，特別の事情について，最高裁は従来の消極的立場を維持していると評する。家屋の評価について，建築物価水準の下落を特別の事情として認める東京高判平成16年1月22日・判時1851号113頁がある。しかし，その上告審（最判平成19年3月22日・判自290号74頁）は，これを消極に解している。家屋の評価に関しては，渋谷雅弘「家屋の評価に関する研究ノート」ジュリ1282号（2005年）197頁，手塚貴大「家屋の評価に係る裁判例」『固定資産税制度に関する調査研究』（財団法人資産評価システム研究センター，2010年）47頁を参照。

(71)　吉村典久・判批・ジュリ1461号（2013年）9頁。

をもつということはできず，固定資産評価基準は自治大臣が技術的援助を示達したもので，法的形成期としては告示の形はとっているが通達に近いものである」とする(72)。

他方，評価基準に法的拘束力を認める説（以下，肯定説とする）は，評価基準を「一種の委任立法」であるとし(73)，市町村長との関係で「枠法」としての法的効拘束力をもつとする(74)。その根拠として，地方税法が市町村長は評価基準によって固定資産の価格を決定しなければならないと規定していること，「地方税法の昭和37年改正は，それまで通達（自治事務次官通達）の形式であった固定資産評価基準に告示の形式を与え，併せて市町村長による価格の決定につき，固定資産評価基準に『準じて』を『よって』に変更したという経緯(75)」，「そのような法的拘束力を否定すると，地方税法は『適正な時価』という概念だけでは市町村の課税権に対する枠法ないし準則法としての法的機能を十分には果たすことができない(76)」ことが挙げられている。そして，固定資産の評価および価格の決定は自治事務であり，市町村には自主評価権が保障されることを前提に，評価基準は，この自主評価権に対する枠法としての法的拘束力を有すると解され，「したがって，地方税法403条1項の規定は，市町村が固定資産評価基準の枠内で条例によって評価の基準等を定め，市町村長はそれによって固定資産の価格を決定しなければならない，というように解釈すべき」であるとする(77)。

前掲最判平成25年7月12日に照らしても(78)，上記否定説のように，評価基準が市町村長に対して単なる技術的援助に過ぎないと解することはでき

---

(72)　山田・前掲注（35）17頁，同・前掲注（54）5頁参照。
(73)　金子・前掲注（25）668頁。
(74)　谷口・前掲注（32）198頁，203頁参照。
(75)　谷口・前掲注（32）198頁。
(76)　谷口・前掲注（32）198頁。
(77)　谷口・前掲注（32）203頁，204頁参照。
(78)　これ以前の評価基準の法的拘束力に関する判例の分析としては，増井良啓「固定資産評価基準の法的拘束力について」資産評価システム研究センター『固定資産税の判例に関する調査研究』（平成15年3月）25頁がある。

ないだろう。他方で，判例が肯定説のような論理構成をとっているとも即断できない。というのは，肯定説は評価基準に枠法としての法的拘束力を認めるものであるが，その場合，市町村長に対して直接的な法的拘束力を及ぼすには，評価基準の内容が条例によって定められていることが必要と考えられるからである。ところが，裁判例では，評価基準それ自体を引用しているところをみると，現状では多くの場合，評価基準それ自体に従って評価が行われているとも考えられる(79)。この場合，評価基準を定める条例（ないし要領等）がないとしても，税条例の「法令その他別に定めがあるもののほか，この条例の定めるところによる」などの一般条項に基づいて，地方税法および委任立法としての評価基準が適用されるとみることで，市町村長に対する法的拘束力の法的根拠とすることが可能かもしれない。しかし，前掲最判平成25年7月12日は，このような点に触れていない。そうすると，前掲最判平成25年7月12日は，評価基準に直接なんらかの法的拘束力を認めたものというよりはむしろ，「全国一律の統一的な評価基準に従って公平な評価を受ける利益は，適正な時価との多寡の問題とは別にそれ自体が地方税法上保護されるべき」ことを直接の根拠として，行政法上の一般法原則を媒介に，評価基準に実質的な外部効果を認めたにすぎない(80)との見解がより説得的であるように思われる。

Ⅳ　固定資産評価の違法と国家賠償

1　違法な評価に基づく賦課決定処分と国家賠償請求の可否

ここまで固定資産の「適正な時価」の意義とその評価方法についてみてきた。最後に，評価行政をめぐる諸問題のひとつとして，評価の違法と国家賠償について検討する。

---

(79)　評価基準の内容を取り込んだ「固定資産評価事務取扱要領」を策定している場合もあろう。例えば，前掲最判平成18年7月7日の事案を参照。
(80)　人見・前掲注（60）59頁。

納税者は，固定資産台帳に登録された価格について不服がある場合には，固定資産の価格等の登録の公示の日から納税通知書の交付を受けた日後60日(81)までの間に，文書をもって固定資産評価審査委員会に審査の申出をすることができる（地方税法432条1項）。土地と家屋については，原則として，基準年度の評価額が第2年度および第3年度にも据え置かれる。この場合に，審査の申出ができるのは基準年度においてである(82)。固定資産評価審査委員会の決定に不服がある納税者（審査申出人）は，その決定があったことを知った日から6か月以内に，決定の取消訴訟を提起することができる（同法434条1項，行訴法14条1項）。固定資産課税台帳に登録された価格について不服のある納税者は，固定資産評価審査委員会への審査の申出と同委員会の決定に対する取消訴訟によってのみ，これを争うことができ（地方税法434条2項），固定資産税の賦課決定に対する不服申立てにおいては，価格についての不服をその理由とすることはできない（同法432条3項）。

以上によれば，固定資産税の賦課決定の前提となる価格の決定についての争訟方法は，もっぱら審査会に対する申出とその決定に対する取消訴訟によることとされているところ，この方法によらずに，評価の誤りを違法な公権力の行使として，違法な評価に基づく過納金相当額の国家賠償を求めることができるだろうか。このような金銭の賦課処分をめぐって，当該処分の取消訴訟を経ずに，違法な賦課処分に基づく過納金相当額につき国家賠償請求が認められるかという問題については，かねて行政法学・租税法学において論じられてきたところである。

固定資産税については，上記の通り，価格の決定に対する争訟方法が制限されているところ，審査の申出期間が短期間であり，また縦覧制度の整備されていなかった時期にあっては，納税者が登録価格について疑義を抱くこと

(81)　行政不服審査法の見直しに伴い3月以内に延長される。当該改正は，改正行政不服審査法の施行の日から適用される。
(82)　ただし，第2年度，第3年度に新たに登録された土地建物や，特別の事情により評価替えの行われた土地・建物については，当該年度に審査の申出をすることができる。

すら難しかったことから，そもそも価格の決定を争う争訟方法を利用しづらかったという事情があり[83]，国家賠償請求による救済のルートが模索されてきた。

最判平成22年6月3日（民集64巻4号1010頁）は，行政処分が違法であることを理由として国家賠償請求をするについては，あらかじめ当該行政処分について取消しまたは無効確認の判決を得なければならないものではなく（最判昭和36年4月21日（民集15巻4号850頁）），このことは「当該行政処分が金銭を納付させることを直接の目的としており，その違法を理由とする国家賠償請求を認容したとすれば，結果的に当該行政処分を取り消した場合と同様の経済的効果が得られるという場合であっても異ならない」とし，「固定資産の価格の決定及びこれに基づく固定資産税等の賦課決定に無効事由が認められない場合であっても，公務員が納税者に対する職務上の法的義務に違背して当該固定資産の価格ないし固定資産税等の税額を過大に決定したときは，これによって損害を被った当該納税者は，地方税法432条1項本文に基づく審査の申出及び同法434条1項に基づく取消訴訟等の手続を経るまでもなく，国家賠償請求を行い得る」と判示した。本件については，職務上の法的義務違反の有無につき審理させるため原審に差戻しとなったが，差戻審において和解が成立したことから[84]，評価における法的義務の内容やその違反の有無については明らかになってはいない。他方，本件と同様の冷凍倉庫関係の事案として，国家賠償請求を認めた名古屋高判平成21年4月23日は，地方税法が，固定資産評価委員等において，実地調査や納税者に対する質問調査を行うことによって公正な評価をするよう努めなければならないとしていること（403条2項，408条），評価基準による基準表において一般用倉

(83) 碓井光明「違法な課税処分による納付税額の回復方法」金子編『租税法の発展』（有斐閣，2010年）557頁参照。

(84) 図子善信「新しい納税者救済としての国家賠償請求訴訟を考える」税67巻10号（2012年）13頁によれば，本最判の差戻審において，平成22年10月20日に和解が成立し，名古屋市が15年分の過納分867万円と弁護士費用などを含む合計1495万円を支払うことで合意したとのことである。

庫と冷凍倉庫で異なる経年減点補正率を定めていることに照らすと，市の「担当者において，実地調査，納税者に対する質問，納税者から提出された書類等を確認・閲覧するなど，税務担当者として通常要求される程度の注意を払って，当該建物が冷凍倉庫として使用されているのか一般用の倉庫として使用されているのかを識別するに足りる程度の調査を行うべき注意義務がある」とし，本件倉庫の構造・用途・使用状況等は，担当者が実地調査等を行うことによって，さほど困難を伴うことなく把握し得るものであり，納税者が調査に協力しなかったという事情もないことから，職務上通常尽くすべき注意義務を尽くしていなかったとして国家賠償法上の違法を認定している(85)。

2　固定資産税の過大徴収と要綱による返還金

地方税法が固定資産の価格について争訟方法を限定し，期間制限をおく趣旨は，固定資産評価の専門性および大量反復性による課税関係の早期確定という要請に基づくものである(86)とされる。また，この点は，国家賠償による救済を否定する説の重要な論拠となっている。

ところが，法の定める争訟方法の排他性にもかかわらず，実務上，多くの自治体において，要綱に基づいて，固定資産税および都市計画税の過誤納金の返還に対応する例がみられる(87)。例えば，平成22年最判の事案にかかる名古屋市では，「名古屋市固定資産税等返還金支払要綱」に基づき，「納税者

(85)　北村和生「金銭の給付や徴収に関する行政処分と国家賠償請求－平成22年判決を踏まえて」『行政と国民の権利（水野武夫先生古稀記念）』28頁（法律文化社，2011年）によれば，過失ないし職務上尽くすべき注意義務違反の認定については，課税庁の調査義務の有無が大きな役割を果たしているとされる。固定資産税にかかる国家賠償請求事件として，大阪地判平成20年9月30日，横浜地判平成22年5月12日，浦和地判平成4年2月24日（八潮事件），大阪高判平成18年3月24日（神戸地判平成17年11月16日），神戸地判平成19年3月16日がある。

(86)　前掲最判平成22年6月3日の金築裁判官の補足意見を参照。

(87)　図子善信「地方税における税務上の過誤とその責任問題」税64巻5号（2009年）8頁参照。

の不利益を補填し，税務行政に対する信頼の確保とその円滑な運営に資することを目的」として，固定資産税等の過誤納金相当額を，固定資産課税台帳等の保存年限（10年分）の範囲で，または領収書等の提示により20年分まで返還することとしていた(88)。こうした要綱による過誤納金の返還の根拠として，国家賠償法1条1項による国家賠償責任や，地方自治法232条の2（公益上必要がある場合の寄附または補助）に基づく寄附金が挙げられているが，要綱による返還の趣旨が過誤納金相当額の返還であることや，公務員の故意過失を要件としていないことから，地方税法の定める登録価格に関する争訟の排他性や還付金の消滅時効をかいくぐるための一種の脱法行為であると考えられる(89)。このような状態は，自治体自身が「固定資産評価の専門性や課税関係の早期確定の要請を骨抜きに」しているといえ，もはや争訟方法の限定や期間制限を支える立法事実が失われているのではないかとの疑念を抱かせるものである(90)。また，要綱によって一律単純に過誤納金相当額を返還することは，一見納税者の利益になるようにみえるが，課税庁側のミスがわかりやすいときにだけ返還し，そうでないときには返還しないという意味で，過誤納が生じたすべての納税者に平等な救済を与えるものではない(91)。

3　国家賠償における損害の範囲

固定資産の価格の決定や固定資産税額は，他の租税に影響を与えることがある。例えば，国民健康保険税（料）における資産割では固定資産税額が用いられたり（地方税法703条の4第9，18，27項），固定資産課税台帳に登録されている不動産にかかる不動産取得税の課税標準はその登録価格によること

(88)　同要綱は平成4年4月1日に施行され，平成19年3月31日をもって廃止されている。高橋祐介・判批・法政論集247号（2012年）196頁参照。
(89)　このような要綱は，争訟の排他性だけでなく職権による減額更正の期間制限（地方税法17条の5第1項），還付金の消滅時効（同18条の3第1項）をも潜脱するもといえる。高橋・前掲注（88）194頁を参照。
(90)　高橋・前掲注（88）194頁。
(91)　高橋・前掲注（88）189頁

とされているし（同法73条の21第１項），相続税における倍率方式などがある[92]。

前掲最判平成22年は，納税者が違法な固定資産の価格決定によって損害を受けた場合に，国家賠償請求が認められることを示した。そうすると，上記のような固定資産の価格の決定と他の租税との関連性を考えた場合，国家賠償を求める損害の範囲に，これらの関連する租税の過大納付分も含まれるかが問題となりうる。しかも，上記に挙げた例のうち不動産取得税は道府県が，相続税は国が課税主体であり，これらの場合に固定資産の評価決定を行った市町村が国家賠償責任を負うということは，道府県や国が納付税額の過大分を保有しつつ，市町村長が国家賠償責任により当該過大分の返還の負担を負うということを意味する[93]。

⑴　登記官による地積記載過誤と固定資産の過大納付

登記官が登記地積の記載を誤ったことから，当該地積に基づく固定資産税および相続税が過大納付となった事案[94]がある。この事案の概要は次の通りである。県が本件土地の一部を買収し，買収土地の分筆登記を嘱託する際に，担当者が本件土地の地積表示を誤認し，分筆登記の嘱託をした。登記官は，この誤認を看過して登記を行い，分筆登記後の本件土地の地積を244.20 m^2となるべきところを842.32 m^2と登記した。登記官が登記簿に誤った地積を記載し，それをもとに市が本件土地の固定資産評価額を決定し，それによって固定資産税等を過大に徴収していた（11年間，過大額約101万円）。また，本件土地は相続税財産評価基本通達において倍率方式が用いられる土地であり，過大な固定資産評価額をもとに相続税を算出することになった（過大額約202万円）。原告は，国と市に対して国家賠償請求を行った。

一審は，市の課税担当者が土地分筆に伴う地積の変更通知にもかかわらず，

---

(92)　碓井・前掲注（83）555-556頁参照。
(93)　碓井・前掲注（83）556頁
(94)　広島高判平成８年３月13日判自156号48頁，広島地裁平成６年２月17日判自128号23頁。評釈として，占部裕典・判自169号（1998年）100頁，富岡淳・民研448号（1994年）28頁がある。

地積が大幅に増加しているのに，いずれが正しいかを調査し，正しい地積を台帳に記載すべき注意義務を怠り，漫然と通知記載の地積を台帳に記載したことにつき過失ありとし（登記官の過失は否定），固定資産税の過大徴収分につき市に対する国家賠償請求を認めた（固定資産税分について確定）。相続税については，土地の価額は納税者が固定資産課税台帳上の面積と実際の面積が一致するか否かを検討したうえで算出する仕組みになっているとし，市が誤った評価額を登録したことと相続税の過大納付には相当因果関係はないとした。

一方，控訴審（確定）では，固定資産課税台帳に登録する土地の評価額を求める場合の地積は，評価基準により原則として土地登記簿に登記されている地積（登記地積）によるものとされ，また認定事実によれば市の担当者において登記地積が誤っているのではないかとの疑念を抱かせる特段の事情はないし（登記地積が現況地積より大きいことを客観的資料により容易に認識しうる状況になく，また，実地調査規定は訓示規定と解され，その調査義務の内容も外見上判断し得る程度の調査で足り，現況地積についてまで実地調査する義務はない），登記官の通知を正しいものとして取り扱ったことは無理からぬ面がある。市の担当者が通知内容の誤りに気付くことが容易であったとはいえないとして，市の担当者の過失を否定し(95)，他方で登記官の過失を認め，相続税の過大納付について，相続税の申告にあたっては実際上，登記地積に基づく登録価

(95) 市の担当者の過失について，一審と控訴審との間には，担当者の注意義務の内容に大きな相違がある。この点につき，占部は，控訴審の求める注意義務の程度は低すぎると批判する（占部・前掲注（94）103頁）。本件は土地分筆に伴う地積の変更通知にかかるものであり，市の担当者において固定資産課税台帳の従前の記載の地積から登記簿の地積が不適当であると認識することが十分可能であり，担当者に過失を認めるのが妥当であったように思われる。

しかし，控訴審が一審判決よりも注意義務の程度を引き下げて，担当者の過失を否定した背景には，「このこと〔筆者注：市の担当者に重大な過失が認められないこと〕は，控訴人らが相続税を過剰納付したことにより生じた利益の帰属主体は被控訴人国であって，被控訴人市ではないことを考えるとなおさらである」という考慮が，過失の判断にも大きく影響しているのではないかと考えられる。

格によらざるを得ないことは経験上明らかであるとし，登記官の過失と相続税の過大納付につき相当因果関係があるとした。

⑵　固定資産の評価の違法と倍率方式

相続税について倍率方式が採用されている土地について，違法な固定資産の評価に基づいて，過大な相続税を納付したことから，市に対して過納付相当額の損害賠償を求めた事案がある(96)。本件では，平成3年の相続発生当時，原告が相続税算出のため，市に対し，本件土地の奥行きが長いことから固定資産価格の更正を依頼したいとして，土地の調査申請を行った。これに基づき，市において実測図を確認したところ，奥行価格低減割合法の補正率が0.95から0.90に変更され，固定資産の価格を4626万6846円から4383万1794円とする職権による修正がなされ(97)，原告に通知された（平成3年7月1日。なお，当該通知にかかる価格の決定に対し，固定審査委員会に対する審査申出はされていない）。原告は修正された固定資産の価格をもとに，相続税の申告納付を行った。ところが，平成15年度に至り，原告は本件土地の固定資産の価格が過大であるとして，審査申出を行ったところ，修正の審査決定があり，これを受けて固定資産の価格が修正された(98)。そして，本件土地に

---

(96)　横浜地判平成18年5月17日判例集未登載（Westlaw文献番号2006WLJPCA05179004），東京高判平成19年9月26日判例集未登載，最決平成21年10月2日判例集未登載。資産評価システム研究センター『固定資産税制度に関する調査研究－判例資料集－』（平成21年3月）436頁（判番361）に，控訴審の判決の要旨（控訴棄却）が掲載されている。本件評釈として，碓井光明・税61巻10号（2006年）34頁，遠藤みち・税理49巻12号（2006年）102頁などがある。また，同事件につき，原告側鑑定意見書を提出した北野弘久による「誤った固定資産評価額に基づく過大相続税納税申告と損害賠償」税経新報539号（2006年）33頁，同541号（2007年）10頁がある。

(97)　地方税法417条1項は，固定資産の価格の登録の公示日以降に，価格等の決定がなされていないことまたは登録された価格等に重大な錯誤があることを発見した場合においては，直ちに価格等を決定ないし修正して固定資産課税台帳に登録しなければならないとする。もっとも，被告市は，評価の誤りは重大な錯誤にはあたらないとし，平成3年の土地調査の申出に対して，そもそも修正に応じる義務はなく，価格修正に応じられないという対応もできたと主張し，作為義務の不存在を主張する。

つき平成3年度ないし平成14年度の過納付固定資産税分について，過去5年分については市税過誤納金還付手続により(99)，それ以前の分については市固定資産税過誤納に係わる返還金支払要綱に基づき原告に返還された(100)。

原告は，平成3年度の固定資産の価格決定において，がけ地補正および道路より低い位置にある画地の補正をすべきであったところ，これを見逃した過失により，本来であれば，3350万6937円と決定すべきところ，上記の通り過大な価格を決定した過失があり，これに基づく相続税の過大納付分の損害を被ったと主張した(101)。

一審では，固定資産の価格決定は，評価基準およびこれを補正・補完した事務取扱要領に基づいてなされる必要があり，「被告の市長は，評価基準が定める評価の方法によることができない特別の事情がない限り，これらの規範に従って適切に固定資産の価格を決定する注意義務を負い，その適用に当たって被告の市長の裁量は著しく制約されているというべきである。したがって，被告の市長において，評価資料を収集し，これに基づき固定資産価格を決定する上において，上記規範に従わず職務上通常尽くすべき注意義務を怠り漫然と固定資産の価格を決定したといえる場合には，その行為には国家賠償法上の過失及び違法性が認められる」とした。当該事案においては，「被告の市長は，評価基準及び事務取扱要領に従い本件土地の固定資産価格

---

(98) 地方税法435条1項。当初の登録価格1億7326万1628円，市担当課による修正価格1億4130万4483円，審査決定による修正価格1億3398万8992円，最終的な修正決定による価格は1億3244万8888円となった。

(99) 担当者は，原告に対し過去にさかのぼっての価格の変更をすることはできないと伝えたが，原告が更正の除斥期間である5年間の更正を強く求めたため，がけ地補正と道路より低い画地補正を適用しなかったことは，課税事務上の明確な誤りにあたる瑕疵として，地方税法17条の5第2項（現4項）減額更正処分の事由に該当するとし，過去5年間分について過去にさかのぼって評価額を変更し，減額更正処分を行った。

(100) これらの手続により誤評価による固定資産税過大徴収分はすべて原告に返還されている。

(101) なお，原告は固定資産税の返還に係る還付金算出表をもとに平成3年度の固定資産の価格を求め，これをもとに相続税の更正の請求を行ったが，更正の請求の期間の徒過を理由に却下されている。

の評価を行うべき義務があるところ，本件土地について必要な調査を怠り，また，原告から被告の職員に対して本件土地の調査の申出があり，その是正の機会があったにもかかわらずあえてこれを利用しなかった結果，評価基準及び事務取扱要領に規定された道路より低い画地の補正及びがけ地補正を適用するという職務上通常尽くすべき注意義務を漫然と怠った過失が認められる。他方で，……被告の市長において，評価基準が定める評価の方法によることができない特別の事情は認められないから，上記過失に基づく被告の市長の本件土地に係る固定資産価格の決定には，国家賠償法上の違法性が認められる」とし，これと相続税の過大納付との因果関係につき，特段の事情がない限り，納税者においても財産評価基本通達に定められた評価方法に従って行動することが期待されているとして，市長による価格の決定と相続税の過大申告には相当因果関係が認められるとし，相続税の過大納付分に相当する損害賠償請求を認容した。

上記判旨によれば，本件判決は，価格の登録後においても，価格の誤りに気が付いた場合には，価格の修正を行わなければならない義務があると考えているようである。このような作為義務を，本判決は，市長には評価基準に従って固定資産の評価を行う義務があり，評価基準の適用にあたって市長の裁量は著しく制約されていることを根拠に導いている。

一方，地方税法によれば，市町村長は，登録価格等に重大な錯誤があることを発見した場合には，直ちに決定された価格等を修正して，これを固定資産課税台帳に登録しなければならない（417条1項）としていることから，本判決では明示的に述べられてはいないが，本判決は，評価基準の適用の誤りはここにいう重大な錯誤に該当すると考えているともみえる。

以上によれば，納税者は評価基準の適用の誤りに気付いた場合には，登録価格に対する審査申出期間の経過後においても，（国家賠償請求を盾に）重大な錯誤として課税庁に修正を求めることになろう(102)。また，納税者の事実上の調査申出に対し，課税庁が職権修正を行わなかった場合，納税者としては，誤った価格に基づく賦課処分は無効であるとして，過誤納金の還付請求を行うことが考えられる。この場合に，価格の決定における誤評価が直ちに賦課処分を無効ならしめる重大かつ明白な瑕疵とされるならば[103]，価格の決定に関する争訟手続の排他性はほとんど意味がなくなるように思われる。

さらに，実際には上記の重大な錯誤に関して軽微な錯誤にすぎない場合にも同規定による修正が行われているようであり[104]，また，過大徴収分の要綱による返還の慣行の広まりにみられるように，価格の決定に関する争訟手続の排他性や期間制限は，事実上骨抜き状態であるといえる。このような状態は，合法性の原則からすると大きな問題がある。評価行政の実務を法の要請に合致するよう修正するか，または評価行政の現実を素直に受け止め，立法的解決を図るかの検討が必要である[105]。

なお，本件については，結果的にみて「国が過大徴収分を手中にしていながら，なぜ市がその分の賠償責任を負わなければならないのか，という素朴な疑問を禁じ得ない[106]」という見解もあるが，国家賠償請求によってえられる救済は，結果的に過納税額の返還と同様の経済的効果であっても，過納税額の返還そのものではないから[107]，利益の帰属する主体と賠償責任を負う主体とが異なっても問題はない。とはいえ，固定資産の評価行政をになう

(102)　納税者からの調査の申出に対し，課税庁は，対応を怠れば国家賠償責任を負うことがあるという点で，事実上，修正するかしないかの対応を拘束されている。

(103)　大阪地判平成15年4月25日・判自260号85頁の事案では，無道路地である土地を街路に沿接する不整形地として誤評価したことにつき，重大明白な瑕疵があるかが問題となった。価格の決定にあたり誤認により評価基準の適当を誤ったことは，「重大な法規違反であり，重大な瑕疵」にあたるものの，本件土地が価格決定時において，無道路地であることが外形上，客観的に明白であったとは認められないとして，価格の決定に重大かつ明白な瑕疵があったとは認められないとした。

(104)　前掲注（103）の大阪地判平成15年4月25日における，被告側主張による。

(105)　高橋・前掲注（88）189頁は，価格に関する争訟の排他性および期間制限の妥当性が問われるべきであるとし，課税関係の早期確定の要請は，自治体自身がそれを損なっていることを踏まえ，納税者が価格を争える期間を延長するなどの対処が必要ではないかと指摘する。

(106)　碓井・前掲注（96）48頁。

(107)　最判平成22年6月3日および高橋・前掲注（88）197頁参照。

自治体の立場からすれば，多くの固定資産の評価を短期間で行わなければならないという事情のもとでは過重な負担といえなくもない。本件のような場合には，相続税について調整する方が合理的であるように思われる(108)。もっとも，本件のように固定資産評価額にもとづいて相続税の申告を行い，のちに当該評価額が修正された場合について，相続税の更正の請求が可能であろうか。この点については，納税者が修正前の固定資産評価額に基づいた価格を時価として申告している以上，更正の請求の事由（国税通則法23条）に該当するということは困難ではないだろうか。もっとも，納税者は財産評価基本通達に依拠して申告することをほとんど強制されているという実態に鑑みれば，誤った評価額を時価として申告した責任をすべて納税者に帰すことは妥当ではないと考えられる。バブル崩壊後の地価下落局面においてのことではあるが，路線価等に基づいた評価額による申告を行い，事後的にその評価額が「時価」を上回っていることが明らかになった場合には，更正の請求の対象になりうるとする事務連絡が発遣されているところ(109)，倍率方式が採用されている土地について，そもそもの固定資産評価額が誤っていたことが判明した場合にも，事後的に評価額が「時価」を上回ることが明らかになったケースとして更正の請求が認められる余地もありそうである。また，更正の請求事由に当たらないとされる場合，残された方法は，事実上の嘆願に基づく職権による減額更正しかない。本件は，すでに更正の除斥期間も還付金の消滅時効の期間も経過しており，国家賠償による救済を求めるほかなかった。このようなケースについて，相続税の側で調整するよう立法的解決が必要ではないだろうか(110)。

(108)　碓井・前掲注（96）48頁参照。
(109)　その内容については，下崎寛「地価下落時の土地の相続税評価における留意点」税理52巻6号（2009年）181頁を参照。

V　おわりに

以上，固定資産の「適正な時価」の評価行政をめぐる今日的課題として，「適正な時価」の意義とその評価方法に関する学説および判例，違法な評価に対する国家賠償の問題について検討した。

前者については，登録価格が「適正な時価」といえるか否かの判断において，評価基準が重要な役割を果たしていることを指摘できる。判例は，「全国一律の統一的な評価基準に従って公平な評価を受ける利益」を根拠に，登録価格が評価基準によって決定される価格を上回る場合には，「客観的な交換価値を上回るか否かにかかわらず」その登録価格は違法であるとし，また，評価基準の定める評価方法が一般的な合理性を有し，評価基準の定める評価方法では適正な時価を算定することができない特別の事情がない限り，評価基準によって決定された価格は「客観的な交換価値としての適正な時価を上回らない」ものと推認されるとする。したがって，登録価格の違法性は，もっぱら評価基準との関係で判断されることになる。このことは一見，納税者，課税庁，そして裁判所のそれぞれにとってメリットがあるように思われるが，本来的な意味での客観的な交換価値から目を背ける結果になりはしないかが危惧される。地方税法は，公平な評価を受ける利益だけでなく，固定資産の客観的な交換価値を担税力の指標として，固定資産税の税負担を配分することを求めているからである。そこで，公平な評価を受ける利益の保護と客観的な交換価値での課税とを両立させるためには，今後，評価基準の定める評価方法の一般的な合理性および特別の事情の有無を慎重に審理していくこと

(110)　相続税の基礎控除の引き下げにより，倍率方式の適用される土地であっても，相続税の課されるケースが増加すると考えられる。このような固定資産税における評価と相続税における評価の関連性を考えれば，誤評価をめぐる救済方法を整理する必要性は今後強まるものと考えられる。相続税の観点から，固定資産評価の透明を求める見解として，樋沢武司「土地の固定資産評価の問題点」税理士界 1333 号 15 面（2015 年）を参照。

が求められる。

後者については，固定資産の評価についての争訟方法の排他性にもかかわらず，国家賠償請求によって過納金の還付に相当する経済的効果という救済が認められている。このこと自体は，行政処分の公定力は国家賠償には及ばないとする判例・通説に照らしても妥当と考えられる。問題は，評価の違法をめぐる国家賠償訴訟において課税庁側が固定資産評価の専門性や課税関係の早期確定の要請を盾に争訟方法の排他性を主張する一方で，課税庁自身がそれらの要請を骨抜きにするような施策（要綱に基づく過誤納金相当額の返還）を行っていることである。このような状況は合法性の原則からすると大きな問題である。また，国家賠償訴訟では，実地調査の実施義務が問われているところ，法の要求する年１回の実地調査は実際上困難であることが実態のようである。法の建前と現実との乖離を踏まえ，評価行政とその救済方法のあり方を見直す必要があるように思われる。

第7章　日本における財産評価法制定の可能性
―ドイツ財産評価法の検討を踏まえて

広島大学教授　手塚　貴大

I　本稿の検討課題

本稿は，ドイツにおける財産評価法（Bewertungsgesetz）について概要を明らかにした上で，それに関連する諸問題を検討し，わが国で同性質の財産評価法を制定することの可能性について議論することとしたい(1)。ここで財産評価法について極めて雑駁ではあるがそのエッセンスのみ明らかにしておこう。

ここでドイツ租税法学においては，財産評価法は枠法（Mantelgesetz）としての位置づけを有するとされる(2)。立法技術論的な観点ではあるが，所論によれば，財産評価法は，租税通則法（Abgabenordnung）と同様の機能を有するとされる(3)。すなわち，財産評価法は租税法における評価作業に係る通則的規定を配備していると言いうるため，租税法の部分的法典化（Teilkodifikation）と言われる(4)。換言すれば，財産評価法は一般法律であって，それ

(1)　わが国の財産評価については，参照，金子宏『租税法　第二十版』（弘文堂，2015年）618頁以下，659頁以下等。

(2)　Seer, Roman, in: Klaus Tipke/Joachim Lang (Hrsg.), Steuerrecht 20. Aufl., Köln 2013, §1 Rz. 56.

(3)　Seer, in: Tipke/Lang, §Steuerrecht (Fn. 2), §1 Rz. 56.

は個々の法律の負担軽減を行い，繰り返しを避け，評価について統一的に規定すること，評価に係る規定を課税標準に係る執行規定としていわば括り出すものである(5)。逆に言えば，財産評価法の内容は，これが適用される税目を規定する法律の一部であると言うこともできる(6)。

詳細は後に述べるが，財産評価法はそもそも行政効率化の観点からあらゆる税目について統一して通用する評価額の計測を行うことを目的として制定されている(7)。これが“統一価額（Einheitswert）”である。しかし，これが実際に可能であるためには，財産評価法の適用されるあらゆる租税に係る課税根拠および課税の目的が本質的に比較可能であり，統一価額に依拠して課税がなされる租税に係る評価対象物に統一価額を計測する手続において少なくとも相当程度に比較可能な価額が与えられねばならないことになるとされる(8)。ゼーア教授は，これを“見かけ上の正確性（Schein von Präzision）”であり，“想像上の価額（Phantasiewerte）”(9)としているのである。このように，統一価額の幻想という評価があるが，これはヘンゼルをはじめとして本稿が後に引用する文献も概ね一致した評価であると言いうる。すなわち，具体的には本稿で後に触れていくが，複数の税目について，ある財産につき一致した評価額が与えられる場合の，当該評価額が統一価額であるとするならば，相続税と不動産税との関係を見ても，そのような統一的な評価額は論理的には成立しがたいと言いうる。また，実際にも，財産評価方法は複数存在し，財産評価作業自体に付着する問題により，財産評価法が予定するような評価作業が行われておらず，結局において違法な評価が継続しているケースもある。

---

(4) Seer, in: Tipke/Lang, §Steuerrecht (Fn. 2), §1 Rz. 56.
(5) Tipke, Klaus, Die Steuerrechtsordnung II 1 Aufl., Köln 1993, S. 848.
(6) Tipke, StRO II 1 Aufl. (Fn. 5), S. 853.
(7) 例えば，Crezelius, Georg, Steuerrecht: Die einzelnen Steuerarten 2. Aufl., München 1994, S. 364.
(8) Seer, in: Tipke/Lang, §Steuerrecht (Fn. 2), §1 Rz. 56.
(9) Seer, in: Tipke/Lang, §Steuerrecht (Fn. 2), §1 Rz. 56.

このように，財産評価法における統一価額の計測には様々な困難が観念しうるのであるが，実際に財産評価法は如何なる評価方法を配備し，それについて学説・判例は如何なる態度をとっているのか，という点を中心に本稿の検討は行われる。

Ⅱ　ドイツにおける財産評価 －財産評価法の概要も含めて－

ここでは，ドイツにおける財産評価について，財産評価法の概要も含めて検討することとしたい。まず，租税法における財産評価という作業の性格・構造を明確にすることとしたい。ドイツにおいては，それが理論的には強調されているのであるが，前叙のごとく，財産評価法が企図するあらゆる税目についてのいわゆる統一価額の計測は行われえないのである。そこで財産評価法の実態もそれに応じて対応することが求められている。

そこで，ドイツ租税法学における評価作業に係る理論的な観点からの性質決定作業の現状を明らかにし，その上で財産評価法の歴史と現状に言及し，その法構造を検討することとしたい。

1　評価作業とその難しさ－客観性の欠如と評価の目的－

ドイツ租税法学において財産評価法を論ずる文脈で引用されるのが，ヘルマン・ヴェイト・サイモンの言明である。曰く，事物（Sache）の評価は，「その性質でも，事実でもなく，むしろ見解（Meinungssache）である」(10)。この言明の示唆するところは，評価について客観性は完全な程度には存在しえない，ということである。ヘンゼルも次のように言う。「租税法上の評価を法律学的に扱うことは，租税法上の価額が評価対象物の実際上の価額と一致するということはありえないという前提から出発しなければならない。租

(10)　Simon, Hermann Veit, Die Bilanzen der Aktiengesellschaften und der Kommanditgesellschaften auf Aktien 2. Aufl., 1898, S. 293.

税法において利用されるあらゆる価額は，課税要件において充足されねばならないというその機能のみを根拠として，意味を有する。税率の程度は第一次的には個別の法律につき選択された価額に依拠する。……こうした視点が評価に関する規定の解釈の際に斟酌されねばならない。問われねばならないのは，次のようなことである。当該租税は如何なる目的に資するのか。誰が当該租税を最終的に担うのか。そして立法者の意図するところに従い如何なる源泉から当該租税が支払われねばならないのか。」(11)。これは租税法上の評価が必要な評価対象物につき，評価作業の結果である評価額が当該対象物の客観的価額と一致することはありえないこと，さらには評価作業の結果，さらにはその前提である評価のあり方・財産評価方法は，評価の目的，税目等に応じて異なっているということが示唆される。これも，ヴェイトの主張と同旨であると言いうる。

以上のような過去の言明については，現在においてもなお妥当性を有すると言えよう。ゼーア教授は，「ある資産の客観的に（唯一の，正しい）価額は存在しない」(12)と明言する。さらに所論によれば，評価作業に従事する者が，一定の幅を持つ場に存在し，そうした評価作業を持つ場の幅は当該評価者が利用可能である複数の比較可能性あるものに依存しているということになる(13)。ドイツにおけるこうした評価作業そのものに対する伝統的な見方を前提とすれば，評価作業においては唯一の客観的な評価額を見出す作業は実務上ありえないし，理論的にも必ずしも要求されないという態度に行き着く

(11) Hensel, Albert, Steuerrecht 3. Aufl., 1933, S. 82.
(12) Seer, in: Tipke/Lang (Hrsg.), Steuerrecht (Fn. 2), § 15 Rz. 53.
(13) Seer, in: Tipke/Lang (Hrsg.), Steuerrecht (Fn. 2), § 15 Rz. 53. これは，例えば，既に，Busse von Colbe, Walter, Bewertung als betriebswirtschaftliches Problem —Betriebswirtschaftliche Grundüberlegungen—, in: Raupach, Arndt (Hrsg.), Werte und Wertermittlung im Steuerrecht: Steuerbilanz, Einheitsbewertung, Einzelsteuern und Unternehmensbewertung, Köln 1984, S. 39f. においても示されている。また，Birnbaum, Mathias, Leistungsfähigkeitsprinzip und ErbStG, Berlin 2007, S. 102. も同旨と言えようか。

ことになろう。ある財産の価額は取引当事者間の需給関係という，彼らの当該財産に対する主観的評価（例，需要者側の効用）に拠り決定されるのであるから，ある財産の客観的な，唯一の価額は観念しえないとする近時の立場もある[14]。いずれも同様の思考に立脚するものと理解可能であろう。

さらには，近時においても，前叙のヘンゼルの引用文から読み取れたように，評価には目的があることは強調されるが[15]，これも評価方法，評価額の唯一性へのアンチテーゼとなる。さらには，前叙の評価方法の非唯一性に係ろうが，評価の際に基準とすべきものは複数あるともされる[16]。具体的には次のようなことが念頭に置かれている。相続税は取引価額，財産税，不動産税は収益価額である。このように差異が生じる根拠は各税目の性質にある。すなわち，相続税は財産の持つ価額そのものから納税がされるため，当該財産の客観的な価額が明らかにされる必要がある[17]。そして，相続税は財産自体の価額を相続人が取得することにより，それに相当する価額である“担税力の増加（Bereicherung）”[18]に繋がるということである。その結果，「相続財産／贈与財産の価額は，取得した財産を即座に譲渡することにより生じる価額である。」とされる[19]。財産税，不動産税は財産の持つ価額その

(14)　Krumm, Marcel, Steuerliche Bewertung als Rechtsproblem: Eine juristische Untersuchung steuergesetzlicher Bewertungsnormen unter besonderer Berücksichtungung der Verkehrswerte, Köln 2014, S. 39ff.

(15)　例えば，Zitzelsberger, Heribert, Über Einheitswerte, Verkehrswerte, Ertragswerte und andere Werte im Steuerrecht, in: Max Dietrich Kley/Eckhart Sünner/Arnold Willemsen (Hrsg.), Festschrift für Wolfgang Ritter zum 70. Geburtstag: Steuerrecht, Steuer-und Rechtspolitik, Wirtschaftsrecht und Unternehmensverfassung, Umweltrecht, Köln 1997, S. 662.

(16)　Seer, in: Tipke/Lang, §Steuerrecht (Fn. 2), §15 Rz. 53.

(17)　例えば，Osterloh, Lerke, Unterschiedliche Maßstäbe bei der Bewertung von Vermögen, in: Birk, Dieter (Hrsg.), Steuern auf Erbschaft und Vermögen, Köln 1999, S. 179f.

(18)　Seer, Roman, Das Betriebsvermögen im Erbschaftsteuerrecht, in: Birk (Hrsg.), Steuern auf Erbschaft und Vermögen (Fn. 17), S. 196f.; Krumm, Steuerliche Bewertung (Fn. 14), S. 106f.

(19)　Tipke, Klaus, Die Steuerrechtsordnung II 2. Aufl., Köln 2003, S. 887.

ものではなく，財産の生み出す収益から納税がされる(20)。これは，例えば，キルヒホフ教授の「財産の在り高に係る課税は財産の譲渡に係る課税と同様に，年ごとに期待される効用に係る課税に代わり，年ごとに仮定される譲渡に係る課税も正当化するのであろうか。」(21)，「財産税，不動産税……といった評価方法に依拠する租税は財産の所有者に譲渡を強制するわけではなく，そして仮定的な譲渡による収益に課税するわけでもなく，課税される財に対する経済的支配から導かれる支払い能力に課税するのである。」(22)という言明にも同様の示唆を見出すことはできよう。すなわち，税目ごとに課税する際の着目点は異なり，それは評価方法の違いに反映される。したがって，税目に係る違いが評価基準にも反映されるのであって，こうした主張はかねてよりなされてきた。現在でも，ゼーア教授らが同旨と思われる見解に与する(23)。これを以てクルム教授は評価の平等を相対的概念とする(24)。

こうした見方は判例においても現れている。1995年6月22日決定において，連邦憲法裁判所は，財産税について，「立法者が納税義務ある財産全体につき統一的な税率を設定した場合には，平等課税は評価される経済的単位に係る課税標準においてのみ確保されうる。それ故かかる課税標準は経済的単位の収益力に適正に関係していなければならず，そして，その価額をそれとの関係において現実に適って表さなければならない。……標準収益の計算は原則としてある資産の収益力という事実を基準とするが，しかし，財産税が取引価額において把握される経済的単位から典型的に予期されるそうした収益にその一部について課税されることによる負担にとどまる限りにおいて，

(20) 特に，財産税については，例えば，Hofmann, Ruth, Die Bewertung des Vermögens, in：Friauf, Karl Heinrich (Hrsg.), Steuerrecht und Verfassungsrecht, Köln 1989, S. 146. これも目的（これは，収益税の課税のための評価）に応じて評価方法が異なることの一例である。

(21) Kirchhof, Paul, Die Steuerwerte des Grundbesitzes, Köln 1985, S. 7.

(22) Krichhof, Die Steuerwerte des Grundbesitzes (Fn. 21), S. 9.

(23) Seer, in：Tipke/Lang, § Steuerrecht (Fn. 2), § 15 Rz. 55 ff.；Birnbaum, Leistungsfähigkeitsprinzip und ErbStG (Fn. 13), S. 101ff.

(24) Krumm, Steuerliche Bewertung (Fn. 14), S. 347f.

その取引価額も標準収益でありうる。課税標準が推定される標準収益ではなく，資産の譲渡価額であるならば，税率には譲渡価額から導出される標準収益に結び付けつつ当該譲渡価額に課税を適正かつ平等に限定するという役割が与えられる。」[25]とする。この引用文については，端的には，課税を行う場合に，課税標準のレベルで担税力が正確に把握されるべきことを論証する件があるようにも思われるが[26]，ともかく財産税についてはそれが複数の方法で把握される余地があることが述べられつつも財産のもたらす収益に着目して課税がされねばならないことは分かろう。これも税目に応じた評価のあり方に係る違いの一端が見てとれる一例と言えよう。

そこで，次に，こうした評価作業に対する見方から，どのような評価作業がドイツにおいて求められ，実施されているかを見ていくこととしよう。

2　ドイツ財産評価法の制定史－簡素化のための財産評価法－

(1)　財産評価法の制定史－統一価額を中心に－

ここでドイツ財産評価法の制定に係る経緯および制度の歴史的展開について簡単にまとめておく[27]。

キルヒホフ教授によれば，そもそもドイツにおいて財産評価が問題となるのは，不動産税，財産税，事業税のように納税義務者が財産を譲渡することにより，納税が行われるのではなく，財産に対する支配を行うことに担税力の指標を見出す税目に係る課税が存在するためであるとされる。私見によれ

(25)　BVerfG-Beschl. 22. 6. 1995 －2 BvL 37/91－ BVerfGE 93, 136, 140.

(26)　この言明自体は，例えば，Tipke, StRO II 1 Aufl.（Fn. 5），S. 850. によっても支持されるものであろう。

(27)　以下の財産評価法の制定史に係る叙述は，原則として，Kirchhof, Die Steuerwerte des Grundbesitzes（Fn. 21），S. 8 ff.；Krumm, Steuerliche Bewertung（Fn. 14），S. 3ff.；Wissenschaftlicher Beirat des Bundesministerium der Finanzen, Die Einheitsbewertung in der Bundesrepublik Deutschland－Mängel und Alternativen－, Bonn 1989 に拠る。統一価額の適用される財産については、Wissenschaftlicher Beirat, a. a. O., S. 3; Crezelius, Steverrecht（Fn. 7），S. 368. 統一価額につき問題になるのは不動産の評価である。

ば，確かに譲渡を通じて当該財産の客観的価額を表出させえない点は課税上の目的を伴う評価作業を通じてそうした価額を解明する必要性を生み出すと言いえよう。この問いに関しては，ドイツにおいては，共通価額（gemeiner Wert）が伝統的には実定法上採用されてきた概念ではあるが，プロイセン一般ラント法もこれを用いていた。そこでは，“ある財産があらゆる所有者に与えうるそうした利用性（Nutzen）”であるとされ，つまりは財産の利用価額（Nutzungswert）がそれを意味するとされたが，同法はその計算方法を規定していなかった。なお，19 世紀半ば以降においては，1874 年 12 月 17 日ブレーメン所得税法，1874 年 12 月 22 日ザクセン所得税法におけるように，既に財産の評価が租税法上の問題となっていた。例えば，1891 年 6 月 24 日プロイセン所得税法においては，金銭的価額を持つものも所得として把握された（7 条）ことに拠る。したがって，その意義，具体的には計算方法の整備について，次のような立法過程を見た。

そこで財産評価方法のあり方に係る税制改正においては，前叙の共通価額は鍵概念であった。例えば，1893 年 7 月 14 日プロイセン補完租税法（PreußErgStG vom 14. 7. 1893）は，共通価額を補完税についてその課税標準とするとした。この共通価額は取引価額（Verkehrswert）と同置される。ここで補完税とは 1893 年財政改革においてゲマインデに割り当てられたいくつかの物税たる（Realsteuern）税目を指す。その中に財産所有者に対して課される税目も存在したので，財産評価作業が求められることになった。その際，基盤（ベース）理論（Fundistheorie）が唱えられたのであるが，これは資本性所得を有する者は，労働所得を有する者よりも担税力が強いとするものであり，財産を所有する者はそうでない者よりも経済的に良い状況に置かれているという認識をその根拠とする。これをキルヒホフ教授は“財産それ自体の担税力（Leistungsfähigkeit des Vermögens an sich）の理論”と呼称するのである。加えて，そうした者から緊急事態（おそらくは戦争状態が念頭に置かれているのかもしれない）において，課税を通じて税収の獲得を可能とするという論理も提示された（緊急蓄積（Notzeitreserve）の理論）。またこうした理論の行き着く先は標準収益（Sollertrag）に対する課税であるとされるのである。これを私見に基づき敷衍するならば，財産の所有に担税力を見出す課税を行う場合には，その譲渡を前提とした課税が行いえない，ということであろう。

こうしたことから，税制改正の過程において，共通価額は取引価額のみを意味するものという立場が全面的に支配的であるということはなくなる。補完租税法の立法過程において当初は課税の実践性，統一性および平等性の観点から共通価額は取引価額のみを指す旨の規定（10条）があったが，それは削除されることとなった。財務大臣は，この点について，譲渡が少ない場合で，それが共通価額を示さない場合には，収益価額に拠ることができる，と釈明した。続けて，「……都市の不動産，大都市近郊の開発地域，または農業用不動産といった，所有の変更が頻繁である場においては，相当な基準は同種の不動産につき通常得られる購入価格である。……他方で，継続的所有が大半である地域では，通常の利用により継続的に得られる収益が価額計算の本質的要素を構成するであろう。」とするのである。つまり，取引価額または収益価額のいずれに基づき財産評価を行うかは，状況に拠り決定され，いずれが他方を排除するというものではないとするのである。したがって，ドイツの立法は，取引価額と収益価額の間で妥協を図ったということができる。

その後は，例えば，1906年6月3日ライヒ相続税法（RErbschStG vom 3. 6. 1906），さらには1909年5月26日ライヒ相続税法が農業用不動産に収益価額による評価を承認した。また，戦争拠出金（Wehrbeitrag）としての意味を持つライヒ財産税のもとでは，農林業，庭園に係る不動産，一定の要件を充足する建物あり不動産（bebaute Grundstück）につき収益価額による評価を認めた。そこで収益価額は，一定の要件に該当する賃貸借収益（Miet-oder Pachtertrag）の25倍である。以上のような経緯を経て，財産評価法の制定前には1919年ドイツ租税通則法137条以下に財産評価に関する規定が置かれていたが，そこでは，収益価額による財産評価もありうるものとされた。また，個別の税目ごとに，そして州ごとに評価額が大きく異なる結果を導くそうした評価方法が規定されていたため，1925年財産評価法はそれを改め平等な課税を実現するべく，統一的な規定を配備し，それを以て前叙の弊害を防止することが企図された。しかし，取引価額および収益価額との併存は財産評価法の基本構造を規定することとなった。また，1925年財産評価法は客観性・類型化を指向すべく，行政への委任を予定していた点に特徴がある。さらに1934年財産評価法は財産の種類に応じて統一価額を以て一定期間ごとに評価替えを行うことを予定していた（46条），そして不動産につき1935年1月1日に第一回の主確認決定（Hauptfeststellung）が行われたが，特に，1939年11月22日の命令により，以後の評価替えは第二次世界大戦との兼ね合いで実施されることはなかった。

1965年財産評価法においては，統一価額に基づく課税が行われることとはされたが，現実には必ずしもそうではない。すなわち，統一価額については，不動産について主確認決定（Hauptfeststellung）が1964年に行われたが，それは1974年に初めて適用があった。ある試算によれば，1964年から2008年までの間に建築用地（Bau land）について年7%の取引価額の上昇があったという(28)。これは，後にも述べるように，そうした取引価額の変化に対応して評価を改める財産評価法のあり方とは矛盾するものであった(29)。その際，約10年間の時間的間隔があいているため，調整が必要となったが，それは不動産に係る統一価額の40%の加算（Zuschlag）を以て対応が企図されたが(30)（これは結局統一価額の140%の評価が行われることになる），必ずしも適切なものではなかった(31)。

---

(28) Wissenschaftlicher Beirat beim Bundesministerium der Finanzen, Reform der Grundsteuer, Bonn 2010, S. 1.

(29) Wissenschaftlicher Beirat beim Bundesministerium der Finanzen, Reform der Grundsteuer (Fn. 28), S. 1.

(30) Dickermann, Dietrich/Uwe Pfeiffer, Möglichkeiten für eine Reform der Einheitsbewertung und ihre Auswirkungen auf die einheitswertabhängigen Steuern, Köln 1985, S. 51.

(31) Rolf Borell/Lothar Schemmel, Steuervereinfachung: Notwendigkeit, Grundlagen, Vorschläge, Wiesbaden 1986, S. 125f.

また，財産評価法の執行に際しては，多くのコストの発生が指摘された。例えば，不動産の評価に関しては，後にも改めて言及するところの，評価対象単位の多さによる課税庁のもとでの負担過重，さらには，納税者のもとでの関係書類の作成に際してのコストもあった(32)。以上の歴史的経過を通じて，統一価額に基づく財産評価は財産の種類に応じて，その評価方法が異なり，さらには不動産については一般的な価格水準を大幅に下回る価額での評価が行われることになり，財産間での評価の不平等が目立つことになった。

そこで，いくつかの改正を通じて，統一価額は目下主として不動産税に適用され，財産評価という場面で若干の意義を有するに止まる。すなわち，重要なところでは，連邦憲法裁判所の1995年6月22日決定により，財産税は課税が停止され，相続税については同決定により，統一価額ではなく，必要性に基づく評価（Bedarfsbewertung）に代えられた。また同じく連邦憲法裁判所の2006年11月7日決定においても評価の不平等は改めて問題とされた。

なお，立法により財産評価方法を統制する意義については，近時の学説が次のように整理する。すなわち，財産評価という素材の複雑性を根拠とした執行の簡素化，行政リソースの投入量を制御するための執行の経済性，さらには平等の確保，納税義務者にとっての計画・処分行為の保護が挙げられている(33)。予め立法者を通じて統制があると，財産評価の作業は定式化されるともいうのである(34)。

⑵　統一価額（Einheitswert）と財産評価について

この統一価額という概念は，ドイツにおける財産評価を論じる際に鍵概念である。すなわち，財産評価法はあらゆる税目について妥当する，まさに“統一”価額を計測することを可能にする法律であるという前提で構築されている。

この統一価額に依拠して課税する税目として財産税が挙げられる。この財

(32)　Borell/Schemmel, Steuervereinfachung (Fn. 31), S. 126f.
(33)　Krumm, Steuerliche Bewertung (Fn. 14), S. 363.
(34)　Krumm, Steuerliche Bewertung (Fn. 14), S. 364.

産税は当該財産の価額をベースに課税を行うため，かかる価額が評価作業を通じて明らかにされねばならない。この財産税をドイツ租税史の観点から見れば，課税されるのはある財産について評価により明らかにされた標準収益（Sollertrag）であり，これは従前実収益を評価作業により明らかにすることは理論上も実際上も困難であるとされたため，財産税の課税が行われたとされるのである(35)。しかし，ドイツにおける所得概念論の展開をここで改めて想起するならば，19 世紀末から 20 世紀初頭にかけて，所得概念論の発展があり，（実）所得に対する課税が可能となったわけである。ここで財産税を顧みるならば，あくまでも実収益に対する課税が困難である点に課税根拠の一つがあったわけであり(36)，実所得に対する課税が可能となった時点でその正当性が失われるようにも思われる。ところが財産税，（標準収益に対する課税の要素を持つ）事業税の課税も 20 世紀以降も継続した。この理由として挙げられるのが，事業税についてはゲマインデの税収確保，財産税については所得税の補完であった(37)。

以上のような経緯を有する財産評価を伴う課税であるけれども，例えば，特に，財産税は納税者の担税力というよりも，その意味するところは必ずしも明確ではないが，一部においては財産の実物（Vermögenssubstanz）(38)を基準として課される税目であると言われることもあるように，財産の評価のあり方が課税標準に反映されるため，財産の価額を明らかにした上で課税をする税目については，財産評価という作業が課税に際しては極めて重要な意義を持つことになるのである。

---

(35) Zitzelsberger, Einheitswerte (Fn. 15), S. 663.

(36) Kube, Hanno, Erneuerung der Besteuerung von Vermögen aus deutscher Sicht (Vermögensteuer, Vermögensabgabe, Erbschaft-und Schenkungssteuer), in: Jachmann, Monika (Hrsg.), Erneuerung des Steuerrechts, Köln 2014, S. 350.

(37) Zitzelsberger, Einheitswerte (Fn. 15), S. 663f.

(38) 例えば，参照，Schelle, Klaus, Vermögensteuer: Ein Störfaktor im Steuersystem, Wiesbaden 1990, S. 12. さらには，Krumm, Steuerliche Bewertung (Fn. 14), S. 118f. における立法史に係る記述も参照。

3　財産評価の方法

(1)　財産評価法の類型

では，ここで，財産評価法が規定する財産評価法に係る概要を通覧しておこう。なお，引用する条文は原則として財産評価法のものであり，それ以外のものは個別に表記する。

まず，相続税について以下のような諸規定がある。まず，相続税は共通価額（9条）で評価が行われる（177条）。共通価額は原則として取引価額である（建設法典194条）。従前は，1964年を基準とする評価額により評価が行われたが，現行法ではそれとは異なる以下のような評価方式が用いられる。その結果，大まかに言えば，不動産価額計算命令（Immobilienwertermittelungsverordnung）により類型化された評価方式が適用されるため，超過評価または過小評価がなされうる(39)。とはいえ，立法者も絶対的な，確実に実現可能な市場価額が存在するとは考えておらず，憲法上一定の幅におさまる市場価額の水準（±20%）の確保が求められている(40)。

では個別の財産評価に移ろう。建物無し不動産（Unbebaute Grundstücke）については土地基準価額（Bodenrichtwerte。建設法典196条）をベースにした評価が行われる。土地基準価額は，本質的に同一の状況・利用関係にある一つの領域における土地（建物有，建物無のいずれも含む）に係る1 m^2 あたりの平均的な価額（Lagewert）である(41)。それは購買価格集（Kaufpreissammulungen。建設法典195条）から算出され，鑑定委員会がそれぞれのゲマインデについて関係部署から送られた売買契約を利用して管理する(42)。必要性評価に実効性を持たせるべく，土地基準価額は第二暦年の12月31日までに地域の鑑定委員会によって確定される（建設法典196条1項5文）(43)。また，売

(39)　Kreutziger, Stefan/Margit Schaffner/Ralf Stephany, Bewertugsgesetz: Kommentar, München 2013, §177 Rz. 1.
(40)　Schaffner, in: Kreutziger/Schaffner/Stephany, BewG (Fn. 39), §177 Rz. 3.
(41)　Seer, in: Tipke/Lang, §Steuerrecht (Fn. 2), §15 Rz. 60.
(42)　Seer, in: Tipke/Lang, §Steuerrecht (Fn. 2), §15 Rz. 60.

買実例が存在せずに，評価に際して，土地基準価額が利用できない場合には，比較可能な土地の価額から比較価額（Vergleichsweet）が導出される（179条4文）(44)。なお，評価の際に個別事情に応じた土地基準価額からの乖離もないではない(45)。

賃貸借用および商業用の不動産（Mietwohn-und Geschäftsgrundstücke）については，土地および建物の各部分につき別途評価がなされる（184条1項）。土地部分につき，前叙の土地基準価額で評価は行われる（184条2項）。建物部分につき，建物収益価額（Gebäudeertragswert）が評価される。これは，一定の方法により建物の収益価額を計算するものである(46)

一家族家屋および二家族家屋等については，比較価額方式（Vergleichw-ertverfahren）の適用がある（182条2項）。これは，広範に同性質の建物が建つ不動産，不動産市場が比較価格（Vergleichspreis）を指向するそうした建物について適用できる(47)。そうした不動産の実際の価格が参照され，その価額に影響を与えるメルクマールが評価対象不動産と十分に一致していなければならない（183条1項）。

また，その他の不動産については，物的価額方式（Sachwertverfahren）により評価がなされる。この方式は，おそらくは，原則的な評価方式では評価が行いえない財産につき評価方式の不在を避けるために配備されているという点を捉えて，カバーとしての性質（Auffangcharakter）を持つ（182条4項）とされる。例えば，比較対象の存在しない一家族家屋および二家族家屋，通常の賃料が計算できない賃貸借用・商業用の建物等が挙げられる。この場合，土地については土地基準価額を用い（189条2項），建物については一定の方法で計算される通常製造コスト（Regelherstellungskosten）が用いられる（190

(43) Seer, in: Tipke/Lang, §Steuerrecht (Fn. 2), §15 Rz. 60.
(44) Seer, in: Tipke/Lang, §Steuerrecht (Fn. 2), §15 Rz. 60.
(45) Seer, in: Tipke/Lang, §Steuerrecht (Fn. 2), §15 Rz. 61.
(46) 詳細は，Schaffner, in: Kreutziger/Schaffner/Stephany, BewG (Fn. 39), §184 Rz. 1ff.
(47) Seer, in: Tipke/Lang, §Steuerrecht (Fn. 2), §15 Rz. 64.

条1項)。

尤も，以上のような方式を基に評価された共通価額よりも一層低い共通価額を納税義務者が主張立証する可能性もある（198条)。

農林業に係る財産の評価は凡そ次のような制度がある。ここでは，いわゆる簡素な純収益価額方式（vereinfachte Reinertragsverfahren)(48)が適用される。これは，地域，利用形態（Nutzungsart)・事業形態（Betriebsform)，規模に応じて予め決められた標準額（Standarddeckungsbeiträge。Anlage 14 zum BewG）を基に，純収益（Reinertrag）が計算され（163条3項)，それに18.6を乗じて（163条11項)，共通価額が算出される(49)。

事業用資産については，比較価額方式（11条2項2文）が基本的には適用されるが，そのためには，直近1年の比較可能な取引が必要である(50)。そのため，そうした取引が存在しない場合には，企業の将来収益力（Erfolgsaussichten）を考慮した共通価額，または，他の承認された，通常の取引における，租税法上の目的とは関係のない，通常の方法を考慮した共通価額が計算される（11条2項2文前段)。凡そいわゆるディスカウントキャッシュフロー法（DCF）をベースとした複数の評価方法の適用が予定されている(51)。

金銭，資本債権（Kapitalforderungen）等については，名目価額（Nennwert。12条1項)，(相場のある）有価証券については相場価額（Kurswert。11条1項）という例に見られるように，その他の財産についても評価規定はある。

相場のない物的会社への持分については，11条2項1文に基づいて共通価額（9条）により評価すべきとされる。しかし，直近1年未満の間の売買を通じた共通価額がない場合には，共通価額は当該物的会社の収益予測を考慮するか，または他の一般に承認された，租税法上の目的ではない，通常の取引において，よく利用される方法を通じて計算される。

---

(48)　Seer, in: Tipke/Lang, §Steuerrecht (Fn. 2), §15 Rz. 69.

(49)　詳細は，参照，Stephany, in: Kreutziger/Schaffner/Stephany, BewG (Fn. 39), §163 Rz. 1ff.

(50)　Seer, in: Tipke/Lang, §Steuerrecht (Fn. 2), §15 Rz. 75.

(51)　詳細は，参照，Seer, in: Tipke/Lang, §Steuerrecht (Fn. 2), §15 Rz. 75ff.

不動産税については，以下のような諸規定がある。不動産税は，不動産税A型（Grundsteuer A）および不動産税B型（Grundsteuer B）に識別され，前者は，農林業に係る不動産，後者は，それ以外の不動産である。不動産税法13条1項により，統一価額が課税標準であり，統一価額の計測方法が問題である。さらに，統一価額は1964年1月1日，1935年1月1日のそれを基準とする（27条）。例えば，ある納税義務者が1963年，1978年，1993年，2000年に，機能，建築方式で同一の4つの家屋を異なるコストで建設した場合，財産評価は1964年1月1日の水準を基準に行われる(52)。何故なら，さもなくば，異なる時点では，異なる評価がなされるからであり，換言すれば，1964年1月1日を基準とすることは課税の平等に資することになる(53)。

農林業に係る不動産については，収益方式（Ertragverfahren）であり，ある事業から，平均的に，継続的に獲得できる純収益(54)の18倍が収益価額であるとされる（36条2項3文）。この純収益を計算するには，収益力（Ertrgsfähigkeit）を基準とすべきとされるが（36条2項），この収益力は，標準化された，客観的に獲得可能な純収益がベースとなると説明される(55)。したがって，純収益が1200マルクであるとすれば，その18倍の21600マルクが純収益であり(56)，統一価額はこのように計測される。

建物無し不動産（Unbebaute Grundstücke）は，共通価額（1964年1月1日のもの）で評価（9条）が行われる。これについては，法律上詳細な規定がなく，不動産評価規則（Bewertungslichtlinie für Grundvermögen）に拠る。一定地域等における土地の種類ごとに通常の取引から得られる平均的価格を基に基準価額カード（Richtwertkarte）が作成され，当該基準価額に土地面積を乗じて評価は行われる(57)。その際，土地の形状，位置，状況等に応じた修正が可能である(58)。建物有り不動産（Bebaute Grundstücke）は，収益価額（76条1

(52) Schaffner, in: Kreutziger/Schaffner/Stephany, BewG (Fn. 39), §27 Rz. 1.
(53) Schaffner, in: Kreutziger/Schaffner/Stephany, BewG (Fn. 39), §27 Rz. 1.
(54) Seer, in: Tipke/Lang (Hrsg.), Steuerrecht (Fn. 2), §16 Rz. 8.
(55) Stephany, in: Kreutziger/Schaffner/Stephany, BewG (Fn. 39), §36 Rz. 4.
(56) Stephany, in: Kreutziger/Schaffner/Stephany, BewG (Fn. 39), §36 Rz. 9.

項）または物的価額（Sachwert。76条２項，３項）で評価がなされる。収益価額を計測するための収益価額方式（Ertragwertverfahren）の概要は次のとおり。不動産の価額は年粗賃料（Jahresrohmiete。79条１項）に調整倍率（Vervielfältiger。80条）を乗じる（78条）。年粗賃料(59)の計測のために賃料リスト（Mietspiegel）を課税庁が利用できる。また，自己利用，不使用の建物有り不動産等の，賃料リストから年粗賃料を計測することが性質上できない建物有り不動産については，その他の賃料（übriche Miete）を年粗賃料に準じて計測し，それを基に不動産価額の評価を行う。調整倍率は，ゲマインデの規模（Gemeindegrößnklasse）ごとに，不動産の種類，建築種類（Bauart），建築年等に応じて予め決定されている（Anlagen 3-8 zum BewG，Anlagen 1-8 BewR Gr）。また，不動産の価額を増価または減価する要因の考慮もある（82条）。こうした収益価額に基づく評価は相当程度に類型化に基づくものであり，そうした評価額は擬制的な価額，換言すれば，“純然たる租税法上の価額（reine Steuerwerte）”であると言われる(60)。

その他にも物的価額方式（Sachwertverfahren）もある。これは収益価額方式が性質上適用できない不動産に適用される。例えば，工場不動産（Fabrikgrundstücken），高額の費用がかかり，製造費用に対応する賃料が得られないそうした一家族家屋（Einfamilienhäuser），二家族家屋（Zweifamileinhäuser）等がそれである（76条３項）。これによると，基本価額（Ausgangwert）をベースに，土地の価額，建物の価額，外的施設（Außenanlagen）（83条）に識別し，それぞれの価額を計測した上で，合計する。なお，物的価額（Sachwert）は共通価額よりも高い傾向があるので，その調整のため，基本価額を

(57)　詳細については，Schaffner, in: Kreutziger/Schaffner/Stephany, BewG (Fn. 39), § 72 Rz. 1ff.

(58)　詳細については，Schaffner, in: Kreutziger/Schaffner/Stephany, BewG (Fn. 39), § 72 Rz. 20ff.

(59)　詳細については，Schaffner, in: Kreutziger/Schaffner/Stephany, BewG (Fn. 39), § 79 Rz. 1ff.

(60)　Seer, in: Tipke/Lang (Hrsg.), Steuerrecht (Fn. 2), § 16 Rz. 14.

基準に，それに対して一定の価額数（Wertzahl）を乗じることとされている(90条)。以下では，土地と建物についてのみ述べる。まず，土地についてであるが，先の土地に係る基本価額は，当該土地に建物が存在しない場合を想定して計測し（84条），土地基準価額を第一次的な計測手段として利用する[61]。第二次的には専門家の鑑定を利用できる[62]。工場用不動産については特別に加算減算がある（FinSen. Bremen v. 25. 1. 1973, StEK §84 BewG Nr. 2)[63]。建物については，1958年の平均的製造コスト（durchschnittliche Herstellungskosten）を基準として，それを1964年の水準に調整を行い，利用する。

⑵ 租税法における財産評価の意義

次に租税法において財産評価という作業が持つ意義につき，学説を手がかりに，検討しておくこととしたい。そもそもドイツにおいては，財産評価の作業について「狭義では評価は特定の目的との関係で金銭単位を財に帰属させることである。」[64]という言明があり，ゼーア教授もそれを前提に「租税法における評価の目的はある税目の課税標準のために資産に特定の金銭価額を割振ることである。」[65]とする。ここでは，特に，租税法上の財産評価に係る属性を明確にする必要があろう。

ドイツにおける財産評価の実態からも導かれようか，財産評価の作業は必ずしも厳密に評価対象物の価額を計測する作業をその本質とするわけではない。この点，古くはヘンゼルが租税法上の評価に係る「根本は唯一の租税法上の価額が評価対象物の実際の価額と一致する必要はないということである。」[66]としたり，「つまり法律は特に価額の客観的確定可能性を判断の基礎

---

(61) Schaffner, in: Kreutziger/Schaffner/Stephany, BewG (Fn. 39), §84 Rz. 2.
(62) Schaffner, in: Kreutziger/Schaffner/Stephany, BewG (Fn. 39), §84 Rz. 2.
(63) 詳細は，Schaffner, in: Kreutziger/Schaffner/Stephany, BewG (Fn. 39), §84 Rz. 3.
(64) Busse von Colbe, Bewertung als betriebswirtschaftliches Problem (Fn. 13), S. 40.
(65) Seer, in: Tipke/Lang, §Steuerrecht (Fn. 2), §15 Rz. 54.
(66) Hensel, Steuerrecht (Fn. 11), S. 82.

とするのであり，同じく簡単な確定可能性もそうである。仮に，それを通じて，評価対象物の実際の価額と人が考えるものと租税法上の価額を乖離させるそうした評価作業における簡素化がなされたとしても，それは当てはまる。」[67]と述べたりもしていた。ここで以上の引用文を敷衍するとすれば，価額の客観的確定可能性とは，一定の合理性を持った財産評価方法（これが，ヘンゼルが言うところの客観性を確保すると理解可能である）を当てはめることにより，評価作業を行うことを以て財産評価作業を行うことが可能であることを指そうか。こうした財産評価方法の確立においては性質上簡素化の契機が含まれることになると解することは許されよう。そして，かようなある程度の簡素化を指向する財産評価方法が採用される場合には，実際の価額と租税法上の評価額とが一層乖離することがあっても，（その乖離の程度如何に係る正当化の問題は差し当たり措くとして）当該評価方法の合理性が肯定されるならば，当該評価額が正当なものとされうるという言明に行き着くことになるのかもしれない。とするならば，以上のヘンゼルの言明は既に引用したところに相通ずるものである。

また，キルヒホフ教授によれば，租税法上の価額（Steuerwert）は，評価対象物の実際の価額と一致する必要はなく，単に様々な課税客体の間で事実関係に相応する適正な関係を創出しなければならないとするのである[68]。所論はヘンゼルのそれとも相通じるわけであり[69]，この言明の意味するところは，いくつかあろうけれども，例えばヘンゼルの言明と併せ見ると，簡素化を通じて税務執行の観点から過度に厳格な財産評価は不必要であること，さらには税目の性質に応じて適切な評価が行われねばならないこと，であろう。とするならば，この点では，ドイツ租税法学は統一価額を指向するかつての立法に対するアンチテーゼを定立したことになろう。さらに重要な点と思われるのは，課税に際しての適正な関係の創出は課税客体間で必要である

(67)　Hensel, Steuerrecht (Fn. 11), S. 83.
(68)　Kirchhof, Die Steuerwerte des Grundbesitzes (Fn. 21), S. 19f., S. 81.
(69)　Krumm, Steuerliche Bewertung (Fn. 14), S. 107 も同旨か。

とする件である。やや難解であるけれども，文脈からすれば，評価額と財産の客観的価額との厳密な一致の確保が評価作業の本質ではなく，むしろ，それをある程度放棄することは可能であり，課税客体たる複数種類の財産相互間での以上のような評価の平等が要求されるということであろうか。以上のことは，取引価額は勿論，特に性質上収益価額による評価が行われる場合には妥当することであろう。勿論，相続税を念頭に措けば，基準となるのは取引価額であることになろう(70)。

以上のような学説上の言明の理論的性格決定を行う必要があろう。私見によれば，この言明は正確性の放棄という点を捉えて，それに過度に着目すべきではなく，ドイツの議論の動向を直視すれば，税務執行の観点をも加味した実践性の獲得を指向するものと位置づけるべきことになるかもしれない(71)。これは，既に引用した学説およびドイツ財務省報告書（1989年）からも読み取れたように，統一価額の評価作業に係る前叙の大量性からも要求されることであろう。勿論，この場合でも評価方法の合理性の確保が重要であることは言うまでもない。

さらには，統一価額のようなあらゆる税目に共通して適用可能である財産評価は行いえないことになろう。キルヒホフ教授は「評価基準は，評価作業を要する税目が収益力または譲渡力（Veräußerungsfähigkeit。ここで譲渡力とは結局譲渡によって獲得される当該財産の価額を指そう－筆者注）に対して課税されるのか，に依存するのである。」(72)とするのであるが，この言明によれば，課税標準の適正な選択・構築が担税力を適切な形態で把握しつつ課税することを可能にすると考えられる。これはキルヒホフ教授が「評価基準の憲法的妥当性および承認はそれ故評価基準が憲法適合的な税負担の決定を適正に課税標準に示すことに依存している。」(73)というように，かような財産評価の

(70) Krumm, Steuerliche Bewertung (Fn. 14), S. 107.
(71) 同旨か，Tipke, StRO II 1 Aufl. (Fn. 5), S. 849.
(72) Kirchhof, Die Steuerwerte des Grundbesitzes (Fn. 21), S. 26.
(73) Kirchhof, Die Steuerwerte des Grundbesitzes (Fn. 21), S. 27.

態様は憲法適合性を獲得することになる。ティプケ教授も同様な思考を辿る[74]。特に，ティプケ教授が明言されているのは，課税標準は透明性の観点から“真正な（wahr）”ものでなければならず，減算を通じて負担軽減がもたらされてはならない，という[75]。これによれば，評価作業に係る前叙の厳密性の放棄は必ずしも租税立法者がフリーハンドで財産評価方法の制度設計を行うことを意味するわけではない。換言すれば，キルヒホフ教授の言明を敷衍すると，一つの見方としては，財産評価方法の立法に際しては，直前で述べた憲法適合性を基軸に措きつつ，簡素化による税務執行の視点からかかる基軸からの乖離が図られると解すべきであるかもしれない。ここで乖離とはそもそもある財産に係る正しい，唯一の価額を明らかにしないという立場から出発し，合理性のある財産評価方法の漸次的な簡素化がなされる結果である。換言すれば，キルヒホフ教授の言明からすれば，財産評価という作業は，（制度上は例えばそれが取引価額であると措定されることになるのかもしれない）ある財産に係る客観的な，唯一の価額たる評価額を解明するという作業ではないと言いうる。尤も，その際，税目に応じた課税標準の選択が重要であることも付言すべきであろう。

加えて，そのことに関連して，エッセンスのみに触れることとするが，近時は次のような学説が提唱されている。すなわち，課税の対象となる財産の評価額を評価する際に，そもそも当該財産が如何なるメカニズムに基づいて評価されるか，という点に着目し，それを市場経済のメカニズムに求める見解がそれである。大まかな具体像として，以下のような議論が提示されている。そもそも，取引価額は取引当事者の主観によって形成され，当事者の取引における行動様式（Verhaltensmuster）に基づく[76]。とするならば，論理的には行動様式に基づいた財産評価を行わなければ財産評価はそもそも行われえないことになる。また，クルム教授によれば財産評価の違法性を判断す

---

(74)　Tipke, StRO II 1 Aufl.（Fn. 5），S. 850.
(75)　Tipke, StRO II 1 Aufl.（Fn. 5），S. 850.
(76)　Krumm, Steuerliche Bewertung（Fn. 14），S. 54.

る場合には行動様式と整合する財産評価方法の適用があるか否かが問題となるという(77)。その上で，勿論，行動様式を正確に把握することは性質上困難でもありえようから，法律上の財産評価方法に依存する他ないとも解しうる(78)。尤も法律上の財産評価方法の合理性を確保するために，類型化の可能性が追及されるべきであるという(79)。その際，評価作業の帰結について，人的・物的視点から見て，どの程度不平等が生じているかが問われる(80)。なお，継続的に租税立法者により類型化の合理性が求められるべきである(81)。

こうした立場が主張される背景の一つとして挙げられるのが，市場における価格形成の実態である。すなわち，所論によれば，端的には，市場における価格形成に際しては，当事者の取引対象物たる財産に対する主観的評価が重要な要素であるため，さらには，社会における現実の多様性，評価対象の個別性等を直視して，唯一の価格を発見するのではなく，ありうる価格の幅を発見することが評価作業の重要な点となる(82)。これを法学的に引き直して言えば，憲法上の自由を享受する個人が市場経済において取引を行う場合，その取引に係る財・サービスについて平等を根拠に唯一の価格しか存在しないとして財産評価を行うことは矛盾であるとされる(83)。

やや粗いまとめではあるが，クルム教授の所説は大まかには以上のようなものである。筆者にとって所論にはなお不明な箇所もあり，今後なお詳細な検討を要しようが，差し当たって，次のような示唆を得ることができるように思われる。まず，所論は本稿で引用したドイツの従前の学説と親和する。市場経済のメカニズムによれば，確かに，価格形成は取引当事者の主観に拠

(77) Krumm, Steuerliche Bewertung (Fn. 14), S. 380.
(78) Krumm, Steuerliche Bewertung (Fn. 14), S. 389.
(79) Krumm, Steuerliche Bewertung (Fn. 14), S. 390.
(80) Krumm, Steuerliche Bewertung (Fn. 14), S. 391.
(81) Krumm, Steuerliche Bewertung (Fn. 14), S. 392.
(82) Krumm, Steuerliche Bewertung (Fn. 14), S. 64.
(83) Krumm, Steuerliche Bewertung (Fn. 14), S. 358f.

ろう。同じような（所論が言うところの）行動様式が多数の取引当事者間で共有されれば，それを財産評価方法とすればよいのであろうが(84)，取引当事者が如何なる点に着目して価格交渉を行い，その結果価格の合意に至るか，という点については，千差万別であろうから（例，建物自体の価額か，将来収益力か等），取引価額を課税標準とする場合（この場合，所論の意義は，専ら前叙の幅を財産評価に際して承認することにあるように思われる），所論の構想は現実性を欠くように思われる。したがって，財産評価に基づいてなされる課税の平等，税務執行等の観点を直視すれば，市場経済のメカニズムを過剰に重視し，その結果としての納税義務者の財産評価に基づいて課税は行われえないので，結局租税立法者ができるだけ精度の高い財産評価方法を考案し，法律を整備する他ないことになる。これは所論も認めるかのようであるし，キルヒホフ教授等の所説から私見が導いた示唆と同じである。

以上を前提とすれば，租税法における財産評価に係る特徴的属性が大まかには明らかになったと思われる。すなわち，評価作業の平等の確保，さらには簡素化を指向する場合の，その限りでの平等性の限定である。これはわが国での財産評価法の制定を検討する場合にも，立法作業に係る一つの基準を示すものと考えられる。また，クルム教授の近時の学説からも，財産評価作業とは評価対象物に係る唯一の価額を評価することではないことが論証されたわけである。なお，所論については，今後検討の余地があろうけれども，財産評価方法の漸次の改善を継続していく必要もあることは分かる。

(3)　財産評価法の問題点

財産評価の問題として如何なるものがあるのか。一に，統一価額の評価に係るコストの問題がかねてより指摘されてきた。例えば，従来不動産に係る統一価額が取引価額の 10% に満たないことは指摘されてきており，これは

(84)　所論が，（財産評価の）結果ではなく，（おそらくは法律上の財産評価方法および当事者間の取引に際しての価格形成に係る）思考方法（Denkwege）を比較するべきである（Krumm, Steuerliche Bewertung (Fn. 14), S. 376f., S. 398.）とは，この趣旨ではないかと推測される。

平等原則に違反する状態であると認識されてはきた(85)。ティプケ教授は，連邦憲法裁判所も是認するところとされているのであるが，立法者によってかような状況が放置されること理由として，不動産について新たに適正な評価作業を行うための人員が欠如していることを挙げているのである(86)。まさに，所論が述べるように，これは“形式的な理由”(87)であると言いうる。そしてウェルナーによれば，2000万にも及ぶ評価すべき経済的単位が存在し，1971年のケースではあるが，課税庁のリソースの9%を統一価額の評価に割り当てねばならず，その結果財産税収の10%超をその作業に支出する必要があるとされるのである(88)。また不動産税についての言及ではあるが，「……何故なら，明確かつ実践可能な課税要件と結びつけつつ租税の目的のために，平等であり，現実に適った財産評価を行うことは，純粋に租税専門的知見から見ても困難だからである。収益税および消費税のもとでは評価および課税は開放的かつ記録可能な市場取引に密接に結びつけられうる。そこでは加えて通常は価格が市場における具体的な経済的評価として承認される。課税期間に市場において実際に取引されない財産の在り高に課税することについては，そうした基盤は同じように利用可能ではない。その代わりに，一層直接的に，信頼に足るように行われる価額の確定（Wertaufstellung）が問題となる……。」というように，同様の問題意識は近時でもある(89)。以上の引用文等を併せ見れば，このように統一価額を以て厳格に課税を行う場合には，性質上巨大なコストが生じ，行政効率の観点で問題が生じることに

---

(85) Tipke, StRO II 2. Aufl. (Fn. 19), S. 887.; ders., StRO II 1 Aufl. (Fn. 5), S. 755.

(86) Tipke, StRO II 1 Aufl. (Fn. 5), S. 757.

(87) Tipke, StRO II 1 Aufl. (Fn. 5), S. 757.

(88) Uelner, Adalbert, Einheitsbewertung: Die Problematik der Einheitsbewertung, in: Raupach (Hrsg.), Werte und Wertermittlung im Steuerrecht (Fn. 13), S. 281.

(89) Schmehl, Arndt, Kritische Bestandsaufnahme der Grundsteuer, in : Wieland, Joachim (Hrsg.), Kommunalsteuern und-abgaben, Köln 2012, S. 252f.

なる。

二に，評価方法について，財産の種類に応じて，さらには同一類の財産であっても異なる評価に行き着くことである(90)。すなわち，評価替えの行われない統一価額，取引価額，収益価額のように財産に応じて財産評価方法が異なるために生じる現象が指摘されているのである。これは，本稿が若干見たところのドイツ租税法学の議論によれば，課税標準の構築を通じて平等原則の実現が第一次的には企図されるため，平等原則との関係で重大な問題を引き起こす可能性がある(91)。

三に，財産評価法による評価については，例えば，収益価額は取引価額より相当程度に低い(92)。そもそも統一価額自体取引価額と比較して相当に低い水準であった(93)。これについては裁判所も端的には平等原則に違反することになるとする(94)。しかし，訴訟の場面においてはこうした現象に必ずしも十分な対応がなされたわけではなかった。すなわち，財政裁判所において争われた評価の違法については，連邦憲法裁判所が憲法との適合性について判断することもあった。確かに，納税義務者が評価の違法を争うとしても，評価に基づく統一価額自体が取引価額と乖離しているので，それは違法であることは承認される。しかし，リーディングケースの判示(95)は次のように述べる。「……仮に，不動産に対する財産課税と有価証券に対する財産課税

(90)　Dickermann/Pfeiffer, Möglichkeiten für eine Reform (Fn. 30), S. 10. しかし，BVerfG-Urt. vom 10. 2. 1987 －1 BvL 18/81 und 20/82－ BVerfGE 74 182 ff. において，連邦憲法裁判所も述べるように，すべての財産に収益を基準に課税が行われることは，そうした収益を計測することが難しい場合もあるため，なされない，ということである。そうしたケースにおいてはむしろ製造コストに基づく課税も行われうる。

(91)　Dickermann/Pfeiffer, Möglichkeiten für eine Reform (Fn. 30), S. 10f.

(92)　Osterloh, Unterschiedliche Maßstäbe (Fn. 17), S. 181.

(93)　Dickermann/Pfeiffer, Möglichkeiten für eine Reform (Fn. 30), S. 18. 所論によれば，統一価額は取引価額の1ないし10％程度であるという。

(94)　例えば，BFH-Beschl. vom 11. 6. 1986 －Ⅱ B 49/83－ BStBl. Ⅱ 1986 S. 782.

(95)　BVerfG-Beschl. vom 7. 5. 1968 －1 BvR 420/64－ BverfGE 23 242ff.

との関係が平等原則を侵害するとしても，異議者による憲法異議に基づいてこれに作用する規範は無効であるとはされえない。……平等は……不動産に係る一層高い評価を通じてのみ創出されうる。……その結果異議者はそれ自体財産評価法のシステムに従った課税がなされており，その賦課処分の時点で存在する違憲である不平等によってその基本権を侵害されていない。……1963年から1965年までの主賦課期間についての不動産に係る財産税賦課決定は既に確定している。それ故租税債務者は賦課処分に係る法的存続に信頼を置くであろう。……法的安定性の原則はこうしたケースにおいても……意味を持つことになる。……こうした納税義務者が従来法律上の規定が存続することに信頼を置くことは恣意ではない。……一定割合の減価を通じて有価証券について概算的に租税法上有利に扱うことは財産評価法の体系に違反することになる。財産評価法においては原則として共通価額（取引価額・筆者注。以下同じ。）による評価が行われねばならない。……それ故，共通価額からの原則的乖離は，それが異議者により求められる取引価額の一定割合の減価であるように，禁じられる。……“正しい”統一価額を計測することは，特に，技術的問題および行政適合性の問題である。それ故，立法者は他のケースにおけるように，早急に判断して平等を創出することはできなかった。……実際の価額と統一価額との間の問題とされる乖離……およびそこに結び付く様々な租税法上の負担を適正な期限内に除去することは立法者の役割である……。」。以上の引用はやや難解であるが，敢えてエッセンスを約言すると，次のようになろう。不動産と有価証券というように，複数種類の財産の間で統一価額と取引価額という異なる基準で財産評価がなされることがあっても，財産評価法は共通価額による評価が原則であるために，不動産と比べて高く評価される有価証券の評価額を応急処置として引下げることはできない。そうした問題は立法者が除去すべきである。

さらに続く判示においても，次のように同様の判断がなされている。例えば，相続税に係る財産評価について，統一価額に基づく不動産と取引価額評価がなされる株式とを比較して，評価額の差異に基づく不平等を争っても，本来は不動産の評価額が違法であるため，株式の評価額を引下げることは裁判所によってはなされえないと判断された(96)。さらには，評価替えを行い，過去数年にわたり遡って，取引価額に基づく評価によって改めて課税を行うことは，経済の動向（Wirtschaftsgefüge）に対する甚大な侵害であるとする判示もある(97)。以上のような統一価額に係る問題は現在でも裁判所によって言及されるところである(98)。

さらに，間接的不動産贈与（mittelbare Grundstücksschenkung）というスキームがある。これは，不動産を贈与する場合と金銭を贈与する場合とを比較すると，統一価額が取引価額と比較して極めて低いことから，後者が不利となる。そこで，一定の要件を充足する場合には，金銭の贈与であっても不動産が贈与されたものとして評価を行う，というものである。すなわち，端的に言えば，金銭を贈与する場合であっても，受贈者がそれを不動産の取得に充てる場合には前叙のごとく見做して評価・課税するということである。これは判例上承認されているのであるが，例えば，不動産取得の際の一部につき金銭の贈与があった場合の間接的不動産贈与の有無およびその範囲(99)，建物のみの取得の場合の間接的不動産贈与の有無(100)，土地上の建物につき，新築ではなく，既存建物の修理に贈与された金銭が利用された場合の間接的不動産贈与の有無(101)等，その要件を巡って紛争が生じることもあった。しかし，学説上は，この間接的不動産贈与について，“不法における平等扱いの一種（eine Art Gleichbehandlung im Unrecht）”(102)という理論的評価を行う

(96)　BVerfG-Beschl. vom 15. 11. 1989 －1 BvR 171/89－ BStBl. Ⅱ 1990 S. 103; BVerfG-Beschl. vom 11. 10. 1983 －1 BvL 73/78－ BVerfGE 65 160ff.

(97)　BVerfG-Beschl. Vom 11. 6. 1986 －Ⅱ B 49/83－ BStBl. Ⅱ 1986 S. 782. 同旨か，BVerfG-Beschl. vom 10. 2. 1976 －1 BvL 8/73－ BVerfGE 41 269ff.

(98)　例えば，BFH-Urt. Vom 30. 6. 2010, Ⅱ R 12/09; BFH-Urt. Vom 30. 6. 2010, Ⅱ R 60/08.

(99)　BFH－Urt. Vom 12. 12. 1979 －Ⅱ R 157/78－ BStBl. Ⅱ 1980 S. 260.

(100)　BFH－Urt. vom 3. 8. 1988 －Ⅱ R 39/86－ BStBl. Ⅱ 1988 S. 1025.

(101)　BFH－Urt. Vom 5. 2. 1986 －Ⅱ R 188/83－ BStBl. Ⅱ 1986 S. 460

(102)　Tipke, StROⅡ 2. Aufl. (Fn. 19), S. 888.

ものがある。これは，評価の不平等に係る対応が判例のスキームでは十分に達成できないこと，換言すれば，本則的課税がなされていないことに対する理論的評価であろう。平等原則の指示する平等扱いは，不動産評価を適正化することであろう。そして，右の論点については，ホフマン氏も，「価額の乖離に係る不快さから生み出された判例による“修復の試み（Reparaturversuch）”はいずれにせよ一般的な相続税法上の正義には資さない。何故なら，それは，端緒的にのみある症状に関わるからである。」(103)とするのである。所論は，判例による評価の不平等に対する対応は不十分であるという批判を加えるのであろう。しかしそれに応えるのは判例によれば租税立法者であることは先に見たとおりである。

このような問題に基づいて提起された考え方には，統一価額の廃止，さらには，財産評価に基づいて課税がなされる税目の一部につき廃止もあった(104)。それに伴う代替案もあるが，別に紹介をする。

また，以上のような統一価額について認識される問題点は前叙のキルヒホフ教授による租税法における財産評価の性質決定に照らしても，首肯不能であると考えられうる。すなわち，所論によれば，租税法上の財産評価額が必ずしも当該財産の客観的価額と一致しないとしても，それにより即座に平等原則違反を帰結するわけではないが，課税標準の適正さが欠如する場合には，それが平等原則違反をもたらす。まさに，統一価額の現状は平等原則との整合性を確保できないと性質決定することになる。

---

(103) Hofmann, Ruth, Die Anwendung der Einheitswert bei der Erbschaftsteuer, in: Raupach (Hrsg.), Werte und Wertermittlung im Steuerrecht (Fn. 13), S. 385.

(104) 詳細は，参照，Wissenschaftlicher Beirat des Bundesministerium der Finanzen, Die Einheitsbewertung in der Bundesrepublik Deutschland (Fn. 27), S. 27ff.

Ⅲ　財産評価と個別税目－相続税・不動産税等－

1 相 続 税

ここでドイツの相続税について簡単に触れておこう。まず，ドイツにおける相続税は価額増加税（Bereicherungssteuer）であるとされる(105)。すなわち，相続人のもとでの財産の受け取りによる財産の増加に着目して課税するということである(106)。さらに，財産自体に課税されるのでなく，それを取得した相続人に課されるものである（Subjektsteuer）(107)。そして相続財産を取得する経路は市場で創造された付加価額，市場所得ではなく，財産の移転（Vermögenstransfer）であるため，財産移転税（Verkehrsteuer）である(108)。それが最もよく相続による担税力の増加分を示すとされる(109)。また，標準収益税ではなく，実物税（Substanzsteuer）である(110)。それ故，直後にも関係するが，相続税の課税に際しての財産評価の基準は取引価額（共通価額）である(111)。直後に触れる判例上もそのように承認されている(112)。

相続財産の評価のあり方について見ておこう。相続税上は相続財産については，必要性原則（Bedarfsprinzip）に基づく評価が行われる(113)。相続税は不動産税，財産税とは異なり定期的に課税されるものではなく，相続という

(105) Seer, in: Tipke/Lang (Hrsg.), Steuerrecht (Fn. 2), § 15 Rz. 1.
(106) Tipke, StRO Ⅱ 2. Aufl. (Fn. 19), S. 872f. ; Seer, in: Tipke/Lang (Hrsg.), Steuerrecht (Fn. 2), § 15 Rz. 1.
(107) Seer, in: Tipke/Lang (Hrsg.), Steuerrecht (Fn. 2), § 15 Rz. 2.
(108) Tipke, StRO Ⅱ 2. Aufl. (Fn. 19), S. 876 ; Seer, in: Tipke/Lang (Hrsg.), Steuerrecht (Fn. 2), § 15 Rz. 3. なお，こうした性質決定に対する批判として，例えば，Mellinghoff, Rudolf, Das Verhältnis der Erbschaftsteuer zur Einkomme-und Köperschaftsteuer: Zur Vermeidung steuerlicher Merfachbelastungen, in: Birk (Hrsg.), Steuern auf Erbschaft und Vermögen (Fn. 17), S. 135.
(109) Seer, in: Tipke/Lang (Hrsg.), Steuerrecht (Fn. 2), § 15 Rz. 58.
(110) Seer, in: Tipke/Lang (Hrsg.), Steuerrecht (Fn. 2), § 15 Rz. 3.
(111) Seer, in: Tipke/Lang (Hrsg.), Steuerrecht (Fn. 2), § 15 Rz. 3.
(112) BVerfG-Beschl. 7. 11. 2006 －1 BvL 10/02－ BVerfGE 117, 1ff., 33ff.

事象が生じた場合に課税され，それ故一回的な評価の基準日（Bewerungsstichtag。相続税法11条）がある[114]。これは，端的には，相続という一回的な事象が生じる度に，当該相続財産の評価を実施するという立場である。敷衍すれば，相続が生じた段階で相続財産を評価する必要性が生じるため（“Bei Bedarf”[115]），その段階で財産評価という作業を行うということである。確かに，相続という事象に係る性質によれば，その合理性は認められよう。統一価額が機能不全にある状況においては尚更それは当てはまる。

このように，相続税はその性質により，不動産税とは異なり，収益価額ではなく取引価額が評価の基準として選択される。この点は，連邦憲法裁判所の立場によっても確認可能である。2006年11月7日決定においては次のように言われる。曰く「……相続税は，遺産取得税（Erbanfallsteuer）である。それは遺産そのものに課税するのではなく，それぞれの遺産受取人のもとで相続により生じた富の増加（Bereicherung）に課税するのである。……立法者は目下の形態での相続税により，相続または贈与により生じた財産の増加をそれぞれの価額に適った形態で，そして，そこから生じる相続人の……担税力の増加……に課税することを目的とする。」[116]とするのである。相続税の性質に触れつつ，それぞれの財産の価額に適う形態での財産評価を求める件であると言えよう。その上で，それに係る財産評価方法については，次のように述べる。「……財産対象の共通価額を決定するために利用する価額計測方式を選択する際に，……立法者は原則として自由である。平等であり，取引価額を指向する評価を実際に施行することが財産対象の個々のグループにつき異なる価額計測方式を基礎とする際にどの程度可能であるかは，まず

(113) Tipke, StRO II 1 Aufl. (Fn. 5), S. 755, S. 757. ティプケ教授によれば，相続税については従前統一価額に基づく課税が行われていたが，統一価額は取引価額の10%程度であったため，それに基づく課税は平等原則に違反する旨指摘されていた。

(114) Seer, in: Tipke/Lang (Hrsg.), Steuerrecht (Fn. 2), § 15 Rz. 50.

(115) Seer, in: Tipke/Lang (Hrsg.), Steuerrecht (Fn. 2), § 15 Rz. 50.

(116) BVerfGE 117, 1ff., 33.

憲法問題ではなく，立法手続において解消すべき租税技術的問題である。その限りで，個別のケースにおいてそれぞれの最も合目的的で，最も合理的で，そして最も適正な解決を立法者が発見したか否かは，連邦憲法裁判所の管轄ではない。……特に，立法者は，実践性ある租税徴収手続ならびに法律体系上の必要な類型化および概算化の必要性を斟酌しつつ価額計測方式を構築しうる。勿論相続税における評価方法は，あらゆる財産対象が共通価額に接近する価額（Annäherungswert）で把握されない方向に進むと，基本法３条１項に最早適合しない。」[117]とする。この件では相続税の財産評価方法として，取引価額の選択がなされるのである。そして，以上のような原則を踏まえつつ，「……立法者は相続税法においても第二段階で課税標準を計測する際に租税法上の嚮導目的を実現することができる。」[118]とされる[119]。

確かに，相続税における財産評価として取引価額が強調されたが，しかし，取引価額が相続税における財産評価の基準となり，また財産評価法上の共通価額の概念に取引価額が馴染むとしても，取引価額との関係における収益価額の位置づけには別途注意が必要である。

また，相続税については，財産評価の観点から眺めると，一定の分類が可能である。すなわち，所得税の議論をアナロジーすることになるのであるが，それは統一税（Einheitssteuer）および分類税（Schedulensteuer）である[120]。ここで，ティプケ教授の所論によれば，前者は，あらゆる財産につき同一の基準で以て評価し，同一の税率を適用するそうした相続税を指し，後者は，財産の種類ごとに，様々な非課税措置が講じられたり，評価方法が異なったり，さらには適用される税率も異なるといった特徴を有する相続税である。

このような分類に基づき，ティプケ教授は既に本稿でも議論した相続税の性質に立ち返り，その課税に際しては取引価額（Verkehrswert）を基準とし

---

(117)　BVerfGE 117, 36.
(118)　BVerfGE 117, 36f.
(119)　なお，Krumm, Steuerliche Bewertung (Fn. 14), S. 402f. も参照。
(120)　Tipke, StRO II 2. Aufl. (Fn. 19), S. 887.

て課税が行われなければならず，それは財産の種類を問わないという。その結果もしそうした取引価額から乖離した評価に基づいて課税が行われる場合には，それに相当する正当化根拠が必要であるというのである(121)。このティプケ教授による議論の核心は，あくまで理論的観点からではあるが，取引価額を基準とする課税を論証し，それと相続税の性質との接続を可能としつつ，またそれが担税力に適った課税であることを前提とした上で，そこからの乖離する場合にその正当化根拠を求めることによって原則的な課税方式からの逸脱を出来るだけ防止する理論構築にあると差し当たって見ることは可能かもしれない。

なお，ドイツ財務省報告書によれば，相続税の廃止は社会政策および租税体系上の根拠から廃止をすることが難しいので(122)，それを維持し，財産評価も件数の少ない相続が生じる都度に行われるため（おそらく取引価額による評価が原則とされる事情もあろうか），財産税と比してなお課税は行いやすいと読み取れるのである(123)。

2 不動産税

(1) 概要

ここで不動産税について，その概要を簡単に示そう。不動産税は，そもそも，統一価額を課税標準として課税がなされる（不動産税法13条）。それに財産ごとに異なる租税指数（Steuermesszahl。例，農林業＝0.6％，建物付不動産一般＝0.35％等），ゲマインデの調整率を乗じて税負担の計算がなされる。また収益税であると位置づけられている(124)。すなわち，財産の在り高に係る租税であり，その所有者の生活関係については考慮しないで課税がなされる実物税（Realsteuer）である(125)。それ故，人的非課税，家族関係，さらには，

(121) Tipke, StRO II 2. Aufl. (Fn. 19), S. 887f.
(122) 同旨，Tipke, StRO II 2. Aufl. (Fn. 19), S. 877.
(123) Wissenschaftlicher Beirat des Bundesministerium der Finanzen, Die Einheitsbewertung in der Bundesrepublik Deutschland (Fn. 27), S. 45.
(124) Krumm, Steuerliche Bewertung (Fn. 14), S. 121.

不動産の所有に係る債務については考慮されない(126)。また，この租税の正当化の可能性であるが，後に見るように租税理論の観点からは正当化が困難であり，差し当たって，応益負担原則（Äqivalenzprinzip）による正当化(127)がかろうじて行われていると言えようか。すなわち，料金・拠出金によってはあがないきれないゲマインデの負担するインフラストラクチャーの費用について不動産税を以て充てるとされ，このとき，インフラストラクチャーの必要性は不動産の利用によって生じるというのである(128)。

次に，不動産税の性質について見ていこう。端的には，不動産価額は自治体のインフラストラクチャーの整備に影響を受け，インフラストラクチャーの恩恵が個別に帰属する場合には，相応する料金の徴収（例，開発料金，道路建設料金等）がなされるべきではあるが，それを超えるコストおよびその他のゲマインデの作用（例，火災保護，領域管理（Räumdienste），子供の世話，学校，遊び場，文化施設および経済促進）については，不動産税も含む物税（Realsteuer）を通じて資金調達がなされるべきであるとする(129)。すなわち，不動産税の課税について決定的要因としては，自治体が市民および企業に対して提供するサービスのコストであって，応益負担原則が支配することになる(130)。また，農林業および事業用の財産に不動産税が課されることは，それが，企業税としての性質をも持っているとされることが指摘されている(131)。

次の(2)において触れるが，こうした不動産税の法構造から改革案が導出さ

(125)　Seer, in: Tipke/Lang (Hrsg.), Steuerrecht (Fn. 2), §16 Rz. 1.
(126)　Seer, in: Tipke/Lang (Hrsg.), Steuerrecht (Fn. 2), §16 Rz. 1.
(127)　Seer, in: Tipke/Lang (Hrsg.), Steuerrecht (Fn. 2), §16 Rz. 2.
(128)　Seer, in: Tipke/Lang (Hrsg.), Steuerrecht (Fn. 2), §16 Rz. 2.
(129)　Thüringer Finanzministerium, Reform der Grundsteuer: Gebäudewertunabhängiges Kombinationsmodell Thüringen, Erfurt 2011, S. 4; Tartler, Erwin, Thüringer Vorschlag für eine gebäudewertunabhängige Grundsteuer: Beitrag zur notwendigen Reform der Grundsteuer, Erfurt 2011, S. 2.
(130)　Thüringer Finanzministerium, Reform der Grundsteuer (Fn. 129), S. 4; Tartler, Thüringer Vorschlag (Fn. 129), S. 2.
(131)　Seer, in: Tipke/Lang (Hrsg.), Steuerrecht (Fn. 2), §16 Rz. 5.

れるべきことになる。そして，こうした法構造の示すところによれば，不動産税の課税標準としては不動産の価額が選択されることになる(132)。ドイツ財務省も自治体内部での租税体系に着目した場合，不動産税に関して納税者間の利害対立が先鋭化する原因として，不動産に対して異なる評価（unterschiedliche Aufwertung）がなされることがあるとするのである(133)。これはおそらくは文脈上客観的な不動産価額とは異なる価額を個々の不動産に付することを意味しよう。換言すれば，不動産価額が自治体による公共サービスの価額を反映するものであるならば，それを基準とした課税を行うことが公平であろうと思われるのである。尤も，建物の価額は自治体のそうしたインフラストラクチャーの費用・サービスとは無関係であるため，不動産価額のみが課税標準の唯一の構成要素であるか否かは定かではない(134)。この点，ドイツ財務省も自治体の財政需要は自治体での居住により生じ，例えば所得とは関係ないので，不動産の所有者ではなく，居住者に転嫁可能な不動産税が必要であるという(135)。

ところが，不動産価額は実務上大きな問題である。前叙の如く，不動産価額は評価作業を通じて明らかにされるわけであるが，財産評価法上評価替え作業は実施されておらず，約50年前の評価額が未だに妥当しているのである。具体的には，不動産税は，前叙の統一価額の問題のもと，1964年または1935年時点の評価額の水準に止まる基準額（Messbetrag）に税率（租税指数）を乗じ，さらに調整率を乗じることを通じて，税負担の計算が行われる。すなわち，調整率の水準を適宜設定することを通じて，現在の水準と相当程度に乖離してしまっている評価額の問題を解消するという運用がなされてい

(132) Thüringer Finanzministerium, Reform der Grundsteuer (Fn. 129), S. 4; Tartler, Thüringer Vorschlag (Fn. 129), S. 2.
(133) Wissenschaftlicher Beirat beim Bundesministerium der Finanzen, Reform der Grundsteuer, Bonn 2010, S. 2.
(134) Thüringer Finanzministerium, Reform der Grundsteuer (Fn. 129), S. 5.
(135) Wissenschaftlicher Beirat beim Bundesministerium der Finanzen, Reform der Grundsteuer, Bonn 2010, S. 2.

るのである。

こうした評価実務がもたらしたものとしては，まず，調整率による対応を通じて，かろうじて税負担の適正化が指向されたわけである[136]。すなわち，新しい道路，産業用施設の配備等充実していく多くのインフラストラクチャーを通じて，不動産の価額は上昇をするであって，それに応じて税負担も相応に増加しなければならないため，それが評価額に反映されない以上，別途の方法が模索されねばならない。ところが，逆に，かようなインフラストラクチャーによって負の影響を受ける不動産もありうるわけであって，それは調整率による対応を通じて租税法上不利な税負担を課されることになる[137]。財務省報告書の示唆するところによれば，こうした事情は，不動産につき，適正な評価額，ひいては課税標準を計測することの必要性を示すと言いうる。

この点，財産評価法の評価方法については，批判もあり，改革の必要性が認識され，前叙のごとく，いくつかの改革案が示されているのである。それを次に見てみよう。

(2)　評価方法の適正化？－不動産税改革－

不動産税については，近時，改革の可能性が学説上議論されている。それは，不動産税については，改めて環境税としての正当化を行うという理論的可能性である[138]。端的には，例えば，土地を利用することにより，それが環境汚染の原因行為であると位置づけた上で，土地の利用面積を基準として課税するという制度が考えられる。こうした議論の背景にあるのは，土地の評価という極めてコストが生じる作業を行うことなく課税が可能であって，従前の財産評価作業について認識された問題点を克服できる余地があるということである。そこで，そうした問題意識をはじめとして，以下にドイツ財務省およびドイツの州レベル，さらには理論的観点から提案されている改革

(136)　Wissenschaftlicher Beirat beim Bundesministerium der Finanzen, Reform der Grundsteuer (Fn. 28), S. 1.
(137)　Wissenschaftlicher Beirat beim Bundesministerium der Finanzen, Reform der Grundsteuer (Fn. 28), S. 1.
(138)　以下については，参照，Tipke, StRO II 2. Aufl. (Fn. 19), S. 964.

案を紹介することとし，統一価額に付着する問題も一層明らかにすることとしたい。

・ドイツ財務省の提案

ドイツ財務省は不動産税の課税標準の構築に際しては，既に述べたように不動産価額をベースとするべきことと並んで，不動産の所有者ではなく，当該自治体の所有者に対する課税を実現すべき旨を述べた。そこで課税標準には賃貸借価額（Miet-oder Pachtwert）の適用が提言されている(139)。これは契約書から明白に導出可能であり，そして取引価額はそれと関係していることを根拠とされる(140)。この背景に再言すると，不動産の所有者は必ずしも当該土地の存在する自治体からメリットを受けているとは限らず，そうした者に不動産税を課税することは受益と負担との関係で釣り合いがとれず，いわゆる足による投票に基づく移動（Abwanderung）が生じる(141)。これは賃借人が多数を占め，強い政治的影響力を有する自治体において顕現しうる(142)。また，不動産の面積を基準に課税する（いわゆる Flächensteuer）ことは，自治体にとって増税の必要性に対応することを不可能としうる(143)。

しかし，賃貸借の対象ではない不動産もある。これについては前叙の方式は適用不能であるため，別途の方法が考案されるべきことになる。ドイツ財務省はこの場合土地については土地基準価額（Bodenrichtwerte）の適用，家屋については再取得価額（Wiederbeschaffungszeitewerte）の適用が考案されている(144)。

(139) Wissenschaftlicher Beirat beim Bundesministerium der Finanzen, Reform der Grundsteuer (Fn. 28), S. 4.
(140) Wissenschaftlicher Beirat beim Bundesministerium der Finanzen, Reform der Grundsteuer (Fn. 28), S. 4.
(141) Wissenschaftlicher Beirat beim Bundesministerium der Finanzen, Reform der Grundsteuer (Fn. 28), S. 4.
(142) Wissenschaftlicher Beirat beim Bundesministerium der Finanzen, Reform der Grundsteuer (Fn. 28), S. 4.
(143) Wissenschaftlicher Beirat beim Bundesministerium der Finanzen, Reform der Grundsteuer (Fn. 28), S. 4.

・チューリンゲン州の提案

チューリンゲン州の提案における核心は，土地基準価額と土地の広さ，建物の広さとその使用に伴う応益価額を結びつけたものを課税標準とするものである。この課税標準の決定要因としては，応益負担原則を基軸に置き，その上で不動産価額の税負担を不動産の利用者が持つ便益と対応するゲマインデの公共サービスに結び付けるのである。この考え方の背景には，不動産の価額（特に，土地）はゲマインデのインフラストラクチャーのありようを反映するということがある(145)。尤も，建物については必ずしもそうではない，という認識もある(146)。

では，評価方法の概要を示そう(147)。土地評価については，土地基準価額をベースに計算し，建物についてはその広さと応益価額の積をベースとする。このように土地および建物について異なる評価方法を適用することの根拠として，先にも述べたように，不動産の価額についてゲマインデのインフラストラクチャーのありようがその決定要因であることには違いがないが，特に建物については所有者の投資等にも拠るという認識がある(148)。

次に，土地についての評価および税負担の計算について具体例を以て示そう。土地については，土地基準価額に0.0005を乗じ，表面価額（Flächenbetrag）を算出し，建物については，粗面積（Bruttogrundfläche）に0.20ユーロを乗じて算出する。次に両者を足し合わせ，租税基準額（Steuermessbetrag）とし，それに調整率（Hebesatz）を乗じて不動産税負担とするのである。

・北部州モデル

---

(144)　Wissenschaftlicher Beirat beim Bundesministerium der Finanzen, Reform der Grundsteuer (Fn. 28), S. 4.
(145)　Thüringer Finanzministerium, Reform der Grundsteuer (Fn. 129), S. 8.
(146)　Thüringer Finanzministerium, Reform der Grundsteuer (Fn. 129), S. 10.
(147)　以下の評価方法については，Thüringer Finanzministerium, Reform der Grundsteuer (Fn. 129), S. 16ff.
(148)　Thüringer Finanzministerium, Reform der Grundsteuer (Fn. 129), S. 10.

このモデルは，ベルリン，ブレーメン，ニーダーザクセン，ザクセン，シュレスビヒ・ホルシュタインの各州政府により提案された。提案の内容を簡単に示すと以下のようになる。

この提案は，現実に適った不動産の評価を求める連邦憲法裁判所の判断に言うところの，共通価額を平等課税のベースラインと捉え，それに基づく課税を不動産税においても行うことを企図する。確かに，この提案の企図するところは，従前裁判所および学説において批判されてきた統一価額に係る低評価の問題を解決するものであるが(149)，その低評価が継続してきた要因であるコストについては，次のような政策が示されている。この提案においては，建物不存在土地については土地基準価額，建物存在土地については，不動産市場に係る収集されたデータに基づき比較価額法（Vergleichwertverfahren）により評価がなされる(150)。ここでは，設例として，1家族が居住する家屋で，建築年が2001年，不動産の面積が800 m^2，そのうち居住部分が140 m^2，土地基準価額が150€/m^2である建物存在土地の評価方法について見ることとする(151)。比較ファクター（Vergleichfaktor）が1167€/m^2であるとされ，建築年，不動産面積という修正要素（Korrekturfaktor）をそれに乗じる。建築年については，1.35，不動産面積については，1.06であるとされ，その結果，修正比較ファクター（korrigierte Vergleichfaktor）は1670€/m^2となる。それに居住部分の面積を乗じる。したがって不動産価額は1670€/m^2×140＝233800ユーロとなる。この値に指数（Steuermesszahl）を乗じ，租税指数額（Steuermessbetrag）が算出され，さらに右の値に調整率を乗じることによって，不動産税負担が最終的に計算される。

・南部州モデル

---

(149) Grundsteuer auf der Basis von Verkehrswerten: Machbarkeitsstudie, 2010, S.4

(150) Grundsteuer auf der Basis von Verkehrswerten (Fn. 149), S. 22ff., S. 32.

(151) 以下の設例については，Grundsteuer auf der Basis von Verkehrswerten (Fn. 149), S. 35ff.; Schulemann, Olaf, Reform der Grundsteuer: Handlungsbedarf und Reformoptionen, Berlin 2011, S. 25ff. を併せ参照。

このモデルは，バイエルン，バーデン・ビュルテンベルク，ヘッセンの各州により提案されたものである。提案の内容を簡単に以下に紹介しよう。

この提案は，不動産税を応益負担原則により正当化することを試みる(152)。ここで応益負担原則の意味することは，ゲマインデの提供する公共サービスと納税義務者の負担が対応するという意味であり，不動産税の税負担もそれに相応することになる。したがって，所論を突き詰めると，不動産の価額に基づいて不動産税の課税が行われることには必ずしもならない。この点で，評価作業に伴い予想される種々の困難からは解放された制度設計が可能となる(153)。まず，建物については，居住用が20セント，非居住用が40セントの基準値が設定され，高さの調整を加えつつ，それに建物の占拠面積（Gebäudegrundfläche）を乗じる。居住用と非居住用とを分ける根拠は，住宅政策にあり，居住用建物分については税負担を引下げることが企図されている(154)。土地については，2セントが基準値として設定され，それに土地面積を乗じる。両者を加算し，和（Steuermessbetrag）を求め，その上で和に調整率を乗じて，税負担を計算する。

また，建物の占拠面積を求めることについては，技術的困難も想定されうる。かような技術的問題の克服のために，ここで着目されるのは，公的不動産台帳情報システム（Amtlichen Liegenschftskatasterinformationssytem。通称ALKIS）であり，これにより，それが求められる(155)。

以上の方法で約90%の不動産につき課税が可能となるが，例えば，特殊な種類の建物または混合利用の建物といった残余の不動産については，不動

(152)　Arbeitsgruppe der Länder Baden-Württemberg, Bayern und Hessen, Eckpunkte für eine vereinfachte Grundsteuer nach dem Äquivalenzprinzip, 2010, S. 6.

(153)　以下の概要については，参照，Arbeitsgruppe, Eckpunkte für eine vereinfachte Grundsteuer (Fn. 152), S. 6ff.

(154)　Arbeitsgruppe, Eckpunkte für eine vereinfachte Grundsteuer (Fn. 152), S. 6.

(155)　Arbeitsgruppe, Eckpunkte für eine vereinfachte Grundsteuer (Fn. 152), S. 8.

産所有者の情報提供により課税が行われる。

・環境税としての不動産税

また，不動産税に環境税としての性質をも持たせるという改革案も存在する(156)。ビツァー／ラングによる提案であるが，これを以下に簡単に紹介しよう。

ビツァー／ラングは，不動産税について以下の問題点を認める。所論によれば，不動産税の正当化は，不動産税の負担と公共サービスとの間に釣り合いがあるときに可能であるが，現実はそうではないとする(157)。また，財産は担税力の指標としては不相当であるともされる(158)。加えて，具体的には，統一価額の評価替えが行われず，建物の価額計算の難しさ，不動産価額の恒久的変化という事情が指摘されることにより，財産評価について不適正とされる問題があるという(159)。

以上の問題は，所論を約言すれば，端的には現行の不動産税の正当化の困難性，加えて，不動産税を課税する際の財産評価の問題にその原因を持つことになろう。そこで，ビツァー／ラングは不動産税を根本的に変革させることを試みる。すなわち，不動産税を“土地利用税（Flächennutzungsteuer）”として性質決定するのである(160)。この土地利用税とは，端的には，土地の利用態様に応じて（異なる税率を配備することにより）税負担に差異を設け，環境に配慮した利用を促すという目的を持つ(161)。具体的には，以下のような大まかな構造を持つ(162)。まず，建築計画法上の土地利用形態を基準として，7つの租税階級（Steuerklasse），そしてそれに対応する指数（Steuer-

(156) Bizer, Kilian／Joachim Lang, Ansätze für ökonomische Anreize zum sparsamen und schonenden Umgang mit Bodenflächen, Berlin 2000.
(157) Bizer/Lang, Ansätze für ökonomische Anreize (Fn. 156), S. 22.
(158) Bizer/Lang, Ansätze für ökonomische Anreize (Fn. 156), S. 24.
(159) Bizer/Lang, Ansätze für ökonomische Anreize (Fn. 156), S. 24.
(160) Bizer/Lang, Ansätze für ökonomische Anreize (Fn. 156), S. 56 ff.
(161) Bizer/Lang, Ansätze für ökonomische Anreize (Fn. 156), S. 56.
(162) Bizer/Lang, Ansätze für ökonomische Anreize (Fn. 156), S. 63f., S. 67f., S. 69ff.

messzahl）を配備する。租税階級ⅠからⅦまであるが，Ⅰの土地の不使用（naturbelassen）からⅦの自然に負担を与える利用（naturschädliche）まで順に土地利用の程度が高まっていく。この指数に各ゲマインデの調整率（Hebesatz）を乗じ，それに各不動産の面積を乗じる。以上のように見ると，土地利用税は環境税の一類型としての形態を持つものと理解することはできよう。

この点，こうした環境税としての正当性という議論について，環境税の一例としての租税政策の観点からの意義もあろうが，本稿での問題意識からすれば，むしろ財産評価に伴う問題点を克服するための一例としての意義をもそこに見出すことが可能であるように考える。

・不動産税の廃止または既存の税制との統合

さらに，パウル・キルヒホフ教授によれば，不動産税を次のように改革することも提唱されている。まず，その問題意識は以下のようなものである。不動産税は，ゲマインデによるインフラストラクチャーの整備に対する対価として応益負担原則を以て正当化されている(163)。2009年における不動産税の税収は1090万ユーロであり，ゲマインデの税収の約4分の1を占める(164)，非常に重要な税目である。不動産を所有することは担税力を示すものであり，判例上は，不動産税について，標準収益に対する課税として正当化されているが，それでは所得税等も併せ多重課税（Vielfachbelastung）であり，そうした多重負担は低評価額が減少させている(165)。しかし，不動産税を標準収益に対する課税と割り切ることはできない(166)。個人用不動産は収益をもたらさず，かような不動産から収益がもたらされないならば，納税義務者はそれを売却することにより納税資金を確保しなければならず，それは応能負担原則による課税に適合しない(167)。事業用の不動産も所得課税で足りる(168)。

(163)　Kirchhof, Paul, Bundessteuergesetzbuch, Heidelberg 2011, §2 Rz. 33.
(164)　Kirchhof, Bundessteuergesetzbuch (Fn. 163), §2 Rz. 33.
(165)　Kirchhof, Bundessteuergesetzbuch (Fn. 163), §2 Rz. 34.
(166)　Kirchhof, Bundessteuergesetzbuch (Fn. 163), §2 Rz. 35.
(167)　Kirchhof, Bundessteuergesetzbuch (Fn. 163), §2 Rz. 35.

以上を踏まえて，キルヒホフ教授は不動産税の廃止を提唱する。もし，そうでないならば，土地の占拠（Flächenversiegelung）という点に着目して，不動産税を有限のリソースの利用に係る租税として再構成することもありうる(169)。その場合消費税（Verbrauchsteuer）として制度設計することになる。課税の対象は土地のうち利用部分に限定される(170)。

このキルヒホフ教授の提案に若干のコメントを付そう。この提案は評価のあり方とは異なり，不動産税が担税力に適った課税を実現しないという立場から議論を始める。仮に適正な評価を行ったとしても，担税力を正確に把握した上での課税はできない。その上で，廃止が第一次的な租税政策であると結論づける。加えて，土地を有限のリソースと捉え，あたかもそれを政策税制として再構成することになる。これは（消費課税に形態を変更しているとはいえ，実質的には）不動産の所有に係る租税が担税力に適わない課税であるという所論に照らせば，担税力ではなく，政策目的の実現に着目して制度設計された税目となるのであり，首尾一貫した立場であろう。また，これはビッァー／ラング提案にも相通ずるものであるかもしれない。

3　財産税－その再導入の可能性と蘇生？－

(1)　財産税と財産評価

そもそも，租税体系全体としてみると，財産の追加的取得（Hinzuerwerb），所有（Innehabung），使用（Verwendung）という局面での課税がありうるが(171)，それぞれの局面での課税が相互に如何なる関係に立つかは必ずしも明確ではない(172)。財産の所有に係る課税にはいくつかの問題が付着する。

財産税は1997年以降課税が停止されていることに伴い現在課税されてはいない。その契機を作り出したのは先に引用した1995年6月22日の連邦憲

(168)　Kirchhof, Bundessteuergesetzbuch (Fn. 163), § 2 Rz. 35.
(169)　Kirchhof, Bundessteuergesetzbuch (Fn. 163), § 2 Rz. 37.
(170)　Kirchhof, Bundessteuergesetzbuch (Fn. 163), § 2 Rz. 37.
(171)　Kube, Erneuerung der Besteuerung von Vermögen (Fn. 36), S. 347.
(172)　Kube, Erneuerung der Besteuerung von Vermögen (Fn. 36), S. 349.

法裁判所の決定である。既に引用したが，決定は，“現実に適った価額関係の原則（Gebot realitätsgerechter Wertrelation）”を挙げるのである。これは取引価額をも合理的な評価基準として考えることに繋がるのであり，このことは財産税にも当てはまることになりうる。そうすると，財産税は相続税と異なり，一回的な担税力の増加を捉えて課税する税目ではないため，取引価額による評価が必ずしも合理性を有さない場合がありうる(173)。伝統的には財産税は標準収益税とされてきたのであるけれども(174)，課税標準はそれを正確に表現するとは限らない(175)。それに伴い特に，企業の設立時，経営危機の際には税負担は過重となりうる(176)。

オステルロー教授によれば，そうした取引価額も選択可能な評価基準であるとした場合であっても，標準収益に対する課税が行われるべき税目があるので，その際には，収益価額が課税標準として構築されていない場合には，税率を通じて税負担の調整を行うべきことになるという(177)。このことは所論の引用する先行する議論からも導かれうるものである。すなわち，評価基準に課された役割が課税標準の決定であるとすれば，それぞれの税目の負担根拠（Belastungsgrund）が評価基準を構築する。標準収益に対する課税が行われる税目であれば，収益価額が課税標準となるが，その反対に，取引価額については，それによれば，（仮定的）譲渡がなされた場合の負担が生じる。そうした（擬制的）譲渡がなされたとして，適正であるのは，納税義務者の担税力の指標として価額の流入に対する税負担が問題となっているときである。

また，オステルロー教授は，収益価額を基準に課税をすると，それは，実物課税（Substanzbesteuerung）に対する遮断効果を持つという(178)。確かに，

(173)　Osterloh, Unterschiedliche Maßstäbe (Fn. 17), S. 179.
(174)　例えば，Krumm, Steuerliche Bewertung (Fn. 14), S. 118.
(175)　Kube, Erneuerung der Besteuerung von Vermögen (Fn. 36), S. 355.
(176)　Kube, Erneuerung der Besteuerung von Vermögen (Fn. 36), S. 355f.
(177)　Osterloh, Unterschiedliche Maßstäbe (Fn. 17), S. 179.
(178)　Osterloh, Unterschiedliche Maßstäbe (Fn. 17), S. 181.

基本権の実効性の観点から見て実物課税を行うと性質上課税を通じて財産を国庫が食い尽くすことに繋がりうるのであるが(179)，これは，取引価額と比べて，収益価額が一層低いことに基づく(180)。

以上の議論からすれば，既に議論したところが改めて確認できる。すなわち，税目に応じて課税標準は異なり，ひいては財産評価のあり方はそうした税目の性質に規定される。また，課税標準の構築に際して，そうした税目の性質に応じた差異が考慮されないことは，財産評価方法の選択に係る立法上の誤謬に行き着く。そこで，かような誤謬が生じた際に，本稿の文脈上往々にして生じうる過剰な税負担は，税率の段階で調整すべきことになる。これは租税法学に言うところの担税力の正確な把握は課税ベース・課税標準で行うという定式と相容れないとも言いうる。

尤も，一般論に過ぎないおそれもあるが，収益価額による課税には看過しえない問題も付着する。すなわち，ゼーア教授によると，静的財産の評価（Bewertung des ruhenden Vermögens）については，不平等扱いの恒久的温床だというのである(181)。曰く，「名目価額（例えば，金銭または資本債権（Kapitakforderungen）のようなもの），公的市場価額（例えば，株式のようなもの）またはその他の容易に，そして確実に確定可能な価額を擁するそうした資産と多かれ少なかれ潜在的な価額要素（Wertfaktor）を伴う資産との間には評価上の平等は存在しない。評価手続の明らかな合理性は，真の価額をもたらすために，静的な物的価額（Sachwert）の評価がしばしば仮定的であり，推測的であることをごまかす。譲渡，市場における価額の実現があってはじめて物的価額が真実のものとして証明される。例えば，技術（Kunst）上のすべてのルールに従って計算された不動産の価額は，それが譲渡される際には，完全に誤ったものになりうる。したがって課税は，それが動態的な，市場における事象により真実のものとして証明された現実の流入物（Stromgröße），

(179) Kube, Erneuerung der Besteuerung von Vermögen (Fn. 36), S. 353f.
(180) Osterloh, Unterschiedliche Maßstäbe (Fn. 17), S. 181.
(181) Seer, in: Tipke/Lang (Hrsg.), Steuerrecht (Fn. 2), § 3 Rz. 64.

実現した価額ではなく，静的な物的価額に結びつけられる場合には，アプリオリに，不平等性，担税力の不平等な計測に結び付く。」[182]と。一に，この引用文からは文脈上，（静的）財産課税の廃止という租税政策の帰結が導かれうる。不動産税，財産税にこの言明を当てはめることができよう。これが端的かつ明快な，この引用文の示唆であろう。引用文にあるように，静的財産の評価は市場取引に基づいた取引価額では評価されがたいので，その意味での評価に客観性がなく，結局不平等課税に行き着くことになるという立論であろう。二に，静的財産の評価に引用文のごとき不平等な点が現実に認められるとしても，静的財産に係る課税を承認し，実施する際には，税率の構築を通じて評価の不平等に係る弊害を相殺するという租税政策が一つの選択肢としてなお残りうる。この立場は静的財産に係る課税を実施する際に，取引価額による評価に基づく課税標準の選択がなされた場合にも，税負担の過重を避けるべく，税率を操作可能な租税政策の選択肢として位置づけるという言い方にも繋がりうる。これは前叙の連邦憲法裁判所の立場と同様である。尤も，以上の相異なる2つの示唆のいずれが現実的な租税政策として採用されるかは，一概には明らかではない。ただ，ドイツ租税法学の視点によれば，財産に対する客観的評価が困難であるような課税は正当化が難しいと言えよう。したがって，かような観点からの制度設計論としては，財産評価という点に限定してみれば，後者の選択肢が現実性あるものとして残されることにはなるかもしれない（尤も直後の議論には注意が必要である。）。

⑵　財産税の正当化

ドイツの財産税については，その正当化の可能性も議論の対象である。ここで正当化とは財産税の課税に係る可否を決する理論的根拠の探求が問題である。既に述べたように，財産税は課税されてはいない。しかし，近時のドイツにおいては，財政危機，さらには財産の蓄積を背景にしつつ[183]，“100万税（Millionärssteuer）”と言われるが[184]，税収を多くもたらす租税を私有

(182)　Seer, in: Tipke/Lang (Hrsg.), Steuerrecht (Fn. 2), § 3 Rz. 64.
(183)　Seer, in: Tipke/Lang (Hrsg.), Steuerrecht (Fn. 2), § 16 Rz. 63.

財産に課税するという標語のもとに，税収確保の手段として財産税の課税を再開すべきであるという立場もある。そこで，改めて，財産税の正当化に関する議論に触れておく必要があろう。

ここでアーント教授の整理によりつつ，正当化に係る伝統的な議論と現代的な議論とを分けて示すこととする(185)。まず，伝統的な議論から概観してみよう。一に，基盤（ベース）理論である。これは，財産を保有する者は，“基盤となる所得（fundierte Einkünfte）”としての財産所得を有するので，所得課税に加えて，追加的に課税に服するべきものであるとされる(186)。すなわち，それは労働所得と比べて一層高い担税力を有するということが根拠である(187)。そのような“特別担税力（Sonderleistungsfähigkeit）”は，財産所得を有することによって，所得を自由に処分できる余地を広げることに繋がる(188)。これは，かつて財産課税の正当化に際して言及されたことのある立場ではあるが，現在では次のような批判に晒されている。すなわち，財産所得が必ずしも労働所得と比べて高い担税力を示してはいないということである。その根拠としては，以下のものに言及がある。企業の有する財産は企業上のリスクに晒され，金融財産はインフレのリスクに晒されている(189)。その反対に労働者は社会国家において解雇からの保護，疾病時の賃金の支払い，その他の社会的配慮措置を通じて保護されている(190)。

二に，財産保有理論である。これによれば，財産は所得にはない特別な担税力を有する(191)。信用，社会的名声，（財産を保有していることの）自己確認

---

(184) Seer, in: Tipke/Lang (Hrsg.), Steuerrecht (Fn. 2), § 16 Rz. 63.

(185) なお，最近の簡単な整理として，Essers, Peter, Erneuerung der Besteuerung von Vermögen aus rechtsvergleichender Sicht, in: Jachmann (Hrsg.), Erneuerung des Steuerrechts (Fn. 36), S. 378ff.

(186) Arndt, Hans-Wolfgang, Rechtsfertigung der Besteuerung des Vermögens aus steuersystematischer Sicht, in: in: Birk (Hrsg.), Steuern auf Erbschaft und Vermögen (Fn. 17), S. 28.

(187) Arndt, Rechtsfertigung der Besteuerung des Vermögens (Fn. 186), S. 28.

(188) Arndt, Rechtsfertigung der Besteuerung des Vermögens (Fn. 186), S. 28.

(189) Arndt, Rechtsfertigung der Besteuerung des Vermögens (Fn. 186), S. 28.

(190) Arndt, Rechtsfertigung der Besteuerung des Vermögens (Fn. 186), S. 28.

を通じて得られる満足，権力と影響力の満足感，経済的安定および独立性の感覚，潜在的消費力等がそれである。しかし，この立場に対しては，そうした特別な担税力の指標として挙げられるものは，いずれも数値化しがたく，財産と比例関係にあるわけではないとされる(192)。むしろそれは納税義務者の資質によるともされる(193)。

三に，不労収益の理論（Theorie des mühelosen Ertrags）である。これは財産所得に対する課税を，労働所得と異なり，それが不労にも拘わらず獲得されることにより正当化する(194)。しかし，この立場に対しては，財産税が課税されるのは農林業・事業上の財産も含まれ，農林業者・事業者はしばしば労働者および公務員よりも長く，懸命に働いていると反論される(195)。アーント教授は，比喩的に，自分が労働を好み，夢のような仕事と考える地位において“労働の悲しみ（Arbeitsleid）”を感じることはないので，財産税は追加的な税負担を悲しみつつ担う者として自分を見るだろうとする(196)。

四に，自由理論である。これは特別な所得の要素としての財産の存在を通じて高められた潜在的自由に着目して財産税の課税がなされるとするものである(197)。しかし，この立場に対しては，こうした自由は財産の保有者ではなく，むしろ失業者および年金生活者に負担を課すことになりうるとされる(198)。これはおそらくは，失業者・年金受給者は公的資金を使って生活支援がされる以上，労働時間がないため財産保有者に比して一層自由であるということであろうか。

以上のように伝統的な議論を以ては財産税の正当化はできないとアーント教授は結論付ける。

---

(191)　Arndt, Rechtsfertigung der Besteuerung des Vermögens (Fn. 186), S. 29.
(192)　Arndt, Rechtsfertigung der Besteuerung des Vermögens (Fn. 186), S. 29.
(193)　Arndt, Rechtsfertigung der Besteuerung des Vermögens (Fn. 186), S. 29.
(194)　Arndt, Rechtsfertigung der Besteuerung des Vermögens (Fn. 186), S. 29.
(195)　Arndt, Rechtsfertigung der Besteuerung des Vermögens (Fn. 186), S. 29.
(196)　Arndt, Rechtsfertigung der Besteuerung des Vermögens (Fn. 186), S. 29.
(197)　Arndt, Rechtsfertigung der Besteuerung des Vermögens (Fn. 186), S. 29.
(198)　Arndt, Rechtsfertigung der Besteuerung des Vermögens (Fn. 186), S. 29f.

では，続けて，現代的な議論に移ろう。アーント教授はこれについても以下のように整理する。一に，取戻機能（Nachholfunktion）である。これは，所得税によって取り逃した税収を財産税の課税に基づき取り戻すというものである。右の意味で財産税は所得税を“補う”のである(199)。しかし，この取戻機能については，所得税のもとでの税収喪失の有無に拘わらず，財産税の課税が行われることにより，過剰な取戻機能が発揮される可能性があるという(200)。

二に，補完機能（Ergänzungsfunktion）である。ここで補完とは相続税との関係における補完であるが，これは，被相続人の財産に課税が行われることにより，相続人の税負担が軽減されるというものである(201)。これについては，最も税負担の軽減がなされるのは，財産税を通じて被相続人のもとでの財産を食い尽くすことであること，さらには，ドイツ相続税法においては，相続税は相続財産に着目して課税されるのではなく，相続に際して相続人のもとにおける追加的担税力の増加に課税がなされること，が批判として挙げられている(202)。

三に，統制機能（Kontrollfunktion）である。これは，所得税において脱税を行った納税義務者について，その所有する財産を計測すれば，脱税した所得を明らかにすることができる，というのである(203)。脱税所得がある場合に，財産税の賦課の枠組みにおいてそれに対応した財産の在り高を公開した納税義務者は，財産税ではなく，愚者税（Dummensteuer）によって刑罰が科されねばならないという(204)。しかし，これについては，租税通則法に十分な統制の方法が規定されている，と反論される(205)。

---

(199) Arndt, Rechtsfertigung der Besteuerung des Vermögens (Fn. 186), S. 31.
(200) Arndt, Rechtsfertigung der Besteuerung des Vermögens (Fn. 186), S. 31.
(201) Arndt, Rechtsfertigung der Besteuerung des Vermögens (Fn. 186), S. 31.
(202) Arndt, Rechtsfertigung der Besteuerung des Vermögens (Fn. 186), S. 31.
(203) Arndt, Rechtsfertigung der Besteuerung des Vermögens (Fn. 186), S. 31.
(204) Arndt, Rechtsfertigung der Besteuerung des Vermögens (Fn. 186), S. 31.
(205) Arndt, Rechtsfertigung der Besteuerung des Vermögens (Fn. 186), S. 31.

四に，嚮導機能である。これは，財産税を課税することにより，一層収益性の高い財産を納税義務者に保有させ，それを通じて税収を獲得することを企図するというものである(206)。しかし，このように納税義務者の投資上の意思決定に影響を与えたり，財産の保有者に収益性の高い投資を義務付けたりすることは，法学的議論としては成り立たない，と批判される(207)。

(3) 租税体系における財産税と財産評価

以上のように若干の議論を見ると，ドイツにおいて財産税の正当化を支持する強固な租税法上の議論は目下のところはないように思える。まず，伝統的議論について，所論の整理によれば，総じて言うと財産の保有から何らかの担税力が生じ，そこに着目して課税がなされることに行き着くように思われる。しかし，アーント教授は現在の租税法理論によれば，伝統的議論の説くところの担税力は“欲求の充足の潜在的可能性”に見出されており，現在の租税法理論の現状からすると必ずしも支持を獲得できない可能性があるとする。アーント教授はそれに付言する形で，特に企業の財産に着目しつつ財産税の課税が経済に対して生産力，競争力の弱化をもたらすとする(208)。さらには，それが財産を保有しない納税義務者へ転嫁される可能性があるとも述べる(209)。

加えて，それに関連して現代的議論について付言することとしよう。現代的議論は伝統的議論による財産税の正当化が不成功に終わったことを意識してか，必ずしも財産税の正当化に担税力の存在を前提としないものをも有する。特に，嚮導機能を見ると，それは顕著であると思われる。これらは担税力を正確に把握して課税するというよりも，むしろ政策税制としての利用が見込まれていると言うべきであって，その際には理論的帰結として財産評価の正確性はある程度犠牲にしうる。何故なら，税負担は政策目的の実現可能

(206)　Arndt, Rechtsfertigung der Besteuerung des Vermögens (Fn. 186), S. 32.
(207)　Arndt, Rechtsfertigung der Besteuerung des Vermögens (Fn. 186), S. 32.
(208)　Arndt, Rechtsfertigung der Besteuerung des Vermögens (Fn. 186), S. 32.
(209)　Arndt, Rechtsfertigung der Besteuerung des Vermögens (Fn. 186), S. 32.

性を視野に入れつつ決定されるのであろうから，財産評価を正確に行い，それを以て同時に担税力をも正確に把握するという要請は制度設計時に後退する可能性があろうからである。これが財産評価という難問を回避しつつ，財産税を蘇生させるとの意図のもとに置かれているか否かは，筆者にとって定かではないが，政策税制として財産税を蘇生させる際には，その点で租税立法者の制度設計上の自由度は拡大する可能性がある。

加えて，それを示すかのように，かつてドイツ財務省報告書においては，財産評価の問題から財産税の廃止が提言されたこともあった(210)。さらに，その代替財源として，その当時における譲渡所得に係る所得税増税および差し当たっての相続税増税が提言されたこともある(211)。右のような租税政策については，次のような指摘が可能かもしれない。財産評価の問題に起因する税目の廃止による税収減を他の税目の増税で調整することが求められうる。このように，財産評価作業に係る不都合が局所的にではあれ租税体系全体の法構造に影響を与えうる。おそらくは，廃止税目が把握する担税力を別の税目で把握することを企図するような税制改正が行われるのであろうが，適切な増税の可否という意味で，この代替増税のあり方も論点となろう。特に，ドイツ財務省の見解によれば，相続税は財産評価に係る問題が財産税と比べて生じにくいという先に引用した立場があるので，相続税増税には比較的与しやすいのかもしれない。もし，そうでなければ，相続税の財産評価に係る問題が相続税増税を通じてさらに重大化する可能性がある。特に，実の担税力に対する課税（Istbesteuerung）が選好され(212)，財産評価に係る問題が付着する(213)財産税は課税が難しいと解される傾向にある。

また，政策税制としてではなく，財産税の蘇生が追及されることもありう

(210) Wissenschaftlicher Beirat des Bundesministerium der Finanzen, Die Einheitsbewertung in der Bundesrepublik Deutschland (Fn. 27), S. 44f.

(211) Wissenschaftlicher Beirat des Bundesministerium der Finanzen, Die Einheitsbewertung in der Bundesrepublik Deutschland (Fn. 27), S. 45.

(212) Kube, Erneuerung der Besteuerung von Vermögen (Fn. 36), S. 349.

(213) Kube, Erneuerung der Besteuerung von Vermögen (Fn. 36), S. 357f.

る。尤も，その際には逆に租税立法者はかなりの制約に服することが想定されている。すなわち，一に，財産権を保護しつつ課税を行うべきことは，高所得者についても，低所得者についても承認されているために，財産税は結局両者の中間にいる納税義務者に対して課されるものになるとされる(214)(215)。加えて，二に，事業用資産（Betriebsvermögen）については課税から除外される可能性もありうる。とするならば，税負担は偏りを見せることになり，税負担の公平な分配は困難となる(216)。また，個人用の財産であっても，事業用資産と同様の機能を効かせることは可能であり，その場合，事業用資産に対する優遇税制は正当化ができなくなり，さらには，事業用資産と個人用の財産との間での識別という問題が生じうる(217)。以上の諸点で財産税の蘇生には租税理論の観点から困難が伴うと見ることが出来よう。

Ⅳ　結語－わが国における財産評価法制定の可能性－

1　本稿の検討からの示唆

以上において，本稿では，ドイツの財産評価法に関する概要と理論的問題点とされるところを示し，それに関する議論の構造を解明しようと試みた。最後に，本稿での検討から得られる示唆をまとめておこう。

財産評価法の制定過程を直視すれば，そもそも，各個の租税法律において規律されていた財産評価のあり方について，とりわけ法律ごとの重複を避けるべく，統一的な法律を整備するという立法技術論的な意義をそこに見出すことができる。この点，今日的な視点で見ると，租税債務の内容に影響を与える財産評価の方法については法律レベルで規律する必要があることは，少

(214)　Seer, in: Tipke/Lang (Hrsg.), Steuerrecht (Fn. 2), § 16 Rz. 63.

(215)　尤も，この立場に対しては，財産に課税を行う場合には，財産の価額に着目するので，税負担はなお財産価額との関係で比例的になるとの反論が可能と思われる。

(216)　Seer, in: Tipke/Lang (Hrsg.), Steuerrecht (Fn. 2), § 16 Rz. 63.

(217)　Kube, Erneuerung der Besteuerung von Vermögen (Fn. 36), S. 359.

なくとも差し当たって，（わが国でも言及されるところの）いわゆる本質性理論に照らせば首肯できることではある。しかし，財産評価法は，前叙の立法技術論的な意義に尽きるわけではなく，統一価額の概念を設定することにより，各税目について統一的に適用可能な財産評価方法を配備するという実体的意味をも有することは指摘できる。但し，その試みは，20世紀前半からの財産評価法の制定過程について見ると，成功しているとは言いえない。それは，本稿で見たように，理論的には各税目の性質の違いに拠るわけである。

ドイツにおいて問題となっていることは，そうした法律上規律された財産評価方法の合理性である。これは問題点の所在の複数性を示す。一に，統一価額の問題である。これは，不動産税というゲマインデにつき重要な税目に係る租税債務の計算方法に税務行政上の負担を生み出しているのである。これについてはいくつかの改革案が提示されている。目下統一価額の概念が重要な意味を有するのは不動産税についてであるが，その改革案として，不動産に係る取引価額に拠ることなく，土地の面積等の要素をも加味しつつ課税標準の構築を行おうとするものが見られた。あくまで一般論に過ぎないが，財産評価方法が当該税目について最もよく担税力を把握するものになるよう租税立法者の制度設計作業は継続されるべきものである。

なお，以上によれば，取引価額が唯一の正しい評価基準と考えることはできない。それでは税目によっては，税負担が過重となりうる。仮に，不動産税に係る改革案のうちの一部に見られたように，取引価額をベースに不動産税に係る財産評価を行う際には，個人の居住する不動産につき税負担の大幅な上昇が生じうる。この場合，取引価額による評価の正当性が前提とされているため，問題はそうした不動産税に係る税負担の適正水準を探求するという財産評価とは別次元の問題が新たに生じる。この場合，随所に見られたように，かような事態に対する処置法としては，端的には所与の税収を基準に税率を引下げるというものがありうる。担税力の把握は課税ベースで行うべきであるとすれば，かような提案に対しては，税目・財産の性質に拘わらず，取引価額を基準とする財産評価を徹底することに対する再考の余地は生じると見るべきかもしれない。

二に，それに関連して，税目の性質に応じて課税標準として採るべきものが異なることは租税理論の観点から肯定されるべきことではあると考えられる。本稿で見た限りでは，例えば，相続税と不動産税との間の違いにそれを見出すことができた。これは財産評価法の制定目的とは異なることになる。これを敢えて租税理論と租税立法（の目的）との乖離と見做す場合，それを如何に評価すべきであるかが問題となるが，差し当たり，1つの見方として担税力の把握を厳格に把握すべきことに伴う税務執行上の機能不全を回避する思考と理解することもできるかもしれない。すなわち，財産評価方法を統一化することで財産評価作業を簡素化するということであろう。尤も，本稿で見たように，実際には統一価額に基づく財産評価はそれとは異なる点で機能不全となった点には注意すべきである。

この点，既に述べたが，財産評価という作業に求められるのは，財産評価の対象である財産に係る客観的な，唯一の価額たる評価額を計測することではない。これはキルヒホフ教授をはじめとして，ドイツの学説が多く与するところであると思われるが，1つの見方としては，できるだけ取引価額との整合性を確保しつつ，特に，他の同種の財産との平等な評価を行っていく，ということが財産評価作業の基本的な形態の1つであろうと思われるのである。一般論の提示に止まるけれども，この場合，取引価額をベースとした上で，財産評価方法の合理性を確保しつつ，税務執行の観点からある程度の簡素化の要素が加味されるということになろう。また，前叙の評価額の適正性を確保するためには，財産評価作業は性質上継続的に行っていく必要があろうから，その点では本稿で見た統一価額の現状には改革すべき点がある。

さらには，三に，租税特別措置と性質決定すべき財産評価方法の正当化可能性も問題とされた。これは本稿で引用したティプケ教授の言明にもその端緒を見出すことができようが，各税目に応じた適切な財産評価方法を見出し，担税力を最もよく把握する課税標準を配備することを租税立法の基軸に措きつつ，租税特別措置の配備を必要とすると思われる一定の事情の存在が推測される場合には，その正当化作業を行った上で，それに相応する原則的財産評価方法との乖離を認めるという作業を厳格に行わなければならないであろう。これは財産評価法の制定の目的について各税目に統一的な財産評価方法の配備という点に求めることになる以上，一つの税目の中で特別な財産評価方法を認めることになる租税特別措置の配備は結局においてそれと矛盾することになる。財産評価法の制定に租税特別措置の増殖防止が明示的なそれと観念されていたか否かはともかく，以上のような推論を導くことが理論的には不可能であると思われない。

では，改めて，ドイツにおける議論から得られることを以下に約言する。各税目について財産評価方法を統一化することは，確かに，税務行政において税務執行を容易にする可能性はある。納税義務者についても差し当たりその可能性を肯定することは不可能ではない。これを実現するには財産評価方法の規律について法律という形式を採ることが最も適当な手段の一つではありえよう。しかし，税目ごとの性質の違いから，財産評価方法の差異が生じることもまたありうる。したがって，その場合には，税目ごとに最も適当な財産評価方法，換言すれば課税標準およびその計算方法が構築されねばならない。さらには，租税法一般に妥当することではあるけれども，租税特別措置と性質決定可能である財産評価方法の配備も正当化可能である根拠によってありうることである。しかし，これについては，仮に，財産評価法の制定による財産評価方法の統一という要請が妥当なものであるとした場合に，その効用を大幅に減殺する。したがって，こうした租税特別措置的な財産評価方法の増殖を避けるべく，租税立法者は正当化根拠の有無に係る探求が厳格に行われるべきことになる。

2　わが国での財産評価法の立法？－若干の問題点を素材とする－試論－

既に１で見たところからして，わが国で財産評価法を具体的に立法する際の実際上の問題点について，わが国で議論されている事項のごく一端を手がかりに検討を加えることを試みる。（なお，この論点については，石井邦明「財産評価の法定化に関する一考察」研究科論文集（税大研究資料第264号平成13年6月）も参考になる。）

(1) 法律という形式を用いることの意義

まず，法律という形式を採りつつ財産評価に関する規律を行うことについてはどうか。この点，固定資産評価基準について，判例上は，例えば，名古屋地判平成14年9月27日 LEX/DB 28080057は，「……（地方税・筆者注）法388条1項は，自治大臣に委任する内容を「固定資産の評価の基準並びに評価の実施の方法及び手続」と個別具体的に規定し，これを受けた評価基準は，その基準並びに実施方法及び手続を，土地，家屋及び償却資産に分けて，細目的，技術的見地から詳細に規定しているものであることはその内容から明らかであるから，法388条1項の委任の範囲内にあると解される。」とするのである。これは固定資産評価基準が法律上規定される必要性を前提としない判示であろう。また，評価方法を法律で規定するか，それより下位の法令に委任するかを選択的に決定できると解されるかのような指摘もある(218)。

しかし，固定資産評価基準について，法律という形式を用いる可能性を指摘すると思われる学説がある。「……法の規定が「適正な取引価額」であるときに，固定資産評価基準において，土地に関しては取引価格が，家屋に関しては再建築費価格を基礎にした経年補正方式（再建築費補正方式）が，また償却資産に関しては取得価額を基礎とした償却後価額方式が，それぞれ採用されていることに鑑みると，こうした大原則や通達に置かれている大綱的事項は本来は法に定めるべきであろう。」(219)とするものがあり，文脈上，特に傍線部を中心としたこの引用文の言明はおそらくは重要事項は法律上に規律すべきであると論ずるものと解される。

また相続税についても，評価方法は通達ではなく法律上規律すべきことを

---

(218)　石島弘「地方税における自治体の「裁量権」と租税法律主義」税1993年6月号14頁。
(219)　碓井光明『地方税のしくみと法』（学陽書房，2001年）190頁。

示唆する見解もある(220)。

これはドイツにおけるように，財産評価方法について各税目に係る法律に個別に規定されることを排除し，統一的な財産評価方法を整備するという目的とは異なり，法律という法形式に規律すべき事項を識別するという点に着目する議論である。ここでは前叙の如くわが国での本質性理論に適った規律を行うことを企図すれば，財産評価に係る大綱的事項を法律に規律するという立法政策もありうることである。というのも，ここで立法政策と整理するのは，固定資産評価基準に係る法定化の議論に関しては，必ずしも法律事項と非法律事項との識別に関する明確な識別基準を提供する学説はなく，加えて批判はあろうけれども，判例上は現行の固定資産評価基準のあり方は承認されている。

但し，法律上規定することの意義をさらに探求することは不可能ではない。例えば，相続税・贈与税に係る財産評価基本通達について，東京地判平成7年7月20日行裁例集46巻6・7号701頁は，それと異なる評価方法を適用して納税者の財産評価を行うことの可否という点につき，「……本件負担付贈与契約を含む一連の取引は，専ら贈与税の負担を回避するために，贈与時点における株式の取引価額と財産評価通達一六九を適用して評価される株式の取引価額との乖離を利用して，本来贈与する目的の義男の財産に借入金を付加して，これをいったん株式に化体させた上，原告らに右借入債務を負担させるという形で本件負担付贈与契約を締結し，かつ，証券取引所における株価の変動による危険を防止する措置も講じた上，義男から原告らへの相続対象財産の移転を図る目的で計画的に行われたものというべきところ，このような取引について財産評価通達一六九を適用することは，偶発的な財産の移転を前提として，株式の市場価格の需給関係による偶発性を排除し，評価の安全を図ろうとする同通達の趣旨に反することは明らかである。そして，このような取引についても，同通達を形式的，画一的に適用して財産の取引

(220)　田中治「事業承継税制のあり方」租税法研究38号103頁。

価額を評価すべきものとすれば，こうした計画的な取引により，多額の財産の移転につき贈与税の負担を免れるという結果を招来させることとなり，このような計画的な取引を行うことなく財産の移転を行った納税者との間での租税負担の公平はもちろん，目的とする財産の移転が必ずしも多額ではないために，このような方法をとった場合にも，証券取引に要する手数料等から，結果として贈与税負担の回避という効果を享受する余地のない納税者との間での租税負担の公平を著しく害し，また，相続税法の立法趣旨に反する著しく不相当な結果をもたらすこととなるというべきである。」，「……元来，通達とは，上級行政機関がその内部的権限に基づき，下級行政機関及び職員に対して発する行政組織内部における命令の成文の形式のものをいうにすぎず，行政機関が通達によって法令の解釈等を公定し得る権限のないことは明らかであるから，通達それ自体を国民の権利義務を直接に定める一般的抽象的法規範，すなわち，法規であるということはできない。確かに，下級行政機関は通達に従って行政を執行しなければならず，これに従って行動することが通例であり，法令の解釈や取扱いの準則等に関する通達は，現にこれに従った取扱いがなされることが通例となるため，そうした取扱いがなされることによる影響は大きいものがあるというべきではある。しかしながら，下級行政機関の通達違反の行為もそれだけの理由では効力を否定されず，また，単に通達があるというだけでは，国民はこれに拘束されないし，裁判所は，通達に示された法令の解釈に拘束されず，通達に定める取扱準則等が法令の趣旨に反していれば，独自にその違法を判断できるものというべきであって，通達による実務的な取扱いの影響が大きいことをもって，通達それ自体に法規としての効力を認めることはできないものといわなければならない。もとより，財産評価通達に従った画一的取扱いがなされている場合に，これと異なった取扱いをすることが違法となる場合があり得ることは前記のとおりであるが，これはそうした取扱いが租税法の基本原則である租税平等主義に違反することによるものであり，財産評価通達が法規としての効力を有することによるものでないことは明らかである。」とした。確かに，傍線部に見られるような事案の特殊性は勿論，通達の法的性質からすれば以上のような議論を行うことはできよう。では，仮に，財産評価基本通達を法律上規定すると，この事案におけるような場合でも，法律上の評価方法とは異なるそれを適用することは許されないと見るべきであろうか。もし，この問いを肯定すれば，財産評価法を立法することにより，不相当な結論が導かれることも生じえよう。法律の規範的拘束力を捉えればかような立論も不可能ではない。しかし，私見によれば，法律を制定しても，法律上の財産評価方法以外のそれが適用しえないとは解されない。むしろ，法律の解釈として一定の要件を充足すれ法定外の評価方法を適用することにより妥当な結論を導くことができるように思われる。

⑵　財産評価方法の統一化？

次に，財産評価法を立法することにより，各税目を横断して適用される統一的な財産評価法が構築されうるかという点を見てみよう。

例えば，相続財産の評価については，東京高判平成 11 年 8 月 30 日 LEX/DB 28080815 は，「……（相続税・筆者注）法 22 条は，相続に因り取得した財産の価額は，当該財産の取得の時における取引価額によるものと規定しており，右にいう「取引価額」とは，不特定多数の当事者間で自由な取引が行われる場合に通常成立すると認められる価額（客観的取引価額）をいうものと解され……」，「……（そうした価額を評価する基準とされる・筆者注）評価通達の定める路線価方式によれば，路線価が評価の安全性の確保の観点から公示価格の 8 割程度とされている……。」とする。これによれば，制度上相続財産たる土地の評価が公示価格の 8 割を基準として評価が行われる。

ところが，固定資産税の評価については，前掲・名古屋地判平成 14 年 9 月 27 日は，「……平成 4 年 1 月 22 日自治固第 3 号自治事務次官通達は，宅地の評価に当たっては，地価公示法による地価公示価格，国土利用計画法施行令による都道府県地価調査価格及び不動産鑑定士又は不動産鑑定士補による鑑定価格から求められた価格を活用することとし，これらの価格の一定割合（当分の間この割合を 7 割程度とする。）を目処とする旨を指示し，これを受けた平成４年５月22日自治評第６号自治省税務局長通達は，地価公示価格の７割程度を目標に宅地の評価を行うべき旨指示していることは当裁判所に顕著である。しかしながら，上記事務次官通達等は，「固定資産の評価の基準並びに評価の実施の方法及び手続」（法388条１項）について定めた評価基準についての通達（昭和38年12月25日自治乙固発第30号）の一部を改正するものであって，いわゆるバブル経済の影響による評価額の異常な上昇という事態を踏まえ，地価公示や相続税評価などの公的土地評価については相互の均衡と適正化を図るという観点から，地価公示価格に対する収益価格の割合，地価安定期における評価額の地価公示価格に対する割合等に関する調査報告を踏まえて，納税者の税負担に急激な変化が生じないような適正な調整措置として発出されたものである。その内容は，具体的，細目的な固定資産評価の基準並びに評価の実施方法及び手続について，経済事象の変遷に機動的に対応したものというべきであり，基本的課税要件である課税率とは直接関係がないので法律事項とはいえず，かつ公示価格をそのまま流用するものでもないから，法の趣旨に反するものとは解されない。」とする。傍線部では，７割評価が導出される根拠が示されているが，着目すべきは適正な調整措置としてそれが採用されている点である。すなわち，客観的交換価額が把握されるべきではあるとしても，取引価額そのものではなく，固定資産税評価に係る種々の考慮要素を総合的に勘案した結果が導かれているのであり，換言すれば，固定資産税という税目の性質に対する配慮がある。この点で評価の安全性のみに配慮がある相続税の場合とは異なるわけである。

以上のように，相続税と固定資産税という限定された比較対象ではあるけれども，その評価のあり方は端的には異なる。これを正当化する事情は引用判旨の傍線部で示されていると言えよう。おそらくそれを正当化事情として不十分であると論証することは現段階では差し当たり困難であろうかと思われるが，強いて言えば，固定資産評価基準における各種負担軽減措置の租税特別措置としての正当化可能性が追及されうる。

また，それに関連して，相続税については，例えば，事業承継税制について，同様のことが指摘可能であろう。わが国の学説の指摘によれば，事業承継税制が政策税制であると性質決定し，その上で，相続税に係る課税の公平という視点との間で，「その政策目的の現実的妥当性，その達成度または効果，他の代替的手段との選択可能性，その措置によって失われる課税の公平の内容，程度等を勘案して，たえず見直しを図る必要がある。」(221)と考えられる。こうした作業により各財産評価方法はその合理性を高めていくことができる。

(3) 財産評価と行政事務負担－行政過程における財産評価－

また，評価替えの問題を如何に位置づけるかである。ドイツにおけるように，統一価額の制度は，税目ごとの性質の違いもそうであるが，評価作業に伴う事務負担により破綻した。わが国では，固定資産の評価に際しては３年に１度の評価替えが制度化され，さらに，例えば，土地に関しては賦課期日である１月１日にできるだけ接近する日の価格を以て賦課期日の評価額とする運用がなされているわけである。

このように，若干の例を見ただけでも，財産評価に係る一定以上の精度の確保と行政作用の効率性との両立が制度上調整されつつ企図されていると言えると考えられる。評価方法を簡素化することを通じて統一価額を財産評価法の予定通りに決定し，統一価額を取引価額に近づけるという，ドイツにおいても同様の傾向を指向するものがある(222)。この点行政法総論においては，効率性が原則として挙げられることがある(223)。行政作用が効率的に行われるべきことは，少なくとも財政面で行政作用が法的に規律付けられることになり，その点で行政過程全体にわたって行政作用を質的に高度化することはできよう。この点に効率性を行政法の基本原則として観念することの意義はあろう。これは税務行政においても妥当すると言いうる。すなわち，ここで

(221) 田中・前掲注（220）94頁。
(222) Dickermann/Pfeiffer, Möglichkeiten für eine Reform (Fn. 30), S. 89f.
(223) 大橋洋一『行政法Ⅰ　第２版－現代行政過程論－』（有斐閣，2013年）59頁以下。

の検討課題に即して言えば，行政過程における多様な行政作用のうちに，（実のところ，わが国で議論されるところの，いわゆる行政の行為形式[224]のうちいずれに包摂されるのかは不明であるが[225]）財産評価も差し当たりそれに含まれると考えるべきであり，それに効率的な財産評価の必要性を論証する可能性はある。そして，これは行政作用を規律付ける理論的基盤の提示という行政法総論に課された役割からすれば優れた思考であると考えられる。

効率性を以上のように位置づけることに差し当たり異議はないと思われるが，それは前叙のような現実に行われる具体的行政作用のみを想定して論ずべきものには限定されない。すなわち，行政作用を効率的たらしめるのは，具体的行政作用のありようのみではなく，設計される行政制度自体がそれを可能とする場合である。したがって，前叙の効率性は制度設計上の原則でもあると観念すべきであろう。そこで，財産評価法を立法するに際しては，一般論としてかかる点にも配慮すべきである。

では，目下の固定資産評価基準がそれを満たすものであるか否かは検討を要する。すなわち，前叙の固定資産評価基準の制度においては，評価の精度と効率的行政とを両立させることが企図されているとしたが，それではなお不十分であるとの見方はあるかもしれない。この点の当否については目下の私見では判断つきかねるが，判例においては，例えば，近時のものとして，佐賀地判平成19年7月27日判例自治308号65頁は，「……　法349条2項，3項各本文は，基準年度に固定資産税を賦課した土地に対して課する翌年度（第2年度）及び翌々年度（第3年度）の課税標準を，原則として，基準年度の課税標準の基礎となった価格としている。固定資産税は，固定資産の有する価額に着目して課税するものであるから，毎年度評価して，これを課税標準とすることが本来の姿である。それにもかかわらず，上記規定が設けられ

(224)　塩野宏『行政法Ⅰ［第6版］』（有斐閣，2015年）96頁以下，稲葉馨／人見剛／村上裕章／前田雅子『行政法　第3版』（有斐閣，2015年）49頁以下。

(225)　正確性を犠牲にして言えば，差し当たり，課税処分を行う準備作業の一環として，観念することはできよう。換言すれば，課税処分の一段階と言いうる。

たのは，通常，固定資産の価格が短期間に大幅な変動を来すことはなく，上記規定によっても価格の正確性を一応担保できると考えられること，評価の対象となる固定資産の数がぼう大な反面，課税機関の人員が限られているなど，これを一定の基準によって毎年評価替えを行うことは技術上相当に困難であり，また，その評価替えによって年々負担が変動することにも問題があること等から，同一固定資産の経年による価格変化を正確に把握することを多少犠牲にしても，課税事務の簡素合理化を実現することの方が合理的であるという政策判断がされたためと解される。」とする。これは，まさに筆者が指摘した事情である。こうした事情は，最判平成 15 年 7 月 18 日判例時報 1839 号 96 頁も述べるように，いわゆる特別の事情が存在しない場合には，固定資産評価基準の評価額を適法とする立場に行き着きうる。

⑷　わが国における財産評価法の具体像－制度の一端の提示－

以上のような若干の検討を踏まえて導かれる帰結を示そう。わが国における財産評価法の立法に際して着目すべき視点として前叙の⑴ないし⑶を示したわけであるが，⑵の視点はドイツにおける財産評価法の経緯を踏まえれば，むしろ捨て去るべき視点かもしれない。すなわち，そもそも法律か，通達かという規律形式の問題とは別に，前叙のごとく税目の性質に応じた評価方法の解明・適用が第一次的に追及されるべきであろう。わが国においても税目に応じた評価のあり方の違いは当然にありうる。次に，⑶についても現在のわが国における制度に係る議論を直視すれば，現行制度についても効率性原則の充足は十分に承認可能であることになる。とするならば，立法に際しての重要な着眼点は⑴におけるような法律事項と非法律事項との識別という形式的なものに帰着する。勿論形式的といえども，差し当たって本質性理論に照らして逐一識別作業が行われる必要性は指摘できよう[(226)]。とはいえ，我が国において財産評価法の制定を構想する際に，如何なる事項を当該法律に規定すべきかを考える必要が現実には生じるが，本稿はなおこの点確定的結

(226)　また，先に述べたように（注（225）），財産評価を課税処分の一段階と捉えれば，いわゆる権力留保説によっても，そうした作業は行われうる。

論を得るに至らず，今後の検討の深化を期す。しかし，ドイツの財産評価法を参考に差し当たって考えると，固定資産評価基準と設例として参照すれば，既にある法定事項は措くとして，本質性理論に拠るならば，少なくとも，土地については各土地の評価方法の基本部分（宅地の評価を例とすれば，第１章第３節一，二（一）1，2（2），4，同二（二）1，3，5），家屋については，木造家屋および非木造家屋の評価方法の基本部分（第２章第１節の一部（第２章第１節一，二，三 1）の他，非木造家屋を例とすれば，第２章第３節一，二 1，4（1），(2)，5（1），(2)，6，三，四，五 1（1），2，六），いわゆる宅地に係る７割評価（第１章第 12 節一）等については法律上の規定として配備されることもありうる。その際，頻繁に改正すべき事項については法定事項から除外するという考え方もありうる。

なお，ドイツにおける統一価額に基づく財産評価法の機能不全という論点があったわけであるが，本稿で概観した財産評価の方法と一例として言及したわが国における固定資産税に係る評価作業との間の構造的差異を見出すことは本稿ではできなかった。すなわち，固定資産評価は３年を基準に定期的に行われているが，ドイツにおける評価作業はそれとは異なるものであった。わが国において可能であることがドイツにおいて実施されていない根拠は筆者の触れえた検討素材に限っては不明である。この論点は今後の検討課題であると言えよう。

その他にも，今後実施されるであろう法改正の動向，さらにそれも踏まえて本稿の検討課題に係る残された論点を別稿で検討したいと考える。

租税法における財産評価の今日的理論問題

日 税 研 論 集　第68号　(2016)

平成28年3月20日　発行

定　価　(本体3,241円＋税)

編　者　公益財団法人　日本税務研究センター

発行者　宮 田 義 見

東 京 都 品 川 区 大 崎 1 - 11 - 8
日本税理士会館1F

発行所　公益財団法人　日本税務研究センター

電話 (03) 5435-0912 (代表)

製　作　第一法規株式会社